死者の結婚

慰霊のフォークロア

櫻井義秀

法蔵館文庫

本書は二〇一〇年三月三十一日、「死者の結婚——祖先崇拝とシャーマニズム」として北海道大学出版会より刊行された。文庫化に当たり、サブタイトルを改題し、「補論」を追加した。

文庫版へのまえがき

本書『死者の結婚――慰霊のフォークロア』は、『死者の結婚――祖先崇拝とシャーマニズム』（北海道大学出版会、二〇一〇年）に「人口減少社会の希望としての結婚」の一章分を巻末に補論として追加した文庫版である。

旧本は数年前に八〇〇部を売り切って品切れ・絶版になっており、古書としても流通していない。そのために、山形県のムカサリ絵馬供養、青森県の花嫁人形奉納、沖縄のグソー・ヌ・ニービチ、および韓国の死霊婚や中国・台湾・香港などの華人社会における冥婚との比較などに関心のある方々にとって本書は入手しがたい本となっていた。このたび、法蔵館文庫のラインナップに加えてもらえることで、冥婚習俗のみならず、日本や東アジアの宗教文化に関心がある方々の期待に添えるのではないかと喜んでいる。

本書で扱われる死霊婚や冥婚ともいわれる死霊結婚の習俗は、その土地の高齢者層に話を聞いても知っているという人はわずかだろう。私が約四〇年前に大学院生として宗教社会学の調査研究を始めた頃でも、地元の古老から習俗の由来を伺い、今でもやっている人がいることは確かだと聞いたくらいである。山形県のムカサリ絵馬供養は廃《すた》れる傾向の習俗であった一方で、二〇数年前に調査された青森県の花嫁人形奉納は新しい習俗として定着しつつあった。沖縄のグソー・ヌ・ニービチは文献上で確認される古俗であり、実際に遺骨の合葬を伴うものでもあるために土地のユタに話を聞いてもやっていないとの返答だった。

韓国の死霊婚は、実際に亡くなった若い男女の亡霊結婚を双方の家族が挙行するものであり、十数年前の新聞調査でも実施が確認された。ちなみに、二〇二二年に起きた安倍元首相殺害事件で世間の注目を浴びた統一教会では、開祖文鮮明の次男で一九八四年に一七歳で交通事故死した興進と教団幹部の朴普煕の娘の文薫淑を「霊魂結婚」させたと伝えられている。

近年、台湾において故人の名前や毛髪を入れた小さな赤い封筒が道ばたに落ちていることがあるという。それを拾った人が、周囲で様子をうかがっていた親族に両腕をつかまれ、無理やり死霊結婚させられることがあるので要注意、という都市伝説が日本の旅行者にも口コミで広まっているらしい。故人を象徴する名前や遺品が誰に踏まれるかわからない往来に落とされるとは常識的に考えられないし、台湾の研究者も首をかしげているようである。

稀ではあってもなくなりはしない習俗が死霊結婚である。未婚の死者は結婚することを希求しているはず、その裏面には適切な死者供養をしなければ死霊の禍や障《さわ》りがある、と人々が思念する結婚観や霊魂観が見てとれる。

しかしながら、このような観念を宗教民俗として伝えてきた東アジア社会は大きな家族変動の時期にある。私がこの死霊婚習俗に関心を持ち、調査し始めた時点がまさに転換点だった。

私は、断続的な死霊婚習俗調査の合間に山形県の国際結婚定住者の調査も行った。山形県の大蔵村が農業後継者のために村役場主催で青年とフィリピン女性との見合い婚を企画したのが一九八〇年代の半ばである。当時圧倒的な経済力を持っていた日本に東南アジアや東アジア、ロシアから、結婚仲介業者経由の花嫁が農村や都市部に来日した。フェミニズムの活動家に批判された「アジアからの花嫁」現象も、日本と周辺地域との経済格差が縮まり、中山間地域の青年がイエと老親扶養のために地元に残るよりも仕事のために都会に流出して戻らなくなることで二〇年も継続しなかった。

イエもイエの継承を前提とした先祖祭祀も限界集落では継承者がいない。地方都市ですら若者が結婚することはめでたいことであっても、みだりに結婚の有無を尋ねたり勧めたりすることは、無作法の域を通り越してハラスメントと観念されるようになった。結婚は人生の必然ではなくオプションである。だから結婚するかしないかはその人の選択である。こういう時代に死霊婚の習俗が自明としていた結婚できなかったことを悔いとする青年男女という前提はなりたたない。日本の先祖祭祀も檀家制度も世代を通じて継承されるものではなくなっている。

簡単に言おう。結婚も先祖祭祀も個人化し、制度としての心理的・社会的強制力を持たなくなった。先の時代においてすら、人が結婚し、子供をもうけ、家族や地域社会、ひいては国民国家の維持存続に関わっていくという発想はイデオロギーと認識されていた。祖先崇拝も、その反転として先祖になれない人々の遺恨を解消するというシャーマニズムも、イデオロギーを内面化する儀礼だった。現代においてこの種の発想や儀礼は、人権侵害の行為として司法的裁断を受けることになろう。

本書がアナクロニズムや好事家的民俗趣味から研究されたわけではなかったことを多少とも弁護するために、補論として「現代社会の結婚」をまとめている。結婚が個人化し、婚姻件数、出生数共に減少し、人口減少社会の社会的影響を懸念する立場から、少子高齢社会・人口減少社会の諸研究がなされ、「こども・子育て支援」が地方自治体と国家の政策の柱にすえられる時代である。この現代社会的状況を正確に認識した上で、およそ二世代前までの人が、なぜ結婚や死者供養にこれほどのこだわりをみせ、死霊婚習俗を残してきたのかを考察することにも意味があるだろう。歴史的事実を知ることは、現代を考えるために必要なことである。

原著を執筆した二〇〇〇年代後半、私は四〇代後半であり、職場の管理運営的な仕事を行っていたために調査研究に時間を捻出することができず、それまでの調査資料をその時点なりに精一杯まとめていた。祖先崇拝とシャーマニズムという宗教文化の基底とそこに響いていた人々のこころをすくいあげることが、私の宗教研究の原点だった。良くも悪くも私の研究の視点と方法が明確に出ている。そのこともあって原著の部分は改稿せず、補論とこのまえがきを付けて再びこの書を世に送り出したいと思う。

ところで、文庫版のまえがきを書き終わったところで、東北大学の宗教学研究室で学位を取得された鳥居建己氏から『死者の結婚のイメージをめぐるヴァナキュラーな信仰実践』（晃洋書房、二〇二四年二月）を恵贈された。内容を一瞥して驚愕した。この書籍は、山形県のムカサリ絵馬と青森県の花嫁人形奉納についての最も包括的で斬新な研究成果である。

この本が出た後で、拙著の文庫版を出すのは鼻白むところもある。しかしながら、鳥居氏と筆者では資料収集の観点と分析法が異なる点と、東アジアの死霊婚習俗として、華人文化圏の冥婚や韓国・沖縄の死霊結婚、アフリカの亡霊婚とも比較した論考であることから、書籍としての価値が下がったわけではないと考えている。それはともかく、鳥居氏の新知見については、まさに死霊結婚のフロンティアであるので、簡単にまとめておきたい。

① 日本の死霊結婚は、私の本でも指摘しているように、あくまでも死者供養の一様式であって、大陸の冥婚のように宗族の成員となるために必須の儀礼ではない。しかも、ムカサリ絵馬は明治期（最盛期は戦死者の慰霊と近年の奉納ブーム）に始まった山形県村山地方限定の習俗であり、花嫁人形は昭和四〇年代にテレビ放映されてから一気に全国に広がった新しい民俗である。

② このことが示しているのは、日本の死霊結婚は、従来宗教民俗学者たちが探求していた地域固有の古俗でも民俗でもなく、地域限定の（ヴァナキュラーな）ブームとみるべきだとされる。ブームであるから、起点があり、普及に一役かった人たち――地域の拝みやさんや絵師、寺院の住職やお堂の管理者、NHKやローカルメディアがある。この点は、ムカサリ絵馬と花嫁人形の奉納が廃れるどころか、イノベーション（一例として未婚の死者のためではなく、先祖代々のためのムカサリ絵馬奉納という近年の事例）まで起こしていることを鳥居氏は指摘している。水子供養ブームに近いものさえある。

③ こうした事例のヴァリエーションを丹念に洗い出せたのは、ムカサリ絵馬に関して鳥

居氏が上山市（大慈院、長龍寺、久昌寺）、河北町（永昌寺・岩松院）の五ヵ寺で奉納絵馬の悉皆調査を行ったからである。全て曹洞宗の檀那寺であり、檀家の男子に対しての奉納が多い。他方で、同じ村山地方の観音堂（黒鳥、小松沢、若松）は真言宗管理のお堂か祈禱寺であり、巡礼者が自由に奉納したり、住職に奉納を相談したりするケースが多数あり、女性比率が四割に達する。こうした調査の手間暇たるや相当なものであり、並の研究者ではまねできない。

④ 結論として、鳥居氏は従来の民間信仰・民俗宗教が前提としていた古俗（東北人の心性）や基層信仰（祖先崇拝やシャーマニズム）という色メガネを外して、ローカルに行われている人々の信仰実践をそのままに記述する研究が日本の死霊結婚には必要ではないかという。

筆者も同感するところが多い。ただし、鳥居氏は、レオナード・ノーマン・プリミアノのヴァナキュラーな宗教（Vernacular Religion）の概念に依拠して議論を構築しており、筆者は、社会人類学的な機能主義的な宗教論や親族論をもとに習俗の比較検討を行っている。そのために、同じ死霊結婚の習俗を見ながら、鳥居氏は奉納者の信仰（belief）に焦点を絞り、筆者は奉納者と当該地域の人々が抱く結婚観や人生観に関心が向いている。そうした違いはあるが、死霊結婚に関心を持った読者には鳥居氏の書籍も是非手に取ってもらいたいと思う。

令和六（二〇二四）年七月

はしがき

死者の結婚

『死者の結婚』とは奇異な書名だなと思われるかもしれない。死んだ人間がどうやって結婚するのだ。幽霊やゾンビの話か。怪談・奇譚を集めた本かと手に取られた方も多いと思う。いやいや、死者が自らの意志で結婚するわけではない。本書では、遺族が死者に結婚させる習俗を「死者の結婚」と呼んでいる。この習俗においては、とりわけ未婚で亡くなった男女に対して、死後の結婚式を行って冥福を祈る種々の儀礼が行われる。

このような儀礼を中国では冥婚・鬼婚のほか様々ないい方があり、韓国でも死後婚・魂魄婚姻などのいい方がある。日本では青森県や山形県において、花嫁・花婿人形や結婚式の絵馬を奉納する習俗があり、沖縄県では離婚した女性の位牌・遺骨を前夫の墓に納めるグソー・ヌ・ニービチと呼ばれる葬法がある。

東アジア以外ではアフリカにも死霊と生きている人が結婚するゴースト・マリッジ（亡

霊婚）がある。死者同士、死者と生者の結婚、あるいは死者の特殊葬法や供養儀礼など、「死者の結婚」については様々な呼称があるが、本書では東アジアにおける研究をふまえて、最も使用頻度が高い死霊婚の言葉を使用することにしたい。ところで、両地域とも亡くなった尊属親を祖先として祀《まつ》る祖先崇拝が盛んな地域として知られる。未婚で亡くなったものは子孫を残さなかったために祖先になれない。生きているものたちに祀ってもらえない霊は、そのことを怨みとして災いをなすと信じられていた。そこで、遺族たちは祖先となる資格を未婚で亡くなった子供たちや親族に与えるべく、特別の葬法や供養の方法を編み出したのだ。中国・韓国では死霊のカップルに養子を取って彼らの名を親族の系譜に書き入れ、養子に財産を渡す親もいた。アフリカでは亡くなった兄に代わって弟が嫂《あによめ》を娶《めと》るが、産まれた子供は全て兄の子とされることもあったという。

ところで、「死人を葬ることは、死人に任せておくがよい」（「マタイによる福音書」八章二二節）ともいう。本来、生きているものが死者の意向を忖度《そんたく》したり、子を亡くした悲しみや悔いに終生苛《さいな》まれたりする必要はない。現代的な感覚で死者の結婚を見ると、どうにも不思議な習俗としかいいようがない。なぜ、そこまで結婚にこだわるのか。

結婚することにこだわらなくなった現代日本では、この種の疑問が当然出てくる。生者ですら結婚しない、できない時代だ。それが晩婚化・未婚化の趨勢となり、現状の低出生率ではもはや日本の人口を維持することができない。少子高齢化の時代に死者に結婚させるとか、させないとか、そんな古くさい習俗の話をして、なんの意味があるのかといぶかる人もいるだろう。

宗教学や人類学、民俗学の知見から、死者の結婚の意味を少し説明しておきたい。実のところ、死者の結婚において実際に観察されるのは、死霊が喜んだとか結婚できなかった恨みをはらしたとかいったことではない。儀礼を行うことで癒されるのは遺族である。死者に対してであっても結婚式をあげることで、親子・親族間の結合や秩序が象徴的に再現できているということなのだ。

ここで筆者は結婚という行為に神聖さを与えようとしているわけではないことをお断りしておきたい。結婚を宗教学的・人類学的なコスモロジーで解釈してみせようというのでもない。社会学では結婚を生存のための家族戦略と捉えている。この観点からいうと、生者のために制度化された結婚の重要性を、死者の結婚という世界観や儀礼により再確認してきた社会があり、それが東アジアやアフリカ社会だったといいたいのだ。

死者の結婚を論じることで明らかにされるのは、生者の結婚に対する価値づけや社会秩序のあり方である。そうした結婚への意味づけを振り返ることで、現代的な結婚観や結婚のあり方を相対化することも可能になると思われる。

人間社会と結婚

歴史上、結婚という制度にこだわらなかった民族は存在しない。生殖行為は結婚を必要としないが、性行為の結果生まれた子供の養育には、産んだ母親以外に法的責任を持つ父親を割り当てる必要がある。そうしなければ成人するまで十数年間も誰かに育ててもらわなければいけない人類は生き残れなかった。子育ての期間に違いはあるが、哺乳類、鳥類もつがいで子育てする。しかし、人間にはほかの動物たちと異なるところがある。夫婦関係や親子関係というものが、子育て期間を終えても生きている限り持続可能なもの、場合によっては死んでからも継続するものと考えてきたことである。種を保存するためにカップルとなる生物学的必然性とは異なる次元において、結婚を規範や制度、あるいは宗教的世界観によって重要な社会制度としてきた。子供の養育のみならず社会集団間の関係を形成するにあたって、結婚という制度は極めて便利だ。そして、家族・親族という集団に守られてこそ、厳しい自然環境や転変極まりない世のなかで弱い人間が生きのびてこられたのである。世間一般の助け合いよりも強い絆《きずな》を家族に持たせた。家族こそが相互扶助の基本単位だったからだ。

そういうわけで私たちは結婚という制度、家族という集団のなかで生きてきたのだが、現代の福祉社会は、家族の相互扶助機能を国家がかなりの程度代替することを可能にした。

だから、人はシングルでも生きられる時代になったと考えている。しかし、このような家族の共同性や桎梏から個人が解放されたと考えられるようになった時代は、この数十年間に限定される。国家の社会福祉政策が大幅に拡充したのは、社会の高度経済成長が財政的余裕を政府に与え、それによって人権や社会権に根ざした政治行政が成熟できたためだ。現在のように長期の低成長が続いて財源にも窮するようになれば、国民の求めに応じて個人の扶養を丸抱《まるがか》えする福祉行政は行き詰まってしまう。

事実、これまでも人が生涯一人の力だけで生きていけるほど国の福祉政策は完全なものではなかった。DV、児童虐待、機能不全家族などの問題はあっても、家族に代替される相互扶助の仕組みはこれまでにもなかったし、今後もないのではないか。人々の経済的安定と精神的充足を同時に可能にして、なお再生産の単位でもある家族は、手あかにまみれた感はあっても、人間社会を構成する基礎的集団であることは確かだ。生殖家族（夫婦家族）は結婚によって形成されるが、家族には結婚の形態によりバリエーションが生まれる。

歴史や社会状況の変化に合わせて結婚には様々な類型が生み出されてきたが、古代から現代まで最も一般的な婚姻形態は一夫一婦婚である。男女比がほぼ一対一なのだから、合理的かつ公平でもある。しかし、特権階層の男性は多くの子孫を残すべく一夫多妻婚を行う一方で、世帯が経済的に自立できるほど生産性の高くない地域では、結婚できる男性を長男に限り、次男以下が長男の妻とも同衾《どうきん》を許されるような一妻多夫婚なるものも歴史上観察された。親族同士の結合を重視して、兄が死んだ場合に弟が嫂を相続して妻とするレヴィレート婚、あるいは、妻が死んだ場合に妻の姉妹を娶るソロレート婚というものもあった。人類学の教科書には結婚のありとあらゆる組み合わせが登場する。歴史的・社会経済的条件によって結婚には様々な形があり、慣習法や実定法の正式な配偶関係によらない男女関係を含めると、人間社会における男女の関係には相当のバリエーションがあるといってよい。

現代人の未婚化と社会の存続

現代の結婚だけが結婚の全てでも、正しい姿というわけでもない。また、同性婚者ないしは同棲共同生活者が法的手続きの下に養子を取り育てることも、なんら道徳的に問題あることではない。精子バンクを使って自分だけで子を産み育てるという社会的に孤立しているように見える行為でも、自分の人生を次世代につなぐという意味では、伝統的な行為といえるかもしれない。むしろ、歴史上例がなく問題をはらむ社会現象は、結婚をしない人々が増えている事実、日本の未婚化であろう。

一九八〇年代末から九〇年代前半にかけて、晩婚化・未婚化の趨勢や要因が人口学や家族社会学で議論されており、ジェンダー不均衡な社会へのサボタージュとして若い女性が結婚を望まなくなったという見解もフェミニズムから出された。平成一七（二〇〇五）年において、三十代前半男性の未婚率は四七・七パーセント、同じく女性では三二・六パーセントである。未婚率の上昇は一生結婚しないという非婚者の増加を必ずしも意味しているものではないが、未婚率は上昇する一方であり、四十代の男女が二人に一人しか結婚しない時代もそう遠い話ではない。結婚のタイミングがこの年代まで遅れると、女性が産める子供の数はさらに減少するだろう。

国立社会保障・人口問題研究所の『日本の将来推計人口』（出生数・死亡者数ともに中位推計）によると、老年人口（六五歳以上）と子供の人口（一四歳以下）の比が、二〇〇五年では二〇・二パーセント対一三・八パーセントだったのが、二〇五五年には四〇・五パーセント対八・四パーセントになると推測されている。それと同時に、人口も一億二七七六万余人から八九九三万人に減少する。子供の数が半減し、老年人口が倍増し、生産人口が半減するというシナリオの先にあるのは、地方における限界自治体（六五歳以上人口が住民の五〇パーセントを超え、社会的機能の維持が難しくなる）の激増と、賦課方式の年金制度や医療・介護保険をはじめとする社会保障制度の崩壊、消費者人口の大幅減による内需縮小だろう。

政府は少子化の主要因である晩婚化・未婚化を大いに懸念し、その対策に平成二〇（二〇〇八）年度は総額一兆五七一五億円の予算を組み、子育て支援の範囲を乳幼児の医療から後期中等教育段階の教育費支援にまで広げ、非正規雇用者のチャレンジ支援等にも三三三億円の予算を組んだ。しかし、政府の子育て支援は、未婚者に結婚を決意させ、出産・子育てを促すには、まだまだインパクトに欠けるようである。民主党政権のマニフェストに盛り込まれた子供手当が実現されれば、おそらく出生率はいくぶん回復しようが、手当欲しさに結婚・出産するカップルはそうはいないと思われる。晩婚化・未婚化の要因は複合的であり、政策的介入の効果は限定的だろう。若い世代の子育て環境や安定した正規職が得にくい状況以外にも、親密性を結婚に限定しない男女関係や恋愛至上主義の時代に恋愛しない男女が増えつつあるといったセクシャリティ、ジェンダーに関する大きな変化が起きているからである。

結婚を論じることの困難

結婚を正面から見すえて議論するのは難しい時代になった。実際に、性的マイノリティを認め、ジェンダーのあり方を問い直そうとしている現代において、従前の結婚の形や社会的意義を説くだけでは陳腐に過ぎるだろう。また、それ以上に現代の家族や男女関係・

結婚の形態の把握には、個人の志向性や時代が生み出したライフスタイルを考慮せざるをえず、果たして人間の相互扶助の最小単位といった把握や価値づけが妥当かどうかも検討すべきだろう。社会学では、家族や結婚の形をめぐる議論が混迷の一途をたどっている。

しかしその一方で、妻子を養う甲斐性のある夫を求める若い女性や、できれば男性役割の重荷から逃れたい草食系男子向けに、結婚を一つの高級な消費財としていかに獲得するのかをハウツー式に講釈したり、家族を構築しにくい状況をポップに解説したりする本が新書で出回っている。見合い婚が結婚全体の一〇パーセント以下になった現在、男女の道に通じていない若者に就活ならぬ「婚活」を説くのも実践的には必要だろうし、結婚相手に適さない男性や女性を素早く見抜く方法も大事だろう。しかし、結婚を先延ばしにする青年たちや子供、結婚を望む親世代が、この種の分かりやすい本だけを読んで、結婚について旧態依然としたパターン認識に陥ってよいのだろうか。

現代の結婚をめぐる議論は、アカデミズムがポストモダンの男女関係や家族像を模索する一方で、一般社会の人々は案外に旧式の結婚観にとらわれているという意味において、ともに両極端なのではないか。現代人はあまりにも結婚に関する既成観念やメディア情報に取りつかれているために、人間としての素直な感情の発露としての恋愛や結婚という社会関係が作りにくい状況に置かれている。考えの足りない結婚は危ういが、考えすぎて結婚できないのも困ったものだ。結婚を紋切り型で考えずに、しかし、結婚の社会的意義について十分に認識するためには、現代の結婚だけを見ていては見えないことが多すぎるように思われる。

本書のように、生者の結婚から距離を置き、死者の結婚という特異な世界から結婚を考えることで、結婚の歴史的・社会的奥行きを見つめることができるのではないか。

本書の構成

本書では、死者の結婚、冥婚の習俗を論じる。人間社会が結婚をどのようなものとして考え、表象し、儀礼化してきたのかを、結婚をしなかったものたちへの葬礼や供養儀礼を通して考察していく。読者の利便性を考えて、章ごとの概要をまとめておこう。

第一章と第二章では、山形県に伝承されるムカサリ絵馬奉納という結婚式の図柄の額を寺社に奉納して、未婚の死者を供養する儀礼を紹介する。この習俗の発生には、寺社に参詣額を奉納する習俗を端緒に、明治期における山形県の長男子相続制の確立、日清・日露戦争や太平洋戦争による戦没者の慰霊、シャーマニズム（巫俗《ふぞく》）の介在など、様々な要因が複雑に関連していることを指摘する。第一章はムカサリ絵馬習俗、第二章は習俗を支える村落の社会構造や祖先崇拝（ancestor worship）の問題に言及した。

第三章では、青森県に伝承される花嫁人形奉納の習俗を複数の寺院調査をもとに考察する。人形奉納の習俗は、元来が地蔵信仰から発展した水子地蔵信仰、卒塔婆《そとうば》供養から発展した人形供養などが考えられるが、昭和四十年代に成立した極めて新しい未婚の死者供養といえる。奉納者から収集したデータの分析を通じて、夭逝《ようせい》した子供への親の思いや、家族の不幸が死者の知らせ・祟《たた》りと解釈される災因観が現在もあることを示す。また、イタコ、カミサン（カミサンは岩手県・宮城県、カミサマは青森県で主として使われている呼称）といったシャーマンたちの働きや現状なども報告する。

第四章は、山形・青森の未婚の死者供養と並んで日本の冥婚習俗とされる沖縄のグソー（後生）・ヌ・ニービチ（結婚）の習俗を考察する。後生の結婚と訳されるこの儀礼は、離婚した妻の遺骨を元の夫の遺骨の甕《かめ》に並べて葬り直すという特殊な葬法である。女性は先祖になれない、女性は夫と同じ骨甕に入るべきとユタが語る観念は、娘しかいない家族や離婚女性には様々な葛藤を引き起こす規範である。後生の結婚を生み出した社会・文化的背景として、沖縄のシャーマニズムと社会構造・歴史の関係について試論を展開してみた。

第五章が、日本の死霊婚習俗を東アジア文化圏において考察したものであり、本書の結論部分をなす。中国・韓国・台湾・シンガポール・香港などの祖先崇拝と宗族の親族構造が密接に連関している社会においては、冥婚は死者供養の儀礼遂行に留まらない。亡くなった子供に養子を迎えることで、死者は結婚し子をもうけたもの、つまり祖先となる資格を得る。遺族は慰霊と立嗣を同時になすのだが、これは日本では見られない習俗である。元来、祖先崇拝は祖霊への道が開かれた死者とそこからはずれた死者とを峻別し、祖霊のみを祀る。すると、祖霊になれなかったものを誰がどのように供養するのかという問題が浮上する。この章では東アジアとアフリカにおける祖先崇拝も比較するが、東アジアでは祖霊になれないものに対して、死者の思いを代弁し、家族や宗族への復帰を促すシャーマニズムが発展し、祖先崇拝と相補的な宗教儀礼となった。

本書の学術的意義

「祖先崇拝とシャーマニズム」とは本書の副題であるが、死霊婚習俗においては巫俗が祖先崇拝の補完的機能を果たす。この祖先崇拝と巫俗の組み合わせは、日本の祖先崇拝と東北・沖縄のシャーマニズムとの関係においても相補的関係として確認される。これは本書が日本の祖先崇拝研究とシャーマニズム研究につけ加えた論点である。もちろん、韓国においてこの問題はかなり意識されていたが、日本においては別々に研究されていた。それは、祖先崇拝が、家・同族という社会構造の強化儀礼として理解されやすかったために、憑霊・死者の語りといった宗教現象を伴うシャーマニズムが、社会構造との関係でどのような働きをなすのかについて考えにくい特性があったためかもしれない。死霊婚をスペクトラム（連続境域体）として祖先崇拝や社会構造の差異性を明らかにしていく本書の研究手法や知見がどれほど成功しているかどうかは、読者の判断に委ねたいと思う。

なお、死霊婚研究に関して述べると、竹田旦による『祖霊祭祀と死霊結婚』[1]といった日韓比較民俗研究や松崎憲三によるリーディングス『東アジアの死霊結婚』[2]、あるいは和田正平の『性と結婚の民族学』[3]をすでにお読みの方は、本書が何を先行研究に加えるのか、そこに関心があろうかと思う。本書の第一〜三章では、筆者と筆者が所属する研究室の学生たちのフィールド調査に基づき、山形県のムカサリ絵馬習俗と青森県の花嫁人形習俗について詳しく述べた。オリジナルな知見を含んでいると考えている。

第四章の沖縄については、筆者のフィールド調査では不十分なために先学、同学の調査に依拠しており、最後の第五章で言及した中国・韓国およびアフリカの事例は文献調査によるものであるから、最終的な冥婚習俗の比較考察は上記の竹田の比較類型論を一部手直しする程度に留まる。しかしながら、日本社会における死者の結婚を社会構造論的に考察することを通して、祖先崇拝の構造的側面と相補的な機能を果たすシャーマニズムの領域を、青森・山形・沖縄の諸地域で指摘した点には新しさもあるのではないかと思われる。もちろん、基本的な発想は櫻井徳太郎[4]、崔吉城[5]がかねてより指摘済みのことだが、調査により確認しえたことの意義は大きい。

ところで、自らのオリジナルな調査研究だけで数冊の本を書いてきた筆者にとって、先行研究者の調査資料に依拠しながら論述を進めることには内心忸怩《じくじ》たるものがあった。総じて本書では広範な話題を扱うために、筆者独自の調査の及ばない範囲については先学、同学、あるいは学生の調査研究資料をも参照している。しかし、東アジアにおける死霊婚習俗の比較研究の厚みとそれを一研究者が行うことの難しさを考えてみれば、そのことを気にする方が己《おのれ》の力量をわきまえない思い上がりなのかもしれない。ともあれ、日本・韓国の比較民俗学の大家がまとめてきた研究領域に、多少なりとも新たな資料と知見を加えることができたと筆者は考えているが、読者諸賢の大方の叱正をいただきたい。

本書ではなるべく簡潔な説明、表現を心がけている。しかし、死霊婚の習俗など初耳の人が多いだろうし、家族社会学者のような「結婚」の専門家にとっても未知の世界と思われる。そのために、祖先崇拝や巫俗の宗教について基本的な事項に属する事柄も詳しく説明した。また、本書冒頭で述べた人口減少社会における結婚の将来といった話題は、宗教学や民俗学に関心をお持ちの方には余計なものだったかもしれないが、一般の方や学生諸君が結婚としてイメージするのは現代の結婚であり、生きている人たちの結婚に限られる。したがって、なぜ、死者の結婚、冥婚を論じることで結婚に関わる規範意識や社会のあり方が読み取れるのかという問題への導入のために、あえて書いた次第である。

目　次

死者の結婚——慰霊のフォークロア

第一章　未婚の死者に捧げる絵馬

一　祖先崇拝とは何か

逆縁の死者供養

本章では現代の死者供養のあり方や祖先崇拝（ancestor worship）の将来を探ることよりも、一時代前までの葬送や供養の儀礼、家族のあり方を見ていきながら、現代まで通底する私たちの死生観を探っていくことにしたい。具体的には、二〇年以上も前に行った調査（昭和五九～六〇〈一九八四～八五〉年）ではあるが、山形県山形市大字黒澤に現在も遺されているムカサリ絵馬や山形県山形市大字山寺にあるムカサリ人形から、未婚の死者の祀りを見ていきたい。ムカサリとは結婚・祝言を意味する山形県の方言であり、未婚で亡くなった男性か女性のいずれかの子供に対して、遺族が結婚式の絵馬や婚礼衣装を身にまとった人形を寺院に奉納したものがムカサリ絵馬やムカサリ人形である。

未婚で亡くなることをしばしば「逆縁」という。子が親より先に亡くなるのは最大の不孝といわれるように、逆縁は「孝」の対極にある。それ故に逆縁の供養は子孫を残して亡くなった祖先を祀る祖先崇拝に対置されよう。逆縁の観念が、理想的な親と子の関係―順縁―を際立たせるために作られたものであるならば、理想からはずれた子と親の関係から祖先崇拝の構造的な側面を見ることも可能だろう。

この章では、ムカサリ絵馬やムカサリ人形奉納の習俗の実態を解説し、次章において、このような習俗を残す村落や家族の構造的側面を考察しようと考えている。しかし、その前に死者の供養を先祖の祀りとして行う家や同族、祖先崇拝の祭祀について説明し、祖先崇拝を補完するシャーマニズムについて、若干の予備的な知識を確認しておきたい。逆縁者の供養習俗は特殊な祭祀であるが、それがどのように特殊かは、死者供養や祖先崇拝一般のやり方や研究史をふまえていないと分かりにくいものだ。もちろん、宗教民俗学の知識をお持ちの方は、次節「ムカサリ絵馬習俗」に進まれてかまわない。

死者の扱いと祖先の祀り

祖先崇拝は主に文化人類学で用いられる言葉であり、一般には先祖祭祀という言葉の方が耳になじみがあるだろう。この言葉は歴史学や民俗学でも用いられることが多い。祖先のおかげで今の自分や一族があるのだと感謝し、その気持ちを供え物で示す。子孫の守護を祈願すれば、祖先は超自然的な力によって幸せを与えてくれるという信念は古来より世界各地にあった。とりわけ東アジアやアフリカでは、仏教やキリスト教、イスラーム教といった歴史宗教が主要な宗教になった今でも、祖先崇拝の観念や儀礼が根強く残っている。ただし、東アジアでは中国・韓国が祖先崇拝を儒教の祭式で行うのに対して、日本では仏教が追善回向《えこう》ということで死者供養や先祖祭祀と習合し、祖先崇拝の独自の儀礼が発達しなかった。

祖先崇拝には死者に対する畏怖という感情の問題と、霊の祭祀という規範的な問題が含まれている。前者は服喪儀礼や葬送儀礼の話であり、後者は位牌や仏壇、年忌法要などの祭祀儀礼が主となる。(1)

人類の祖先が洞窟で暮らしていた数十万年前から、死者に対して特殊な儀礼的行為があったことは壁画や遺骨の埋葬法から知られている。死とは生の終焉であり、家族や共同体にとっては構成員の欠落を意味する忌まれるべきことである。死者の魂の力を怖れる感情は普遍的に見られる。古代には死者の手足を折り曲げて甕や桶状のものに入れて埋葬したり、死霊の汚れや力を落とすためにわざと風や波にさらして遺体を風化させたり、かつての沖縄のように土に埋めて骨だけにしてから遺骨を洗って埋葬し直す習俗もある。

しかし、そのような恐るべき霊力を持つ死者であっても手厚く葬り、霊を慰撫し続けていけば、次第に霊の遺恨や怨念のようなものが鎮まり、霊の世話をなすものに対して加護の働きをなし、遺された家族・親族を見守る祖霊というべきものに浄化していくといった観念も生まれてきた。両墓制と民俗学で呼んでいるが、日本には村はずれの特定の区画に死者を埋めるだけの墓（埋め墓）と村の寺院内に先祖として祀るだけの墓（詣《まい》り墓）を持つ村落があることが知られている。墓と寺院のつながりはそれほど古いものではない。

日本の仏教では死後四九日の法要を済ませるまでの間、死者があの世に旅立つ準備をなすと考え、それを「中有《ちゅうう》（中陰）」という。遺族の年忌法要によって功徳が死者へ贈られるという追善供養を僧侶が行う。この追善供養の習俗は平安時代まで遡る。中国の仏教は日本に移入された当時、教学や加持祈禱をもっぱらにしていたが、次第に先祖の祭祀を果たす宗教として日本化された。近世になると徳川幕府がキリシタン禁制を徹底させるために、諸藩に命じて宗門改と宗門人別を行い、当時の日本人はいずれかの寺の檀那にならなければいけなくなった。檀那とは寺の檀徒とほぼ同じ意味で、現在いうところの檀家ではない。檀家とは家族がみな同じ寺の檀徒となることだが、これには地域差があり、嫁ぎ先の家の檀那寺の檀徒となる場合もあれば、実家の檀那寺の檀徒のままであった場合もある

（半檀家とのいい方もある）。ともあれ、仏教寺院は日本人を全て寺請けすることで、恒久的な信者と法要を通じてなされる信者の布施に恵まれることになり、まさに葬式仏教として経済的安定を得た。こうして先祖の祭祀は基本的には仏教のやり方で営まれるようになる。

しかしながら、日本全国を見回してみると死者の供養が僧侶に占有されていない地域がある。東北と沖縄である。東北には青森県のイタコ、岩手・宮城県のカミサン、山形県のオナカマと呼ばれる盲目の女性の巫者がおり、「ほとけおろし」という死者の口寄せを行う。沖縄にはユタと呼ばれる巫者がおり、彼女たちも口寄せを行う。現在は視覚障害者でイタコに弟子入りする女の子もほとんどいないため、東北の巫者は高齢化が著しく、いずれこの習俗は消滅すると思われる。その代わりに、人生の途中の神懸かりや修行によって特殊な拝みの能力を獲得したと称するカミサマなどが東北北部では主流になりつつある。

現在、死者の霊や神霊を憑依し、脱魂状態で操霊を行うシャーマンは東アジアやユーラシア大陸にわたって広く分布している。日本の巫者たちは死者や先祖の霊をおろす憑依型が多い。死者の供養や祀りに巫者が介在するのは、亡くなった家族の声を聞いてみたいという遺族の願望を巫者が汲み上げたからなのだろう。また、先祖と子孫とのつながりを確認することが重要な社会規範となるような社会においては、現世と幽界をつなぐ媒介者（ミーディアム）が必要とされる。沖縄のユタについては章を改めて説明するが、巫者の役割を含めて、死者の供養と先祖の祀りには社会の構造的要素が大きく関係する。

氏族・同族・家

日本古来の祖霊信仰の基礎には、氏族・同族を広く含む家族の観念がある。氏族とは、大和朝廷時代に同じ氏（うじ）を称し、神話や伝承において同じ祖先をいただいた集団の呼称であって、彼らは必ずしも血族ではない。日本の皇室、天皇家などは、初代の神武天皇が、イザナギ、イザナミの神から生まれた天照大御神や須佐之男命に連なる神々の末裔であることが『古事記』に記されている。中世期の武士においても平氏や源氏に連なる由緒を誇った武士たちがいたように、氏の観念は日本において社会的結合の基礎となった。

それに対して、同族とは、祖先をより具体的にたどることができる父系の親族集団であり、本家―分家関係にある家（いえ）の集まりを指す。東北日本の場合、戦前には村のなかで本家が地主、分家が小作という関係とも重なっていたために、現在でも本家が主、分家が従という序列関係に厳格な地域が残っている。冠婚葬祭における親族の集まりにおいて、本家の当主は年若くとも分家のおじたちより上座につくとか、本家は家格に応じたつき合いをしなければいけないために何かと交際費がかかるという苦労話は今でもある。

このような同族が形成された地域は、歴史的・生態的に考えると農耕地を新たに開拓することができないほど土地を使い尽くしたところに多い。概して山村である。こういうところでは農地を相続できなければ農業を行うことができないが、中国のように子供に均分に相続させると数世代を経ずに一家が食べていけないほど土地は細分化される。それを避けるために本家だけが農地を継承し、分家のものは小作として農業の共同経営にあたってきたのが東北日本だった。山村ではこの種の本分家関係が持続したが、平地の稲作地帯では地主による農地の集積が進んだために、村が数軒の地主と数十世帯の小作農から形成され、小作農における本分家関係は平準化していたといわれている。

これで氏と同族についてご理解いただけたと思うが、家の説明もしておかなければならない。現代人にとって家といえば住宅という建物にほかならない。しかし、ある時期まで日本人が家（いえ）という言葉から連想したのは家系だった。父方の系譜である。家を継ぐというのも家業を継承することのほかに、家系を継承する意味合いが強い。だからこそ、跡継ぎという言葉は、継ぐほどのものでもない家柄や家業であっても用いられた。しかも、家を継ぐのは必ずしも血族に限らない。日本では中国や韓国と異なり、息子がいなければ娘に婿養子を取って家を継がせた。技芸や商才がものをいう家ではあえて息子は分家させ、内弟子や番頭のうちから優れたものを娘婿にして家業の繁栄をはかってきた家もあったほどだ。要するに、家というのは祖先から受け継いだ家族の血統でもあるし、家業によって家族が生計を立てるための経営の手段でもあった。そのために、家の祖、本分家の祖たる先祖の祀りは、自分が何によって生きているかを確認する重要な儀礼だったといえる。この点を少し詳しく説明してみたい。

祖先崇拝と家父長制

祖先崇拝の社会人類学的研究は、祖先崇拝と家父長制の関係を明らかにしてきた。家父長制とは、家族成員への統制権（家長の地位）と家産が父から子へと世襲される家族の仕組みを指す歴史学や社会人類学の言葉であり、日本の家制度も家父長制の一つである(2)。家制度では、系譜を家長の地位継承でつないでいくために家長と跡取り（家系継承者）の世代間関係が中心的な家族結合になる。そして、家長は家産・家族成員に対し一切の権限を有し、先祖の威光をもって統制することができた。家長の意志に反する行為を行うものは先祖から連綿と続く〇〇家の意志にも逆らうことになる。家長は先祖祭祀を行い、前家長へ感謝と恭順を示すことによって、跡取りに対して自分への恭順をも要求することができる。

すでに述べたように、家制度では家の繁栄を親子の情愛に優先して、凡庸な嫡子や長男を分家させて娘婿を取ることとすらあった。長男子であっても廃嫡のリスクがある。そのために、このような家長と跡取りの関係は、地位の縦承に関して複雑な心理的関係をも産み出した。跡継ぎにとって家長が死去するか隠居するかしない限り、家長の地位は自分に来ない。しかし、そのことが早く起こるよう待ち望むような態度はけっしてとれなかった。他方で、家長にとっては跡継ぎという期待を子に与えることで跡取りの行動を戒めることができたが、家の繁栄や自分の老後の扶養は子の心がけ次第であるから、跡取りをむげに扱うことはできなかった。さしたる家産がない近世の農民家族では、子がなかったり婿に出られたりすることで家が途絶えることも少なくなかったのである。

アフリカのタレンシ族における祖先崇拝を研究したマイヤー・フォーテスによると、至高の「孝」としての祖先崇拝は両世代の潜在的な対立を宥和する。家長と跡取りは本質的に互恵関係にある。(3) 日本の家制度、先祖祭祀にも同じことがいえる。すなわち、家の実体としての先祖の地位は自分を祀ってくれる「跡取り（legitimate son）」なしには得られないし、また、息子とて父親の認知がなければ共同体に「成員権（citizenship）」を持ちえない。祖先崇拝とは、このような世代間関係が宗教的世界に儀礼化されたものと考えられる。

祖先崇拝から死者の供養へ

日本における祖先崇拝の研究では、同族祭や各家の先祖祭祀を、同族団や超世代的に連続する家の統合に機能する儀礼として扱ってきた。この分析枠組みは、祖先崇拝を家や同族という社会構造との関係で考察したものである。しかしながら、現在では農林漁業の第一次産業や家人だけで経営する工場や商店も減り、家庭が職場でもある家族は少数派になった。地方から都市に教育と仕事の機会を求める人たちが増えるに従い、都市の核家族や単身世帯が増加し、地方では後継者のいない農林漁業の世帯が多い。こうして祖先崇拝の基盤であった家と同族が経営体の実質を失い、祖先崇拝も現代家族の変化に合わせて、その機能を変えつつ存続してきた。そのため、一九七〇年代から八〇年代には祖先崇拝の変容を扱う研究が多く、一九九〇年代以降はまったく新しいタイプの研究が生まれてきている。そうした動向を簡単に振り返っておこう[4]。

ロバート・J・スミスが「祖先崇拝（ancestor worship）」から「供養主義（memorial-ism）」へという祖先崇拝変化の仮説を提起している。彼は先祖として祀られている仏壇の位牌に注目し、農村部と都市部、世帯主の世代ごとに位牌の属性を調べてみた。それで分かったことは、没年が近年の人ほど、都市部や核家族世帯ほど、傍系親族の位牌が多いということだった。傍系親族とは自分の兄弟姉妹、オジオバ、甥姪のことであり、直系親族の祖父母、父母、子、孫のラインからはずれた親族を指す。家系の意識が強い家では、位牌は直系親族に限り、本来外で家を構えられたはずの傍系親族の位牌を故あって預からなければいけない場合（未婚・離婚その他の理由で祀り手がない）、仏壇に入れるか、寺院の永代供養に出すか判断したものだという。ところが、近年では自分にとって近しい親族であれば、場合によっては他人であっても、その人の位牌を仏壇に入れている家が見られた。スミスはこれを先祖の祀りから亡くなったものへの供養に日本の祖先崇拝が変わってきた兆候ではないかと考えたのだ。

それに対して孝本貢は、位牌以外に都市家族において誰が墓を作り供養するのかという事例を調べることで、規範的な継承（跡取り、長男等）から親族の都合や状況に応じた継承（次男や兄弟の共同管理等）に変わってきていることを明らかにした。一九八〇、九〇年代には、宗教社会学と家族社会学、社会人類学や歴史学により、祖先崇拝と家族構造の歴史的変容や地域的独自性を明らかにするような研究が積み重ねられ、孝本は共同研究の牽引役を果たしてきた社会学者だった。

ここでいささか筆者の祖先崇拝研究における系譜関係を述べることをお許し願いたい。孝本貢は岡山大学時代に米村昭二、東京教育大学時代に森岡清美に指導を受け、平成二一（二〇〇九）年に死去するまで先祖祭祀の研究一筋を貫いた。いささか古めかしい言葉を使うなら、孝本は筆者の兄弟子筋にあたる。米村昭二は岡山大学から北海道大学に異動し、九年間学部・大学院の指導にあたったが、そこで筆者は三年間米村に社会人類学的な家族社会学を学んだからだ。米村は九州大学出身であるが、喜多野清一の指導を受けている。喜多野は有賀喜左衛門、鈴木栄太郎とともに日本の家・村研究の草分け的存在であった。鈴木栄太郎は北海道大学文学部における社会学研究室の初代教授だった。

このように学問的な師弟関係から見る限り、喜多野―米村から系譜の論理としての祖先崇拝を学び、鈴木栄太郎以来の実証的調査研究を学風とする社会学研究室に在籍したのであるから、筆者が祖先崇拝や家制度に関わる研究を大学院時代に行ったのは自然のなりゆきだった。しかし、筆者は孝本と違って、論文一本書いただけで祖先崇拝研究を辞めてしまう。理由はいろいろあったのだが、米村や孝本が精力的に祖先崇拝の調査研究を進めていた時代ですら「変容」の研究であり、すでに変容の指標を位牌、墓、葬儀等々に設定した調査研究が出揃い、スミスの仮説は大筋で跡づけられていた。もはや、日本では新しい課題とフィールドが残されていないと思い込み、新しもの好きの社会学者らしく、タイ研究に方向転換を図った。双系的な親族構造を持ち、上座仏教やイスラーム、キリスト教の影響が非常に強い東南アジアでは、東アジアのような祖先崇拝は発達していない。したがって、タイ研究に一〇年ほど打ち込んでいる間、祖先崇拝や死者供養の問題意識は遠のいてしまったのである。

閑話休題。現代の死者供養の問題に戻ろう。現在この分野では、葬儀の新しいあり方を自ら市民とともに模索するアクションリサーチを継続してきた井上治代や、葬儀や寺院との関係をあらかじめ考えておくことを提案するライフプランナーの小谷みどりの調査研究や実践書が注目される。もはや、デス・エデュケーション、死生学、寺院経営、高齢化社会の福祉とリンクした複眼的・実践的な葬祭の研究の時代であり、従来の社会人類学的な祖先崇拝研究は、文化人類学や日本民俗学の領域に限られているように見える。

現在は位牌や墓で死者を供養することもしない人が出てきており、遺灰や遺骨の一部を粉砕して故人のゆかりの地や海・山にまく散骨、墓の代わりに墓所に木を植える自然葬、遺骨を墓や納骨堂に納めずに自宅に置く手元供養といった新しい葬祭の形態が出現している。葬儀は葬祭業が取り仕切るところとなり、業者は依頼者のニーズに合わせた様々なサービスを考案するほか、宇宙葬なるものまで考案した。これは、NASAのスペースセンターからロケットに遺骨カプセルを搭載してもらい、文字通り宇宙のちりとなってもらうという趣向だが、費用は百万円からと、宇宙旅行に比べれば思いのほか安価である。葬儀に金をかける人、葬儀の様式に遺志を示す人がある一方で、遺族が葬儀を営まず、病院から火葬場に直行する直葬と呼ばれるものまで出現しているという。

平成一八（二〇〇六）年には「千の風になって」という歌が紅白歌合戦に登場するほど流行した。その歌詞によれば、「私のお墓の前で泣かないでください。そこに私はいません。眠ってなんかいません。千の風になってあの大きな空を吹きわたっています」（©新井満）とある。ここまで来ると、およそ死者の供養という形態すら超越したかのようであり、祖先を祀るというような意識はよほどの名家・旧家を除いてなくなるのではないか。

ともあれ、現代に生きる私たちの死生観は位牌や墓、家の相続といった事柄からのみ考えることができないことは明白だろう。しかし、他方で数千年の長きにわたって私たちが繰り返してきた宗教的慣習がまったく絶えてなくなってしまうと予測するほど、死に対する感覚や家族のあり方は変わっていないとも思われる。

二　ムカサリ絵馬習俗

山形県の絵馬

いよいよ、ムカサリ絵馬習俗の説明に入ることにしたい。なお、絵馬習俗では供養に関わる供養絵馬や人形奉納も含めて見ていくことになる。前置きがますます長くなるが、ここでもあらかじめ絵馬そのものについての説明を加えることをご容赦願いたい。本書のように宗教習俗の特異な形態を扱う場合、元々の形について確認しておくことが重要になる。

絵馬は元来神事、祈願の際に生き馬を神に献上したことに端を発し、生き馬から馬形になり、馬形をも作りえないものが馬の絵を献上するようになったものと伝えられている。かつて絵馬は神社に奉納されていたが、密教系寺院にも現世利益的な祈願を書いたものが奉納されるようになった。江戸期にはその内容、種類とも大幅に増え、山形県においても農業図・生業図・祭図など生活の様相を伝えるものから、俳額・算額など一種の雑誌の役割を果たすもの、眼病治療や母乳が出ることを願った絵馬など、多様な絵馬が納められている。

絵馬は日常生活の願望を託されたものだけに、人間社会の暗部をも映し出している。明治二七（一八九四）年、飯豊町《いいでまち》恩徳寺に奉納された「間引図」は、間引きの風習を戒める意図で奉納されたものと考えられる。画面には、妊婦が股の間に嬰児を挟み圧殺しようとしている姿と、それを止める老人、老人の手を振り解《ほど》こうとする産婆、そして老人を鎌で脅かす若い男の姿が描かれている。老人には観音様の眼光が注がれ、ほかの三人の頸《くび》は火の玉で締めつけられている。傍らに泣いた子供が小さく座っている。この奉納額を見て地域の人々は間引きの業《ごう》の深さを感じたに違いないし、奉納者は罪障の消滅を願ったものと思われる。飯豊町も山村の御多分にもれず、ことのほか貧しかったので、間引きの慣行があったのだろう。

山村の多い最上地方では、元禄七（一六九四）年と享保三（一七一八）年に新庄藩が赤子養育令を出しており、(5)明治四（一八七一）年には尾花沢出張所で堕胎・間引きの悪習を禁止する県の布達を出している。(6)間引図のような特殊な絵馬はほかにも多数あるが、ここでは供養絵馬についてのみ説明しよう。

供養絵馬の起源は相当に古い。「銭塔」は塔婆の役割を果たす供養額なのだが、寒河江《さがえ》市の慈恩寺には元（中国）の貨幣を使った銭塔がある。その後、最上《もがみ》三十三観音巡礼が盛んになると「巡礼図」が登場した。巡礼図にも満願が叶った記念に納めるものと故人の菩提を弔って納めるものと二種類の奉納額があり、前者は巡礼団体で大型の額、後者は個人の小さな額である。後者には「参詣図」が含まれ、特に図柄で女性が花を持っているなら、特別に○○菩提と記されていなくともそれは死者への供養の印であると、山形市大字山寺の宝珠山阿所川《あそかわ》院立石寺《りつしやくじ》（天台宗）の住職が語ってくれた。

このような特定の図柄が「ムカサリ」の様式をとるようになったのは、現存するムカサリ絵馬では明治二〇（一八八七）年以前には遡らない。山形県立博物館の調査によれば、(7)最も古いもので山形市谷柏《やがしわ》の甲箭《こうせん》神社の明治二八（一八九五）年であり、上山《かみのやま》市の高松観音には明治三六（一九〇三）年のものがある。ただし、立石寺には明治九（一八七六）年以降に奉納された「花嫁人形」があることから、人形を奉納するタイプの象徴的結婚はムカサリ絵馬より以前であると考えられる。馬形が絵馬に変化していったように高価な花嫁人形に代わって絵馬が普及していったのではないかとも推測可能だが、立証はできていない。ムカサリ絵馬奉納が多い天童市の若松寺の住職は絵の方が人形よりも早く、もともとは学校の生徒に書かせたような粗末なものが多かったと語ってくれたが、この手のものは残っていないために確認のしようがない。ただ、ムカサリの図柄は後に見るように明治期の上層の家の結婚の様子であり、絵馬を奉納できる階層は限られていたのではないかと推察される。

図1－1　山形県におけるムカサリ絵馬習俗分布

ムカサリ絵馬の分布は村山地方にのみ限定され、ここが最上三十三観音の巡拝地であることから、第二番札所である立石寺では、ムカサリ人形・絵馬が女人講中によって伝播されていったのではないか。このような見解を黒澤在郷の絵馬研究者渡辺信三氏から筆者は聞いた。しかし、奉納者や奉納の経緯については不明な点も多い。

最上三十三観音中、高松・平清水・六《むつ》

椪《くぬぎ》・千手堂・山寺・若松・黒鳥・小松沢の観音堂や寺院にはムカサリ絵馬があり、他の観音堂には巡礼・参詣図が奉納されている。このほか曹洞宗の寺にもムカサリ絵馬がある。後者の奉納額は檀家のものが多く、立石寺・若松寺のように有名な観音寺には全国から奉納絵馬が集まる。

以下では、調査や文献で収集したムカサリ絵馬奉納の代表的な事例を説明していこう。

黒澤のムカサリ絵馬

山形県山形市大字黒澤にある長秀寺（東京都東村山市にある芳村山梅岩寺の末寺、寛永五〈一六二八〉年開山、曹洞宗）には、ムカサリ絵馬と供養額が本堂に二八点保存されていた（昭和六一〈一九八六〉年時点）。種類別に分けるとムカサリの図一七点、巡礼参詣図六点、凱旋図三点、戦争図一点、観音図一点である。

ケース1　ムカサリ絵馬　渡辺儀八氏（八〇歳）談

被奉納者として「大正六年奉納、為渡辺儀七「長男」」と記載がある。「兄貴は癌で五年ほど入院したあと、二〇歳でなくなった。祖父は兄を非常に可愛がっており、なんとかムカサリ絵馬を奉納したいと思っていたが、骨董集めをしているうちにたまたま地方画家の玉峰という人を家に泊め、ムカサリ絵馬と自分と子供の肖像画を描いてもらった。相当の金がかかったと思う。祖父は特に信心深くはなかったし、奉納した絵馬に対してもその後何もしていない」

祖父が孫に特別な愛情や期待を寄せることはかなり一般的だが、この祖父は「嗣子」を亡くしたことに無念さを感じていたのかもしれない。家長の思いである。この家は信心深いというよりは「礼」を重んじる家で、儀八氏は霊魂があるとか、先祖を祀れば功徳があるとかは考えないが、祀ることとそれ自体に意味があり、このことを堅持していくことで、家の人間はどこへ出てもしっかりやれると語る。「孝」が家の相続・永続のために必要不可欠であると同時に、一般社会においても通用し、かつ要求される規範と考えられている。

ケース2　凱旋絵馬　渡辺信三氏談

凱旋絵馬とは戦争で亡くした我が子を家に迎える構図の額である。「祝凱旋〇〇君」の旗を立て、正装をした軍人に家族のものがつき従っている。父親に手を引かれた若い女性は花嫁だろう。「……親の心情としては何としても無事に生きて還ってくることだけを願ったものである。……戦死した我が子に凱旋の慶びを味わわせてやりたいと願ったものだから、凱旋絵馬と名づけても良いのではないだろうか」[8]。明治三九（一九〇六）年に納められた二点は日露戦争の戦没者であり、ほかの一点は太平洋戦争で亡くなった人のものだ。太平洋戦争の構図は海戦を背景に軍人が手に奉行袋、花を持ち、右側に女性が立っている。

この絵馬奉納の契機にはムカサリ絵馬奉納の一つの典型が示されている。亡くなったAは父の先妻の一粒種だったが、家は父の後妻の子Bが継いだ。Bの嫁Cは病気がちのため、山形の盲目の巫女であるオナカマに観てもらったところ、Aの祟りであるという。Aは正統な跡継ぎであったが、その地位を弟Bに奪われてしまったため嫁のCに祟ったとされた。少なくともBをはじめこの家の人々はそう考えたので、兄のムカサリ絵馬を奉納し、Aの正統な権利を象徴的に回復したのである。

ケース3　ムカサリ絵馬　　被奉納者の母八十余歳談

被奉納者として「昭和二九年奉納　為「長男」〇〇」と記されている。「夫と相談して納めた。占いへは行っていない。オナカマとか祈禱師のところへ行くと元に返るから昔を思い出す。長谷堂にいるYさんに頼んで描いてもらい、当時で二千円かかった。息子が嫁をもらう年頃なので奉納したが、気持ちばかりも良い。法事はじいさんと夫、息子を一緒にやった」

息子のTは南方に行く途中カプル島で玉砕、二年後公報が入る。この母親は気丈かつ信心深い人で、二五年間毎年最上三十三観音の巡礼に出ている。現在はハイヤー五台を連ねて二泊三日行程で巡礼するグループの先達を務めている。夫とTの供養の気持ちで参っていると語る。調査で話を伺う数年前、Tの弟を施主として長秀寺に燈籠を寄付している。Tの両親にとってTがこの家で祝言をあげることは当然だったのであり、それはオナカマのようなシャーマンに絵馬奉納を勧められずとも明らかなことだった。

黒澤の長秀寺に奉納されている絵馬を見ると、巡礼・凱旋・観音・戦争等の図柄のバリエーションは明治・大正が主であり、昭和に入るとほとんどがムカサリ絵馬に統一されてくる。もっとも、ムカサリ絵馬の要素はそれに先行する絵馬の花嫁らしき若い女性や花束などにも見られる。観音図は童女の菩提を弔ったもので、明治三二（一八九九）年に父親が納めている。戦争図は満州事変後の釜山で戦病死した夫の菩提を弔ったものである。享年三一歳で、右に喪服の母、左に本人の子と思われる童女、手に花を持っている。これらの絵馬の奉納年代は明治三二年から昭和五八（一九八三）年にわたっているが、第二次世界大戦後の一〇年間に七点奉納されたものは大半が戦没者である。これは村山地方のムカサリ絵馬全般にいえることで、日露戦争から太平洋戦争の戦没者に対して戦後に奉納されている。

山寺（立石寺）のムカサリ絵馬

最上三十三観音は山形の村山盆地を囲む丘陵地にあることが多い。ここに奉納されるムカサリ絵馬は平野部の村落の檀那寺にあるムカサリ絵馬とは異なり、比較的広範囲から奉納されている。もちろん地元の人々は多いが、遠くからムカサリ絵馬・ムカサリ人形のことを伝え聞いて奉納に訪れる人々も少なくない。まずは、最上三十三観音第二番札所、立石寺奥の院に奉納されたムカサリ絵馬・人形から事例を紹介しよう。以下の事例は筆者の調査ではなく、ケース４とケース５は岩井宏実の調査による(9)。

ケース４　ムカサリ絵馬　結城健三氏奉納

結城氏の長男よしお氏は昭和一九（一九四四）年厳流島でパラチフスにかかり戦病死した。享年二四歳。結城氏は日本画家の高島祥光氏に息子の供養額を描いてもらい、昭和二七（一九五二）年奉納した。息子への愛惜を表した歌二首をそのまま書き出してみる。

「秋深し夕べ小草に置く露の消ぬがに死にぬ若きいのちは」
「皇国に子をし捧げて悔ひなしと言ひつつ下心にはなきぬ」

ケース5　ムカサリ人形「八十余体」　徳江マサ氏奉納

「人形は満州開拓青少年義勇隊として入隊した少年のうち、敗戦の直前ソ連軍と戦って戦死した少年たちの慰霊のために、当時義勇隊の寮母として青少年たちの身辺の面倒を見てくれたため、実母のように慕われていた徳江さんが、無事に持ち帰った手帳のなかから死んだ青年の名を拾い出し、八〇名近い彼らのために花嫁人形を作り始めたのである」

戦没者の供養は絵馬に限らない。筆者が生まれ育った上山市にある最上三十三観音第一番札所である高松観音堂には、二一点のムカサリ絵馬と巡礼図のほかに、おびただしい軍服姿の青年の写真が張られている。山形県では昭和初期から戦中にかけて恐慌と冷害のために農村が疲弊し、現金収入を得るために他県あるいは満州へ出稼ぎしなければならなかった。移民・出稼ぎ数ともに山形県は日本のなかでは上位県であり、女子の出稼ぎは小国村のような山村では娼婦・酌婦・芸妓が出稼ぎ数の二〇パーセントを占めた。この数値は男女の総数に対する割合なので、女子のみの実数に限れば三分の二の女性がこの種の仕事に就かざるをえなかった。いわゆる娘の身売りである。[10] 男子は戦没者ということでムカサリ絵馬などの供養を受けるものが多いが、苦界に身を沈めた女性たちは戦争のさなかにどういう運命をたどったのだろうか。

ケース6　ムカサリ人形　立石寺奥の院　昭和四七（一九七二）年採集[11]

「〔奉納した人は〕仙台から来た人で、この人は中学生の娘がいるのだが、最近親に反抗して手がつけられないほど荒々しくなった。それで占ってみたら、叔母さんの死霊がついているといわれた。この叔母さんという人は、結婚する前に死んだ人で、「姪は結婚させない。私を結婚させてくれ」といったそうで、それで花嫁人形を奉納したということであった」と奥の院へ行く途中にある休み茶屋のおばさんが語ったそうである。

叔母は生家から嫁に出してもらう権利を持っていたが、両親はその責任を果たせずにして彼女を他界させてしまった。奉納者が当該の家を継いでいるならば、彼女の娘に祟ることは権利の要求ということで理解できるが、なぜ叔母の霊が姪についたのか。ほかにもっと適当な権利の要求すべき相手がいるのではないかとも考えられる。しかし、叔母は姪に対して無縁ではないから、姪の反抗を叔母に結びつけた占い師、おそらくカミサンの論理は的外れではない。むしろ、この論理を了解した奉納者の心意、すなわち叔母に対する実家の責任を感じていることに注目すべきだろう。

ケース7　ムカサリ絵馬　今田三雄氏談　昭和五七（一九八二）年採集

ニューギニアで昭和一九（一九四四）年に戦死した兄の供養絵馬。「兄は二五歳で戦死。現役から引き続き兵役に就いていたので、結婚しなかった。弟の私が家を継いだので、兄の霊を供養してやらねばと思い、三年ほど前だったか、兄弟揃って山寺にお参りして納めた」

弟が兄の跡取りとしての地位を象徴的に回復した点ではケース2と同じだが、オナカマは介在しないし、奉納の年代が兄の死後からかなり経っている。兄がそのまま歳を取ったとすれば適齢期をとうに越えているので、ここに至ってわざわざムカサリ絵馬を奉納する意図は結婚にあるのではない。弟が家を継いだとき、つまり父親が死に、家長の地位が弟に継承されたときに、兄が跡取りとして有していた権利を回復してやりたいという考えなのだろう。

ケース8　ムカサリ人形　伊藤ふみ子氏談

昭和四八（一九七三）年青森県野辺地町で四男Hを交通事故で亡くした。昭和五六（一九八一）年花嫁人形を奉納。「〔Hは〕信用組合に務め、明るく誰にでも好かれる子供であった。恋人は居なかったようだが、花嫁に名前がなくては困るので、信子と名づけた。信用組合の信をとった。……息子が死んでから八年間「人にしないうちに（家庭を持たせないうちに）死なせてしまったなあ」と心に懸かっていた。三番目の息子が結婚し、孫ができたんで、順序だと思い（結婚式を）やることにした」、「Hと花嫁のお膳を並べ、家督息子が仲人のまねごとをし、結婚式をあげた」。六一歳になる母親はこれでやっと気が落ち着いたと話す(12)。

ここでは花嫁人形、および霊前結婚式は完全に象徴的結婚そのものである。親の責務は子供たちを結婚させてやることだが、それにも順序がある。

若松寺のムカサリ絵馬

最上三十三観音第一番札所である若松寺は、和銅元（七〇八）年行基が刻んだとされる聖観世音菩薩を本尊とし、慈覚大師が如法堂を開基したと伝えられる天台宗の寺院である。毎月一七日が縁日であり、家内安全・受験合格・縁結びなどの祈禱を常時行っている。

昭和五九（一九八四）年三月時点では、ムカサリ絵馬は本坊の一室に六九点ほど奉納されていた。しかも、昭和五二年から五九年までに奉納された新しい額ばかりで、若松寺に奉納されているムカサリ絵馬は生きた習俗である。平成二〇（二〇〇八）年一〇月一九日にもムカサリ絵馬総供養が行われた。

調査当時に話を伺った住職、里見清田氏によれば、かつて大師堂の内外にワラ半紙から始まり立派な額まで何百枚と絵馬が張りつけてあったが、火災予防と建築美を損なうとの理由で、文部省（当時）の命令により全部剝がしてしまったということである。そのため古い絵馬はないが、近年のストック数百枚はあるという。本坊が手狭なため奉納者があるたびに古い額と掛け替えている。この所蔵されている絵馬は、松崎憲三により調査されており、その調査結果は後ほど見ていくことにしたい。

若松寺は縁結びの寺でもあるので、縁が遠いということから亡くなったものの供養ではなく、現世利益の祈禱のために絵馬を納める人がいるのではないかと考えられる。しかし、

若松寺のムカサリ絵馬（筆者撮影）

里見住職は、「現世利益のために絵馬を奉納することは直接にはない。いくつかある例だが、息子に嫁が来ないのはどういうわけだとオナカマに尋ねてみると、それは長男になるはずであった水子が祟っているからだという話であった。そういうわけで昔は私が何十枚と描いてあげた」と語る。童子・亥子などの戒名を持つ人の絵馬には、未婚の子女には違いないが、人として生まれてくる以前の胎児も含まれているわけである。このような理由で実際に絵馬を奉納した人には会えなかったので、水子供養の絵馬がどの程度混じっているのか分からないが、当時の水子供養ブームを考えると少なからぬ数ではないかと思われる。昭和五六（一九八二）年に奉納されたムカサリ絵馬の一つに水子と記されていたが、戒名はなかった。

水子供養

ブームとしての水子供養はともかく、東北地方では堕胎・間引きが明治くらいまで行われねばならなかった経済状態にあり、水子の祟りを受け入れる素地は十分にあった。事実、村山地方の山村において自分は「苞《つと》はずれ」であると語った高齢の女性がいたそうである。この話は渡辺信三氏が昭和五十年代に聞き及んだものを筆者が聞いたものである。苞とは藁の入れ物であり、水戸納豆を包み込んでいるものが小さな苞である。その地域では大きめの苞に嬰児を入れて川に流したのだという。

また、昭和四〇（一九六五）年採集の次のような綺談も記録されている。「〔中年の婦人が語るに〕若い時私は余り身ごもり安くて、三人も年子を生みました。三人目の時、便所で生んで、誰も見ていなかったので、そのままにしてしまいました。それから何年か経ったある暗い晩、便所に行ってしゃがんだら、「お前は、暗いとき、オレ、ここに入れたなあ」〔と声がして〕私は眩暈《めまい》がしました。それから体具合が悪く、イタコから聞いたら、「ワカバ〔若葉産児〕」といわれ、供養しました。そしたら、良くなりました」[13]（〔　〕内は引用者）。

ローカルな話としても、あまりに特殊ではないかと思われるかもしれない。ここで水子の祟り、水子供養の心性といったことについて若干の説明を加えておきたい。読者のなかには水子供養が昔からある日本独特の習俗と思っておられる方が少なくないと思われるが、そうではない。堕胎・間引きが常習化していた時代に、いちいち水子供養などは行われていなかった。死産した子であっても火葬したりせず、そのまま埋めて終わりということも、筆者の民俗調査において聞き及んでいるし、一五歳以前に亡くなった子供に葬儀は行っても、一人前ではないとして身内で済ませたことも多いという。

昭和二三（一九四八）年に優生保護法（平成八〈一九九六〉年に母体保護法）が成立し、経

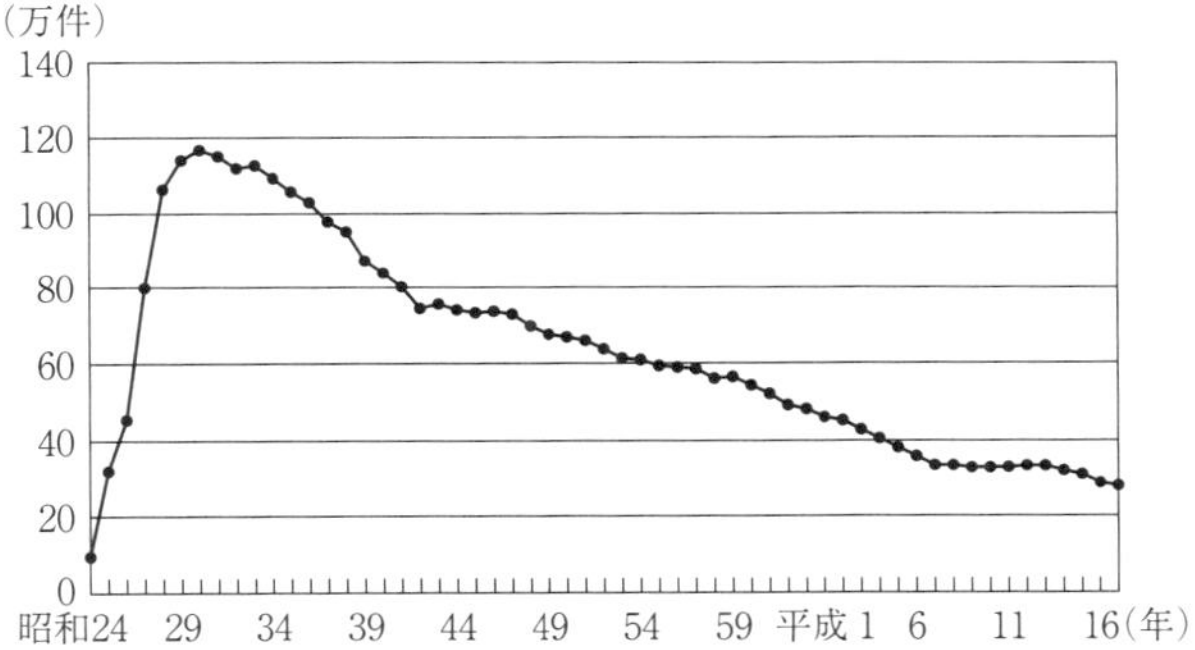

図1－2　人工妊娠中絶件数の推移

出所）国立社会保障・人口問題研究所『人口統計資料集2008』人工妊娠中絶数および不妊手術数1946-2006, HPより筆者作成

済的理由も含めて中絶が合法化され、日本人女性の平均出生率は大幅に低下した（図1－2参照）。一九七〇年代の高度経済成長期を迎えて、優生保護のあり方に関して政治的な見直しの機運が出てきたり、中間層となった多くの家庭において、主婦が経済的理由で中絶してきたことの痛みや罪悪感を吐露する週刊誌の記事などが登場したりするようになった。同時期に水子供養を取り入れた新宗教も出てきており、一九七〇～八〇年代の日本では水子供養を求め、またその需要に応えようとする一般の寺院が増えてきた(14)。

昭和四六（一九七二）年に埼玉県秩父郡小鹿野町に創建された紫雲山地蔵寺は、秩父三十四箇所観音霊場の三一番札所である鷲窟山観音院という岩山の観音堂に近いところにある。筆者が平成一八（二〇〇六）年に訪れた時点では、山を切り開いて何層にも並んだ水子地蔵団地は壮観の一言に尽き、駐車場脇に茶店二軒が営業するほどの繁盛ぶりだった。創建者の橋本徹馬は人工妊娠中絶反対を唱えた政治・宗教評論家であり、時の首相佐藤栄作や県知事と並んだ写真が本堂に掲げてある。北は青森から南は鹿児島まで全国から水子地蔵を建立するために集まってきている。秩父の山肌に抱かれた数万の水子地蔵がすり鉢状の斜面に同方向で立ち並ぶ様はなんとも壮観だが、異様ともいえる。恐山の賽の河原でカタカタカタカタと回る風車は哀切と叙情を誘うが、風に揺れる数万の風車の音がブーンブーンと鳴り響くスタジアムにも似た水子団地に筆者は長居できなかった。

これほど壮大な水子供養寺院でなければ、日本全国どこででも水子供養の祈願や地蔵等の奉納を受け付けている寺院はある。供養することで気が済むのであればいいのではないかと考える住職も多いと思うが、医療技術の進歩によって生命の始まりと終わりが曖昧になりつつある現在、水子供養の意味をしっかりと奉納者に説明してもらいたいものだ。

水子とは何なのか。人工授精に成功した卵子はすでに生命なのか。不妊治療中の女性が流産を繰り返すような場合、そのつど水子になっているといえるのか。水子が供養を求めて様々な知らせをしているとか、水子の因縁とか語る宗教者がおれば、水子の霊力の源泉がどこにあるのかも説明してもらいたい。荒ぶる霊・祟る霊であれば、それだけの理由が

〈秩父の紫雲山地蔵寺〉（筆者撮影）

上：全国各地から奉納された水子地蔵
下：水子地蔵の団地を思わせる全景

いる。水子霊の恐怖を煽るのは霊感・霊視商法ではお決まりのトークである。(15)

崇る理由

水子の崇りという言説には、民俗的根拠も宗教的根拠もないと筆者は考えている。しかし、現代のフォークロアとして存在している事実は認めざるをえない。注目すべきは崇り方である。オナカマに示唆されてムカサリ絵馬を奉納に来た場合、長男が生まれる前に堕《お》ろされた水子が崇る場合が多い。水子の霊は自分が本来跡取りになるはずであったと恨みごとを述べ、家のものは長男として供養することを考え始める。この点が近年の水子ブームにおける水子の崇りとは違う。彼らは水子として流されたこと自体を嘆くのであって、家の跡取りになれないことを悲しむのではない。山形県の巫者であるオナカマとオナカマに相談に行く人の間には、家族に関わる規範意識が残っている。

かつて若松寺の住職は頼まれて何十枚とムカサリ絵馬を描いていたが、最近は忙しいので天童の素人画家を紹介するという。絵馬のタッチ・構図とも一定の決まった形があり、明治よりあまり変化していない。画料は人一人につき一万円、たいていは六、七人が画面に描かれる。画家が霊に憑かれると悪いので、若松寺では描いた人に般若心経一巻を写経して額の裏に入れてもらっているという。本坊にあるムカサリ絵馬のうち五枚がすべて同じ構図のものがあった。この絵師は素人で、保険の外交員をしている。この人は絵師の条件として、オナカマがしばしば口にする百組以上の仲人をこなしたそうだ。近頃忙しいので描くのを断っていると、霊が夜な夜な枕元に立つので、夜中に起きてムカサリ絵馬を描いたというエピソードを持つ。

若松寺のような祈願寺では、近隣から様々な経緯によってムカサリ絵馬が奉納されており、檀家から奉納されたものだけが残っている黒澤の長秀寺とは異なり、奉納の経緯について類型化しにくい。調査においても個々のケースを拾えず、住職の説明を聞くだけになってしまった。ここは立石寺と同じく遠隔地からの奉納が多いので、この習俗が一般的ではない土地の人々が奉納する理由は、口伝《くちづ》てでムカサリ絵馬奉納のことを聞き及んだり、たまたま参詣したときに目にしたりという偶発的な理由が多い。ここでは特殊な絵馬奉納のケースとして、住職から説明を受けた数ケースだけ紹介しよう。

ケース9A　寺と子供二人の図

「子供が二人とも焼死したので、小学校から絵を描いたことがないという父親が描いて納めた」

ケース9B　子供の小便の図

「小水が出なくて死んだ子の霊を弔う」

ケース9C　地蔵図

「魚釣りで子供だけが死んだ。父親はこれまで絵を描いたことがなかったが、地蔵様が枕元に現れたので描いて奉納した」

9A、9B、9Cいずれも稚拙な絵であるが、それだけに自ら絵筆をとった父親の気持ちの切実さが伝わってくる。ムカサリ絵馬は素人っぽい方がうけるという話にも一脈通じる。

ケース9D　老嬢の写真

「結婚しなかった娘。家にその写真を置けないので、家族のものが寺に奉納した」

ケース9E　ムカサリ絵馬

「いいなづけが死亡したために納められたもの」

1　〇〇〇菩提［男］――〇〇〇身体堅固［女］　昭和五九年

2　〇〇院〇〇［女］のみ片方だけ　昭和五五年

ケース9F　ムカサリ絵馬

「死者同士をペアにして奉納したもの」

1　息子と童女のペア　奉納者の姓は別々である。

2　同姓の男子（二六歳）と女子（二四歳）他一点。婚約した男女だったのか、同姓だがまったくの他人同士だったのかは不明。納主は男子の父親。

3　娘同士のペア　のり子、とみ子の名。女性同士の結婚ではなく、事故等で一緒に亡くなったものと思われる。納主は両親。

9Eと9F1・2は霊前結婚そのものである。ムカサリ絵馬を霊前結婚と捉えるのは、一部の絵馬にのみ可能であると思われるが、極めて例外的な事例があったという指摘にのみ留めよう。

本坊にある絵馬六九点中、判明分男子四二枚、女子二四枚。大人（未婚）五〇枚、子供一四枚である。絵馬の奉納者に対する被奉納者の続柄が分からないために、長男の悔いというものが読み取れるかどうかは分からない。子供たちを結婚させてやれなかった親の無念さを推察するのみだ。没年と奉納年が分かっている六枚のムカサリ絵馬について奉納までの期間を見ると、一二年、一六年、二四年、二五年、三六年、三七年とばらつきがある。前二者は童女であるから、適齢期になった頃に両親が奉納したと考えられる。住職によれば、子供のムカサリ絵馬の場合にこのような納められ方が多いという。しかし、二四〜三七年の期間の後、奉納された絵馬にこの説明は該当しない。おそらくは、老年期にある親が最後の務めとして子供たちに結婚式をあげてやり、気持ちを安んじたのだろう。

こうした絵馬の奉納の契機は、最上三十三観音の巡礼で各観音堂にあるムカサリ絵馬を見たことが関係しているのではないか。農村部の年寄りは女性の大半が娯楽も兼ねて「お札打ち」（巡礼）に行き、その予備軍たる中年の女性は町場でも公民館などでよく「御詠歌」の練習をする。年輩の女性は特に絵馬を見たとき思いを致すところ大なのだろう。もっとも、そのなかでムカサリ絵馬を奉納する人はほんの一部分である。ムカサリ絵馬の戒名を調べたところ、若松寺では一四人が院号または大姉号を持っており、通常未婚の子女に与えられるはずもない位である。現在は必ずしも生前の功徳や檀家内での役職によって定められるものではないから、彼らにたいそうな戒名を与えることも可能なのだろう。しかし、相当の資産を持つ家でもなければここまでしない。ムカサリ絵馬を納めることができる経済的条件も考慮せねばなるまい。

ところで、供養絵馬は上記のケースのように必ずしも死者のためにのみ奉納されるわけではない。山形市の郊外、片谷地《かたやち》の地蔵尊の御堂に掛けてある親子参詣図の人物は堂守を務める別当である。「私は二歳の時母に死別したが、母の生家では母の菩提と私のためにこの絵馬を納めたのです」[16]。

松崎憲三の若松寺調査

筆者が若松寺の調査を行ったのは、修士二年生であった昭和六一（一九八六）年だが、民俗学者の松崎憲三が平成三（一九九一）年に若松寺所蔵絵馬の包括的な調査を行っているので、彼の知見をまとめておきたい[17]。調査時点において若松寺は三八一点の絵馬、四四点の写真や人形ほかが所蔵されていた。婚礼図において最も古いものは明治三二（一八九八）年だが、大正から昭和五〇年くらいまでの奉納数は年に一点あるかどうかだ。むしろ、明治・大正から昭和四〇（一九六五）年くらいまで現存する絵馬のなかで多いのは参詣図であり、近年に納められたものが多い婚礼図一九九点に対して、参詣図一八二点の大半はこの時期に奉納されている。とすると、ムカサリ絵馬奉納の習俗は明治・大正期では一般的なものではなかったことになる。松崎も述べているように、ムカサリ絵馬奉納は参詣図絵馬の奉納を補完する絵馬習俗だった。神社仏閣への参詣が宗教文化として主流ではなくなる一方で、未婚の死者供養という習俗への需要がそのまま残されてきたのではないか。ムカサリ絵馬習俗の方が勝ってきたほかの要因として、昭和五三（一九七八）年に『絵馬秘話』というＮＨＫの全国番組が放映されてから、県外からの奉納者が増えてきたという住職の話もある。

松崎が奉納事例として収集した七つのケース（一事例が実際に聞き取り）は、すでに公刊されて書籍で参照可能であるし、本書の事例とほぼ同じ内容であるので紹介は割愛したい。しかし、若松寺にムカサリ絵馬を納める専属絵師とでもいうべき女性の事例を調査しており、ここからいくつかの興味深い考察を行っているので紹介する。一つは、ムカサリ絵馬奉納が必ずしもオナカマや様々な拝み屋を介して行われておらず、テレビを見たり、人づてに聞いたり、あるいは自分が観音堂で絵馬を見たりして奉納を思い立った人が依頼者としては多いこと。もう一つは「ハヤリガミ」と呼ばれる（山形県でこの言葉はあまり聞かれないが、宗教的修練の後に霊能で除霊などを行う人たちはいる）民間巫者が介在している例から、従来オナカマの勧めにより奉納といわれてきたことが、実はハヤリガミの勧めではなかったのかという見解を出していることだ。松崎自身はオナカマの調査を行っていないので確たる事はいえないとしながらも、青森の花嫁人形奉納ではイタコではなくカミサマ（ゴミソ、ハヤリガミとほぼ同じ民間巫者で、イタコのように少女期に成巫した盲目の女性ではない）が奉納を勧めていることと、オナカマが居住している地域ではムカサリ絵馬奉納が少ないことを理由にあげている。

筆者もこの論点は慧眼だと思う。ムカサリ絵馬習俗を支えるシャーマンが盲目の巫者という伝統型よりも、霊能を持つ市井の人々ということはありうる話である。次の節で筆者が調査したオナカマの山田ヨシノ氏もムカサリ絵馬奉納がかつてあったといういい方をしており、今勧めるようなことはないといっていた。ただし、オナカマとしてかつて関与しなかったわけではないし、黒澤の事例でもオナカマの介在は認められている。松崎がいうように、ブームとしてのムカサリ絵馬奉納に関与するのはブームに敏感な市井の人々である拝み屋であり、伝統型の巫者は従来通りの仏をおろすことと供養を勧めるのではないかと思われる。何より生来目が見えない人々が、絵馬といういい方はしても極彩色の豪華な絵図の価値を認め、仏がこれで喜ぶとは考えないのではないか。

民間巫者の役割については後の節でも取り上げるが、習俗を支えるいくつかの要因の一つという限定つきで押さえておくことが必要だろう。

以上、ムカサリ絵馬の事例紹介を行ってきたが、未婚の死者供養を祖先崇拝との関係で要点をまとめておこう。祖先崇拝が家父長制という社会構造の下で、先の家長の権威を永続化させる宗教行為であるのに対し、ムカサリ絵馬は同じ社会構造の下で、跡取りの死により切断された構造を死んだ子供の象徴的な結婚により回復する宗教行為と考えられる。親は家を継がせるべき子供を亡くしたこと、人にする前に亡くしたことを常に気に懸けている。他方で、非日常的な出来事への対処から巫者や拝み屋に相談し、亡くした子供の恨みに改めて気づいた人もいる。彼らはムカサリ絵馬奉納により、死者の恨みを解消し、安堵感を得る。彼らのムカサリ絵馬奉納の契機はオナカマへの相談や最上三十三観音への巡礼が考えられる。この東北地方特有の文化的要因とともに、日本における生者と死者との民俗学的な死生観を次の節で説明しよう。

日本民俗学では、柳田國男が提唱した日本文化（民俗）の原型と各地に残るその変化型という発想が強く、民俗的知識が体系的にまとめられているという長所とそれが故の欠点がある。東北地方の文化が日本文化なるものとどこで重なり、どこでずれているのかは議論の余地はあるが、本章では理念型的な儀礼の意味を考察するので、さしあたり日本人の死生観を典型的な民俗的観念から説明する。

三　生者のライフコースと死者のライフコース

日本の通過儀礼

通過儀礼とは、人間の成長と社会的身分の変化に応じて異なる段階へ移行する際に行う儀礼である。日本では帯祝い（妊娠五カ月目の戌《いぬ》の日に安産を祈って岩田帯を巻く）に始まり、出産後は成長に合わせて、産飯・産湯（丈夫に育つよう祈願）、お七夜（生後七日目の赤ん坊に名前をつけて産神に報告）、初宮参り（男子は三一日目、女子は三三日目）、百日の食い始め（生後初めて赤ん坊にご飯を食べさせる祝い）、初節句（誕生後初めての節句、女子は三月三日の上巳の節句、男子は五月五日の端午の節句）、七五三（三歳の男女、五歳の男子、七歳の女子が一一月一五日に宮参りをする）、結婚、厄年（男性四二歳、女性三三歳を大厄とし、神社などで厄払いをする）、長寿の祝い（還暦〈六一〉、古稀〈七〇〉、喜寿〈七七〉、傘寿〈八〇〉、米寿〈八八〉、卒寿〈九〇〉、白寿〈九九〉）、最後に葬儀により人としての生涯を終えることになる。

　生きている間の通過儀礼は、村社への拝礼や地域・親族での祝いごとを中心にしており、日本では神官・神社が関わる領域である。それに対して、死後の通過儀礼は、日本において僧侶・寺院が携わることが多い。これも典型的な儀礼のみ記しておこう。

　葬儀（告別式、出棺、火葬、埋葬）、初七日、四九日、百カ日、一周忌、三回忌、七回忌、一三回忌、三三回忌がある。地域によっては一三回忌から三三回忌までの間に一七、二三、二五、二七の回忌を挟んだり、三三回忌の後に五〇、一〇〇、一五〇の回（遠）忌を営んだりする人もあるが、著名人か宗教的徳の持ち主の話であり、普通の人々は三三回忌をもって弔《とむら》いあげとし、死者の魂は祖霊となって里山か霊山へ行き、子孫を見守るようになるというのが民俗学的な死生観であった。

通過儀礼の対称性

日本人の通過儀礼は生きている間も死んでからも、七日、一〇〇日、一年、三年目、七年目と対照的な時間の区切り方になっている。祖先崇拝の研究において、生前のライフコース上の通過儀礼と死後のそれとの対応関係を象徴論的に解釈したのがヘルマン・オームスだった。[18] 彼が作成した図1－3に即しながら説明していくと、生者と死者の二つのライフサイクルはともに俗名と戒名をもらい出発する。出生から一〇〇日間は両者とも忌の期間であり、赤ん坊も死霊も非常に危険な状態にある。新生児の死亡率が高かった時代には、まさに生き延びるかどうかがその期間に決まったのだろうし、死後中陰の期間を経てしかるべきところに落ちつくまでは、霊魂もあの世に行ったとはいい切れないと考えられていたのかもしれない。その後、七五三の宮参りや年忌供養を経て、子供は大人へ、死霊は祖霊へ成長していく。政府がまがりなりにも健康で文化的な最低限の生存の権利を保証してくれるようになった現代では想像もつかないことだろうが、人間の生が偶然に左右されることが多かった時代、子が無事に育つよう神に頼み、死者を供養し、可能であれば子孫の加護を祈願するのはごく普通のことだった。結婚と弔いあげにより、子供は大人へ、死霊は祖霊へと成長するライフコースは完了する。生きている間には、文字通りのライフコースとして当人が生まれた家族（定位家族）で大人になる成長の過程を儀礼化し、死ん

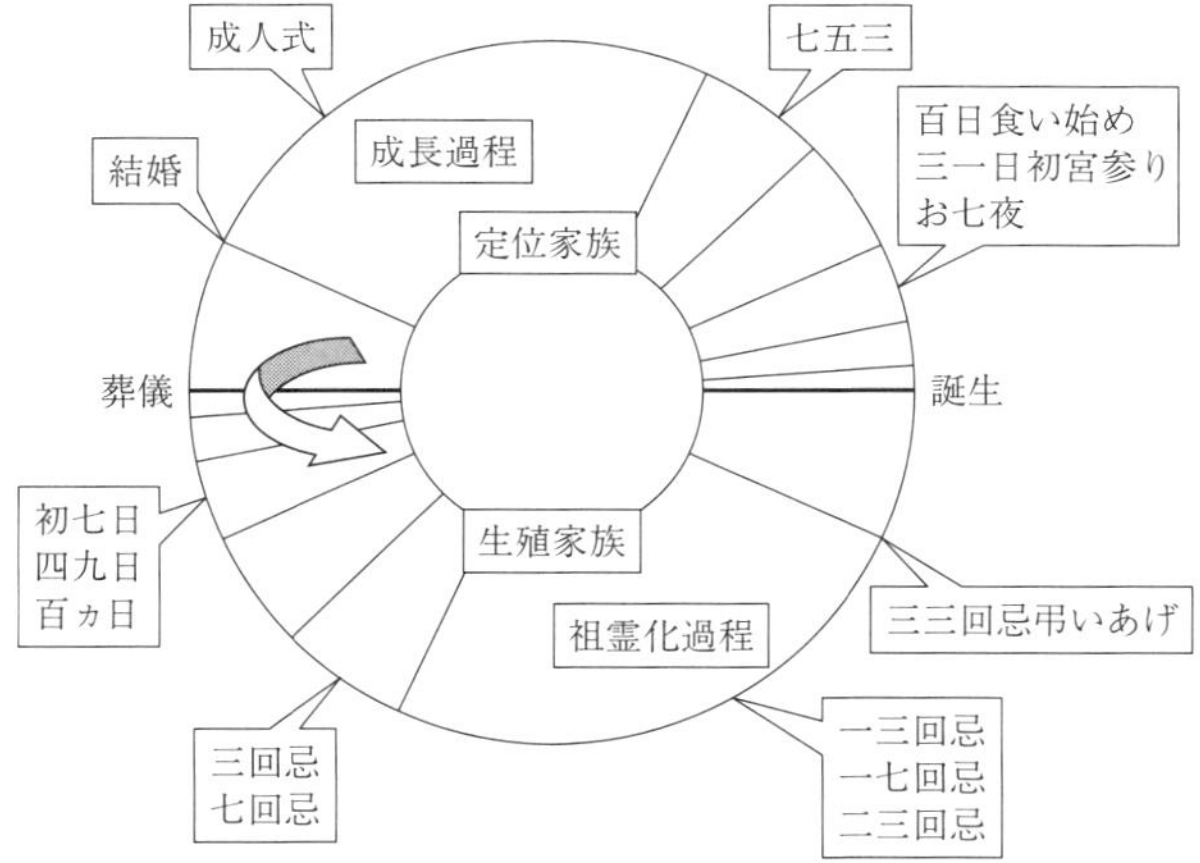

図1－3　生者の通過儀礼と死者の通過儀礼

出所）オームス，1987，p.99

でからは、死者のライフコースとして当人が残した家族（生殖家族）により死後先祖になるために供養儀礼がとり行われる。

生前のサイクルを通過したもののだけが死後のサイクルを全うできる。結婚により子孫を残したもののみ祀ってもらえるからである。社会的に成人になるためのコースを離脱したもの、すなわち未婚の子女や家に関係しない流れものなどは社会の周辺や家族の外に居ざるをえない。なぜならこの二つのライフサイクルは家制度を中心にしているからである。

このオームスの生と死のサイクル論は、生きているものと死んでいるものとの各カテゴリー内での二つの地位が対応しているとするところから出てきた。すなわち、家長と先祖、継承者と有縁仏、傍系親族と無縁仏であるが、家長は子孫を残しているとの理由により先祖の地位が約束され、継承者も直系親族の理由で無縁にはならず、いずれは先祖になることを保証されている。それに対して、傍系親族は当該の家から出ていき、新しい家に入るか自ら竈《かまど》を持つべき人間であり、それに成功しなければ無縁仏にならねばならぬ人たちである。この点に関しては地域差があり、傍系親族でも供養の対象になって位牌壇や墓に入れるところもある。いずれにしても、家のなかでの地位が死後の世界・地位を決定する。その地位達成が通過儀礼によってなされるとオームスは考えたのだ。

結婚と家の継承

オームスの視座を継承しつつ、ムカサリ絵馬奉納のメカニズムを探っていこう。家内部の地位の変化に着目するならば、結婚と弔いあげを対応させる場合、それぞれを大人への成長と祖霊への成長の到達点とのみ理解すべきではない。通過儀礼の要点は、どのように地位が変化するかにある。長子相続が原則である家父長制の制度では、長男として生まれれば自動的に跡取りの資格が与えられるのであるが、家は一つの経営体であるがために常にリーダーの資質が問われ、たとえ長男であっても無能な場合は次男以下に跡を取らせることもありえた。その際、長男にはなんらかの財産を分与し、分家させてやる。当該の家で結婚し、家に留まることは跡継ぎと決定されたものにのみ許されることであった。家にとって跡取りが結婚することは重要であり、跡取りはこの時点より家長への道を歩むのである。

家・同族研究に多くの業績を残した有賀喜左衛門は、結婚が家の継承に重要な位置を占めることを指摘していた。嫡系親族の結婚は対等の家格の家からのみ嫁をもらい、家格相当の家から迎えた妻との間に生まれた子が家督相続の資格を持つものとして社会的承認を得る。結婚によって、「家の後継者として家督相続者はその家格を維持しつつ、家の連続を果たす義務を課されたのである」と有賀は述べた(19)。通常その責務は対等な家格の家から嫁をもらうことで果たされねばならなかったが、それで嗣子を得られぬときは、蓄妾や遠縁のものから養子を取るなどの手続きも可能だった。子孫を残すとは必ずしも自分の子を残すことではなく、社会的承認を得る嗣子を残すことにあった。この点は第五章において、アフリカの冥婚について述べる際に詳しく説明するが、結婚とは両性の合意に基づく家族形成という近代的な家族観が成立する以前には、適切な継承者をうるためにとりうる一つの家族戦略であり、生まれてくる子供にとっては誰が適切な扶養者となるかを社会的に決める制度だった。

家の継承が家格の継承であることは、次章で述べる黒澤の同族において、家格の悪いところから嫁をもらったためにマキ（同族の意）からはずされてしまい、別の同族を構成した事例があることからも傍証できる。通過儀礼において地位の変化が重要なものであるほど、地位の移行に際して儀礼は念入り、かつ盛大に行われる。家を継承することが必要条件である農家において、冠婚葬祭が町の人々よりも大がかりなのはそのためである。

黒澤のムカサリはかつて二日がかりで行われた。村山地方のある地域では三日かけたという話もある。その次第を簡単に述べよう。初日、本膳は妻方の親戚、家長の兄弟などを呼び、彼らは「諸家（もろや）に来た」という。新郎は紋付を着る。次の日、午前中は「息子のお茶」と称し、息子の友人を呼ぶ。夜は「母親のお茶」といい、姑の友人を招待する。父方・母方の親族、隣人・友人関係を遺漏なく招待した。現在は町の式場で結婚式を挙げるために、何度も招待することはなくなったが、隣組の家の息子の結婚式に世帯主とともに「息子のお茶に来てください」といわれ、一軒の家から二世代揃って出席することもあるという。

また、地位を継承するものの方が、地位の異動にまったく関係ないものよりも儀式が盛大に行われる。跡取り息子の祝言は次・三男の祝言よりも念入りに準備される。祝言にかかる費用を相続人と非相続人の別に分けて、昭和二六（一九五一）年のデータから山形県

表1－1　婚礼費用の続柄による相違

		婚礼費用の農家所得に対する割合	婚礼費用の農家財産に対する割合
嫁取り	相続人（農業）	28.40%	6.10%
	非相続人（農業）	27.20%	3.80%
嫁入り	相続人（製造業）	83.30%	25.70%
	非相続人（運転手）	42.20%	21.60%

出所）農林省統計パッケージ調査部編，1958より筆者作成

のもので算出したところ表1－1のようになった[20]。調査対象者は農家であり、娘は非農家に嫁がせている。

嫁取りの方が嫁に出す方より安く済むことは常識であるが、このことは表1－1上段と下段の数字を比較すれば一目瞭然である。相続人と非相続人の婚礼費用の格差は、嫁取りでは婚礼費用の農家財産に対する割合、嫁入りでは婚礼費用の農家所得に対する割合を見れば明らかだ。しかし、現在は子供数も減少したため非相続人の費用が相続人並みに上がり、結婚式に使う費用は年々高くなる傾向にある。以上のことから、結婚は地位の移行に対応した儀礼といえる。

象徴的婚姻によって家に入る

ムカサリ絵馬奉納の意義とは、推移状態にある霊に対して象徴的に通過儀礼を施すことで、家の成員権を与えるところにある。跡取りの地位を確保できないか、自ら竈を持ち初代とならないで亡くなったものは先祖になれない運命にある。

未婚で亡くなった霊たちは年忌供養ではなく結婚を求めるのだ。未婚の子女は果たせなかった結婚を無念とし、恨みを残している。一昔前の女性にとって結婚以外に安定した地位を家のなかで持つ方法はなかった。霊の気持ちとは親の気持ちの反映と考えてよい。親にとって子を亡くした悲しみの解消方法は子供の願いを叶えてやることだし、結婚の儀礼を象徴的に行うことで霊が安堵すると考えるのだ。

結婚し家庭を持ち、自分の子孫を残したいとは誰しもが願うことだろう。これは種としての生物学的な欲求だろうし、結婚の制度なくして人間社会が存続するとは思えない。しかし、結婚とは人間が社会でしかるべく生きていくための社会関係の一つであって、そこにはどのような関係構築が望ましいかについて、社会の規範的な理念が反映されている。

幼児で亡くなったものにさえ結婚を願うのは、それが死者の遺恨であるからではなく、親の願いそのものと考えてよいだろうし、長男の結婚に拘泥するのも家長としての親の気持ちだろう。親の気持ちに家の規範意識が影を落としている。

さて、ムカサリ絵馬奉納により象徴的に結婚式を行うことで、子供（特に長子）の遺恨——とりもなおさず家長の遺恨——を晴らし、家父長制の原則を象徴的に回復する儀礼であるということが解釈学的に理解されたわけだが、民俗学・歴史学的にはどのような経緯でこの習俗が発生してきたのか疑問が残る。この問題については、資料が不足しているために、可能な推論をいくつか展開するしかない。筆者の推論を次の節で展開してみよう。

四　ムカサリ絵馬習俗の歴史文化的背景

家父長制の成立期と死者の祀り

現代のムカサリ絵馬供養は未婚の死者を悼む親の供養儀礼ということで理解できる。明治・大正から始まり、三〇年くらい前までのムカサリ絵馬習俗は、日本の家制度における継承の問題と密接に関わる供養儀礼でもある。村山地方の観音堂に遺されている絵馬には特徴的な要素が二つある。一つは戦死者の祀りであり、もう一つは婚礼の図柄である。

近世から近代にかけて東北地方の庶民が被った大きな変化は、徴兵制と日清・日露戦争、朝鮮半島や満州の支配に動員され、国のために有為の若者が命を失ったという事実である。寄生地主制の下、食えない小作農の次・三男が北海道や外地に渡ったり、農家の娘たちが工業地帯の女工や都市部の盛り場へ稼ぎを求めて地域を出ていったりしたことは、致し方ないこととはいえ本人の意志だった。しかし、戦争は違う。赤紙一枚で召集され、軍隊特有のしごきに耐え、戦闘で命を落とさずとも東南アジアの密林やシベリアの凍土に骨を埋めた東北の男たちは数多い。軍国主義の時代、親の無念さを表出できるものはムカサリ絵馬だったのではないか。跡取りを予定されたものの戦死は二重の意味で非業《ひごう》の死だ。親にとって遺恨の解消には通常の儀礼だけではもの足りないと思われただろう。

ムカサリの図柄は当時としては上層の結婚式と思われる。一部の地主を除けば小作の農家や町の細民たちが紋付き羽織袴の新郎と、角隠しに艶やかな花嫁衣装を着た新婦の格好をしていたとは考えられない。古いムカサリ絵馬を奉納したのは絵師に依頼したことも含めて上層農と考えてよいだろう。新婦が新郎の家に嫁入りするのは昔ながらの風景と思われるかもしれないが、実はそうではない。近世や明治において日本の結婚は、武士階級や上層の人々のみが嫁入り婚をもっぱらとし、農民たちの間では足入れ婚が見られた。農漁村でもところによっては夜ばい慣行もあり、子供ができた時点で誰が扶養するかを決めるべく結婚する、あるいは、試験的に結婚生活を送って子供ができたら正式な結婚とするような地域も少なくなかった。家を継ぐのも長男と決まっていたのは武士階級であり、山形県の農家には初生児相続や姉家督があった。男児が長子として生まれる保証はないのだから、男子でも女子でも最初に生まれたものに農作業の中心になってもらうという合理的な相続法である。あるいは末子相続ともいわれているが、西南日本の畑作地域や漁村では長じた順に家を出て、最後に残った子供が老親の扶養をする相続の仕方もあった[21]。

このように多様だった相続慣行が、家産や祭祀権の相続を含めて明治民法により長男子相続に一元化された後、嫁を迎えることの意味は家督相続そのものとなり、生業においてそのような相続をなす必然性のなかった庶民階層も嫁入り婚を摸倣した。対等な家格同士の青年男女が親の取り決めで結婚したり、見合いしたりすることも、その頃発生した文化といってよい。婚前交渉を戒め、女性の処女性を尊ぶ風潮も、血統の純潔性が価値となる時代の産物である。遊びには自由で商業的な性の売買が許容され、他方でその家の子供を産むために女性の貞節が規範化された性のダブルスタンダードもまた、家の制度化と関係する。

こうして戦死者の特別な祀りと結婚式が特別な意味を持ちえた明治後期からの日本社会には、ムカサリ絵馬習俗発生の社会構造的な契機を見いだせる。しかし、これは習俗発生の背景要因の説明であり、その習俗がどのようにして伝播していったのか、換言すれば個人が始めた行為が社会・文化的な慣行となる経緯には、媒介的な文化要因の説明が必要だろう。山形県村山地方の場合、観音信仰とオナカマと呼ばれる巫者たちの役割が、祖先崇拝の習俗に大きな影響を与えている。

観音信仰

観音信仰は現世利益的性格と追善的性格を持つ。現世利益に関しては平安時代の「実験譚」や「霊験記」などで観世音菩薩の救済が説かれ、貴族たちも霊験を求めて寺院に詣でた。速水侑は追善的性格に関して北魏の観音信仰は、「……造像の功徳により、「家」を中心とする亡者の追福を祈念し、さらにはこの功徳を生者も同じうし、現生に福徳を得んと願うもので、現生利益思想は、追善的信仰に付随するものであった」と述べ、日本に伝来した初期観音信仰の特色を、ほかの信仰同様、追善的性格を基調にしたものとしている。(22)鎮護国家仏教の時期を経て、仏教の教えは聖《ひじり》により地方・民間に広く浸透していくことになる。聖に定められた霊場は深山幽谷を常としたために、日本古来の山中他界観と融合し、観音霊場が仏の山・死霊の集まる場所の観を呈しているものも数多い。最上三十三観音の半数は山形盆地を囲む朝日・白鷹山地、東の奥羽山脈の山麓に位置し、山寺の立石寺にあっては歯骨を納める仏の山と呼ばれている。このような性格を持つ最上三十三観音に追善供養の絵馬が納められる可能性は十分考えられる。しかし、日本の仏教寺院において先祖供養を行わぬところはない。浄土宗でも曹洞宗の寺院でもかまわないわけであるが、絵馬自体が祈願――現世利益を追求する性格を持つために、追善供養の絵馬を納める寺院として観音堂は最適かつ霊験あらたかである。

観音信仰が村山地方でいかに盛んだったかは、農村部では集落ごとに観音講があったことからうかがわれる。もっとも、今は宗教講というよりは葬儀の互助組織といった方が妥当である。また、最上三十三観音の巡礼は今も盛んに行われている。

シャーマニズム

山形県西村山郡西川町にある岩谷観音には古くからオナカマの呪具が納められていた。岩谷は十八夜観音を祀り、多くのオナカマたちの御本尊になっているが、十八夜観音の本尊は聖観音であるという説と、山の神「月山　ツキヤマサマ」の二説があって定かではない。十八夜は一八日の例祭を示すだけだから、岩谷観音には観音信仰に山岳信仰も混在している。観音堂の別当は修験者である。羽黒山・月山・湯殿山は出羽三山と呼ばれ、神仏分離令によって羽黒山山頂には出羽三山神社が置かれて神主が奉職しているが、麓の荒沢寺は羽黒山修験本宗本山として羽黒修験の拠点である。修験道は元来が神仏混淆であり、修験者は麓の集落の人々とも密接な関係がある。

オナカマの呪具はトドサマと呼ばれ、男女二対のボンデンである。オシラサマと同系統のもので、置賜《おきたま》地方では実際に家の神様になっている。トドサマに御神を入れるのは修験者の役割である。「頼まれたらどんな神様でもおろさんなねのったな（おろさなければならない）」とオナカマの山田ヨシノ氏は語っていた。

オナカマの語源は定かでなく、「ナカマ」を職能組合や現世と幽界の仲介の意味にとる人もあるが、庄内ミコ、置賜ワカといずれも巫者自身を表す言葉であり、東北全体を見渡してもこれ以外の用法は見当たらないので、妥当な解釈とはいいがたい。組合を結成するのはオナカマに限らずイタコも同じだ。また、次章で述べる黒澤の古文書には、寛政一一（一七九九）年にワカと記載されているため、もともとオナカマの呼称が巫女に与えられていたのかどうかは分からない。

櫻井徳太郎も指摘しているが、オナカマの語は越後から来る瞽女《ごぜ》にも用いられる[23]。黒澤のある八十余歳になる老婦人は、「毎年春先になると越後から先頭の帯につかまりながら数人でオナカマがやって来て集落を門付けして回った。占いや仏おろしをやったかどうかは分からない」と語る。

語源遡及への関心はこれぐらいに留め、オナカマの分布を見ると村山地方にのみ限られる。烏兎沼《うとぬま》宏之の調査によれば、昭和初期がオナカマの活躍が最も盛んだった時期だという。各町村単位で七、八人はいたらしい[24]。それ以前は、明治五（一八七二）年に山形県が「山形県売卜者巫女等ノ取締」を出している。一方的な見方とはいえ、当時の山形県の巫俗を知りえる資料であるから、全文を記載する（旧カナ・字体とも現代文に準じて直してある）。

世に売卜家相方位巫女と唱える者往々之有り。巧みに吉凶禍福を説き、みだりに神異奇怪と唱え、人の耳目を惑わし民の財産を耗らし、甚しきに至っては家を移し蔵を転し、福を求め禍を買い、富を欲して貧に陥り、終にいかんともするなからしむるに至る。今日文明の運にあたり、斯のごとき所業の有り候ては以ての他の義に付き、以来右等の所業禁止せしめ候条、従来専業と致し候者は早々相改め他の職業に就き申すべし。若し他所より立入り候者は管外へ立ち退かしめると申すべし。かつまた人民に於ても、向後右等の浮説虚誕に惑わされざる様心掛け申すべし。若し心得違いの者有りて右等の所業を改めず、あるいは其の説に迷惑せらるる者有らば、双方とも越度となすべく候わば、此旨篤と相弁じ末々まで洩れなく懇諭に及ぶべき也。(25)

役所が説く文明の恩恵を被った人々はごく少数であり、大部分の庶民が必要とすればこそ巫業も盛んだった。現在オナカマは、修行時代が厳しいことと、特殊な職業であることから、親も子供を弟子入りさせようとしない。後継者がいないので大半が八〇歳前後（昭和六〇〈一九八五〉年の調査時点において）の高齢者であり、彼女たちを最後にオナカマはいなくなるだろう。村山地方では死後の口寄せが、死者が特別な思いを残して亡くなったと思われる場合を除いて行われないために、オナカマに対する日常的な相談や占いの需要が減れば、すぐ衰えてしまうのだ。

オナカマの巫業

巫業の実態や入巫過程については詳細な報告があるため、(26)山田ヨシノ氏の調査当時の状況のみ述べることにする。彼女はほかのオナカマ同様自宅で客を待ち、占い・仏おろし、種々の相談に応じていた。八月一八日は岩谷観音の例祭で、元岩谷集落の人たちを中心に観音堂で来年の作柄を占い、近親者の仏をおろす。岩谷集落はかつて岩谷三十三軒と呼ばれる「落人部落」の観がある山村だったが、過疎のため廃村となった。ほかに、春の彼岸に神おろしを行い、各集落の代表者が今年の作柄・吉凶事項（ヨノナカという）などを占ってもらいに来る。おろす神は集落ごとの氏神である。この二つの年中行事以外は自宅で個人の身の上相談（ミノウエという）の商売を行う。客層は年齢・職業ともばらばらであり、オナカマの祭具を含む岩谷の歴史民俗資料が文化庁の無形民俗文化財に指定されて有名になってからは、東京などの遠方の客も来るようだが、大部分は村山地方、近住のものである。「昔は祖母や母などが何かある度にオナカマへ相談に行った。今は年配の人しか行かない」と六十代、八十代の土地の人は語る。

山田ヨシノ氏はムカサリ絵馬について、「供養のため奉納した方がいい。昔はあったが最近では奉納しない」と話した。若松観音には年間十数枚のムカサリ絵馬が奉納されているが、これらは必ずしもオナカマを通じて奉納されたものではない。また幼児・子供の供養に関しては、「子供でも死んだら供養しなければならない」のであり、特別な葬法・追善供養については言及しなかった。また、氏は水子供養ブームについては苦々しく思っているらしく、「水子を一年間祈禱するから、五十万円けろ（くれ）と言われた人がうちに二、三人相談に来た。何でも山形に来る祈禱師だそうだ。何ばかなことをと私は言った。お地蔵様にお花でもあげて熱心にお参りしろ、それでいいんだから、と言ってやった。そだな（そのような）障りなんかないのだから。五十万円もとられてどうするんだ」という考えを示している。[27]水子の祟りがあるからといって絵馬奉納を勧めたのは山田ヨシノ氏ではない。仏・神をおろすという特殊な仕事を別にすれば、極めて常識的な判断を下す普通のおばあさんである。ただし、筆者は聞き取りの最中に、同氏が盲目のため聴覚が異常に発達し、雰囲気を察するに敏なことから、クライアントとして見透かされているような気になった。オナカマの助言には、普通の人が与えるアドバイスとは違った信憑性が感じられるのかもしれない。

オナカマの相談機能

オナカマの助言は極めて常識的な対処方法である。これができるのは神が憑《つ》いたからだとか、長年の修行や経験で人並み以上の洞察力を有しているからなどの説明がなされているが、社会関係からも説明が可能であると思われる。クライアントとオナカマの関係において、オナカマは常にクライアントを含む社会関係、社会構造の外側にいる。遠くの神様の方がありがたいとよくいうが、クライアントは同じ集落のオナカマよりもほかの集落のオナカマへ相談に行くことが多い。それは、何よりも相談の内容が同じ地域の人々に知られては困るからだ。集落に関する問題であれば、オナカマとも利害関係にある。オナカマは普通の生活者である。利害関係になく、つまり同じ社会関係におらず、問題の禍中にもいないものは、ある程度客観的な判断を下せる。このような人物を自分とまったくコネクションを持たない人間に求めるならば、自分のパーソナルネットワークからではなく、万《よろず》相談ごとを引き請けて商売をしているオナカマが候補として最適である。少なくとも、つい最近まで市民相談所のような公的コンサルタントの機関がなかった地域、たとえあったにしても職員が顔見知りであるような小社会にあっては、オナカマに相談を頼んだ方が無難なのだろう。

さらに、オナカマは通常のライフコースを歩んだものではないので、逆にノーマルなライフコース、社会全体が分かるのではないだろうか。盲目でも自立していかなければならなかった彼女らは、少女期から普通の人々とは違った世界に住み、パターン化された巫術を通して社会を認識していく。そのパターンが祖先崇拝の諸相なのである。仏をおろす師匠の語り口から、先祖の願い、未婚の子女の思いなどをパターンとして学習し、今度はその類型により実際の社会を観察する。オナカマたちは現実の社会関係・社会構造に巻き込まれることなく、しかも、祖先崇拝の認識枠組から未婚の死者の意味を捉え返すことで、ある意味で純粋かつ単純に当該の社会関係と社会構造を当人たちよりも認識しうるのではないか。

オナカマはクライアントの身の上話を聞き、常識的な判断のほかに、可能な因果関係を祖先崇拝のパターン（認識枠組）から探し、問題の解決法として適用する。ムカサリ絵馬奉納を勧めるオナカマや地域の拝み屋がいることは、ムカサリ絵馬奉納を調査した研究者が指摘している通りである。

では、なぜオナカマたちが逆縁の死者にこだわり、祖霊化の道を回復してやらなければならないと考えたのだろうか。彼女たちは死者の口開《くちびら》きをはじめとした民俗宗教に根ざしたホトケの扱いのエキスパートだったという理由が一つある(28)。しかし、もう一つの理由は、東アジア社会における巫俗の社会的機能そのものから考えた方がよい。巫俗はそれ自体として社会的に有用であっても、正統な知識として制度的にも宗教的にも承認を得られない。そのために、社会的に正統とされた知識や制度に寄り添いながら巫業を継続してきたのである。この点は、青森のイタコ、カミサマ、沖縄のユタ、東アジアの巫俗を扱う各章において、何度も確認していくことになろう。

第二章　祖先崇拝と社会構造

一　黒澤の社会構造

社会調査の原点

ここでは山形市大字黒澤（旧南村山郡黒澤）の村落としての歴史と社会構造、および家の相続制度を説明する。この章はムカサリ絵馬奉納を行った一地域の研究であり、社会学・社会人類学的な関心が強いので、冥婚習俗そのものを急ぎ足で知りたい方は、次の第三章に読み飛ばしてもらってかまわない。

さて、筆者の思い出話から始めることをご容赦願いたい。筆者が大学院生のときに初めて調査した村が黒澤である。その調査結果を「家と祖先崇拝――山形県黒澤の事例を中心に」（一九八八）という論文にまとめ、日本社会学会の機関誌『社会学評論』に投稿した。

もう二〇年前（原書刊行時）に遡る。

当時、北海道大学文学部の社会学研究室では、修士論文をまとめ直して『社会学評論』に投稿することが大学院生の通過儀礼のようなものであり、その論文一本があれば就職先を探せるような牧歌的時代だった。現在では、学位論文を書いて博士課程を修了するのが普通になったが、十数年前までは、「文学博士」の学位は研究者人生の最後に大著を仕上げて博士論文とするのが慣行だった。したがって、博士後期課程に在籍はしていても、自身の研究成果を大部の論文にまとめることなど大学院生の誰も考えていなかった。筆者もコンパクトな論文を書き上げて研究者として認めてもらい、安定した職場を得てから大きな研究をするよう指導されていた。わずか四〇〇字詰め原稿用紙五〇枚の投稿論文が『社会学評論』に掲載されるかどうかが、研究者人生の最初の一里塚であった時代の話である。

ところで、この論文はその頃であっても家や村、祖先崇拝といった若い大学院生があまり見向きもしないような素材を扱い、当時の社会人類学的な家・同族研究の視点で書かれているので、古色蒼然の感が否めない。しかし、現時点においても調査資料の価値は変わらない。現存する特定の宗教儀礼を歴史・地域文化の位相から捉え直すという筆者の問題構成と分析手法をよく示しており、筆者が育った社会的世界を記述した論文でもある。

黒澤の思い出

調査地の黒澤は山形盆地の南西隅、山形市の東南、五キロメートルに位置する農業集落である。ここに筆者の母親の妹、叔母が嫁いだ。旧街道沿いにほぼ等間隔で軒を連ねた家々がある。筆者の両親はどちらも農家の出だが、黒澤から丘陵地を登ったところに開かれた新田と葡萄畑が広がる小松原という台地に母親の生家があった。ここにはバスが通っていなかったので、黒澤から三〇分の緩やかな山道を登っていくか、上山市からバスの便があった久保手の集落から田畑のなかに延びる三〇分ほどの道を降りていくしかなかった。こうした新田などの開墾地にある農家と近世から存在した平地にある農家との違いは、前者の子供たち（母親）が戦時中を含め幼少時に雑穀入りのご飯を食べたか、ほぼ白米だけのご飯を食べていられたか（父親）の違いでもあった。しかし、現在はこの台地が「みはらしの丘」という山形市のベッドタウンとなり、農地買い上げの補償金や代替の宅地をもらって頃合いよく農家をやめた人たちの大きな家が建ち並ぶ高級住宅街の趣がある。筆者が子供の時分は「山に行く」という言葉が使われるほど街とは縁遠い場所だったが、高規格道路と新興住宅街のおかげで、今では旧街道の狭い道路沿いの黒澤よりもハイカラなところとなった。

筆者が幼少時に母親に連れられて行き来した母方の親戚の人たちは、一世代前はみなが

「おしん」のようなものだったという。昭和五八（一九八三）年に橋田壽賀子脚本の「おしん」がNHK連続テレビ小説で放映され、平均視聴率五二パーセントを記録した。山形県の貧しい農家に生まれた明治・大正の女性たちは大方同じような人生をたどったのだろう。おしんは幼少時に奉公に出されて苦労するが、筆者の母親（昭和一〇年生まれ）くらいまでは中学校を出たら住み込みの従業員として各地で働くのが普通だったという。筆者の父親は平地の農家の出で、若干裕福なために夜間の工業高校に進学し、金の卵として上京して東京の町工場で働くことになった。三〇歳前に故郷に戻って身を固め、地元では大手の化学工場の臨時工を経て本工となり、高度経済成長の恩恵を受けて土地と家を求め、子供二人を大学までやることができた。筆者はおしんの子供たちの世代に特有の人生を歩んできたのかもしれない。

筆者が修士論文の調査地を山形県内で数カ所探し求め、最終的に叔母の集落である黒澤にしたのも何かの縁があったものと思われる。話を調査時点に戻そう。

黒澤における祖先崇拝の実態調査は、昭和六〇（一九八五）年夏に自治会長および主たる同族の当主に面接調査を行い、全戸対象の調査票を配布した。回収率は九二パーセント（一〇四戸中九六戸）であった。黒澤は調査当時、集落総戸数一〇四戸中八四戸が農家で、ほかは自営一〇戸（商店、旅館業、工務店など）、残りは雇用者世帯だった。桜桃・葡萄の果樹栽培、水稲を中心にした農業が専業農家や兼業農家で営まれているが、表2－1の経営耕地面積を見ると全体の七割弱が一ヘクタール未満の農家であり、兼業化が進行していた。年齢別の農業就労者数は、男女とも五〇歳以上が六割を占めており、専業農家以外では、青壮年層は会社勤めというパターンが定着している。現在は農業従事者の高齢化が進み、子供たちは土日だけであっても農作業をしないのではないかと思われる。農家の後継者不足の問題は山形県全体の問題でもある。

表2－1　黒澤の農業経営

経営耕地面積	戸　数
〜0.5ha 未満	26戸
0.5〜1.0	28戸
1.1〜2.0	25戸
2.1〜3.0	2戸
農家の分類	**戸　数**
専業農家	21戸
第一種兼業農家	12戸
第二種兼業農家	48戸
計	81戸

出所）調査

黒澤の同族と家

歴史上、黒澤が近世村落として成立した時期は、「成澤之郷黒澤村縄打帳」により元和九（一六二三）年まで遡れる。[1] 当時、黒澤は山形の領主最上藩の所領であり、羽州街道の宿駅として発達していた。近世全般にわたり村内の戸数は七〇戸前後で安定している。特に本百姓の数は一、二軒の増減を見るだけで、近世中・後期は三一軒に限定され、百姓―名子の身分が厳格に守られていた。(2) もっとも、黒澤の名子は百姓株を持たない高持名子であり、経済的な庇護と奉仕に基づく親分—子分関係ではなかった。むしろ、黒澤における地主制度の特徴は、近世後期から明治にかけて山形県一帯に農民の階層分化が進み、大地主が手作から寄生地主化したものであって、土地所有関係を基盤とした村落支配体制として確立していたと考えられる。

黒澤には大庄屋で金貸しでもあった渡辺九右衛門がおり、明治四四（一九一一）年には旧金井村（黒澤・松原・小松原・谷柏・津金澤・片谷地）に九九町三反二畝二二歩の田地と宅地五五三四坪を有していた。(3) ちなみに、昭和一〇（一九三五）年の黒澤の小作地率は約六九パーセント（自作二〇町・小作四四町）である。(4) 農地解放前の黒澤は一部有力な富農の同族と、他方小作により生計を立てざるをえない大多数の過小農により構成されていた。まず、その階層構成を同族団の分析と併せて説明していきたい。

村山地方では同族をマキというが、黒澤には一一のマキがある。このうち農業経営組織としての同族の機能を果たしていると考えられるのは、マキの本—分家ともに地主であったWAI（本家渡辺九右衛門）マキと本家が地主であったWBマキの二つである。WAIマキの下にWBマキを除いた黒澤の多数の家が属しており、二つのマキの小作であった。WAI単独戸も含めてそのほかのマキの構成戸は、地主と直接に経済的主従関係を結ぶ過小農であった。そのために分家は全て一人竈であり、同族が経済的互恵関係を持つことは一般になく、下層農において同族はもともと親族以上のものではなかった。事実、同族内部が秩序だてられているのはＷＡＩマキだけである。そのほかのマキが席順を年長の順にするのに対して、ここでは系譜関係に応じた席順にし、唯一同族祭を営んできた。

要するに、黒澤は最上層にＷＡＩマキ、上層にＷＡＩマキの奉公人分家ＨＡ、ＷＢ本家（ここまでが集落の年配者から旦那衆の家と呼ばれる）、中層にＷＢから分家した少数の自作とＷＡＩマキの出入衆（各家の小作地の管理人）、下層に残り全ての過小農が位置づけられる家格型村落だった。しかも、この階層は経済的階層であると同時に社会的な階層でもあったので、身分階層制が存在したといっても差し支えない。たとえば、村内自治の指導者は中層以上の家から選ばれるのが近年までの傾向だった。上層階層のマキのなかでもＷＡＩマキは別格であり、黒澤を含む近郷の農村からなる金井村村長をほぼ独占しており、本家が二代目、七代目村長、本家三代目のときに分家した隠居分家（隠居）が九代目、本家四代目のときに分家した弟分家（新家）は初代（明治二二〈一八八九〉年）、八代目、最後（昭和二七〈一九五二〉年山形市に合併）の村長を出している。また、氏神福田神社の氏子総代も部落総代（山形県では部落に被差別の含意はまったくなく、集落の意味で通常使用されているので、そのままのいい方を残している）が兼任するようになるまで、ＷＡＩマキの家が長らく務めていた。部落総代は、戦後、WB本家、HA、WAIマキの出入衆二軒、および有力な単独戸から出ており、集落内の役職者は家の格で選ばれている。

黒澤の年齢階梯性と相続

黒澤では共有林や水利組織での共同作業、農業再生産のための労働交換が社会制度として確立され、慣行化されていた(5)。この村落共同体としての側面を見ると、共同体の構成単位は家であり、家は家格制の結節点でもある。黒澤の共同組織は東北地方に広く分布している年齢階梯《かいてい》制である。年齢というよりは世代による階梯なのだが、年齢階梯制(apprenticeship)という専門用語が社会人類学では定まっている。日本では年序組織というい い方もあり、年齢に加えて結婚の有無(家を継承する地位にあるかどうか)等によって村落の人々に序列をつけるやり方である。序列づけるから封建的ではないかというイメージを持たれる人もおられるかもしれない。実は逆で、未婚の若者は若者同士、世帯主は世帯主の要件さえ満たせば村落内では対等な関係になれる構造化原理が働いており、地主―小作の所有関係により身分が発生する遠心的な構造原理を緩和し、村落の共同性を高める組織原理といえる。

各階梯とその機能を表2-2、表2-3に示した。これらの各階梯のうち中核的組織は

表2-2　黒澤の年序組織

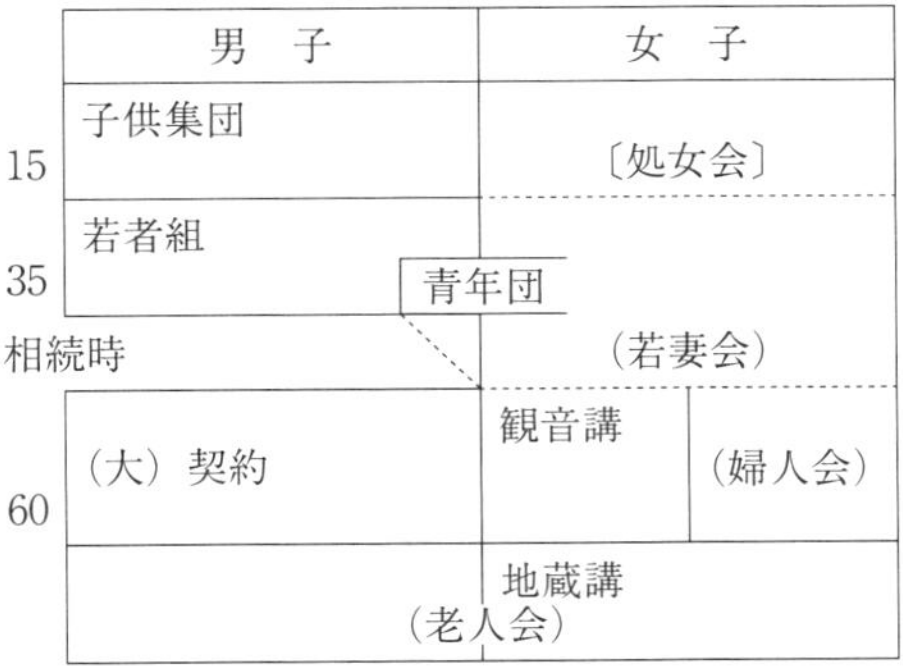

出所）調査

表2-3　黒澤の年序組織の機能

年　序	従来の機能 →	昭和60年当時の機能
若者組	1）火災防止のための夜回り 2）稲刈りの時期小屋に泊まり稲の番 3）福田神社，氏神祭典の執行 4）ムカサリの門立ち 5）年一度の総会（契約）	昭和29年より山形市消防団に改編 1）消防の演習 2）春，秋の夜回り 農家の青年層が少ないため団員不足
契　約〔大契約〕	村落共同体の統制組織 下位6組の契約 1）儀式　2）葬式　3）貯金 4）衛生　5）火防　6）納税 7）その他大字の事業 特に葬式組としての機能大 組長は互選	部落会　下位6組の契約組 機能はほとんど変わらないが，部落下部組織としての連絡機関の性格を強める 組長は回り番
観音講	葬式の世話，御詠歌をあげる 1軒で主婦1人が加入	加入率48%〔有効回答78〕 地蔵講への加入率は78%〔同43〕

出所）調査

若者組・契約・観音講であり、それぞれ成員権を長男（跡取り）・家長・主婦に限定する。竹内利美がすでに指摘しているように、「年齢・性による年序組織の村落共同体内部の機能は、家内部の役割分担と近似して」いる[6]。さらにいえば、黒澤の場合は年序組織といっても年齢集団（age-set）により構成されているのではなく、世代（generation）により構成されている。その意味では世代階梯制と呼ぶ方が妥当であり、本稿でもこの言葉を用いたい。これは、後述するように、家における主要な社会関係が家長と跡取りとの世代間関係であることに関わる。

これまで家相互の関係を家格制・世代階梯制から見てきたが、次に両制度の結節点としての家を、父子関係および相続制度の側面から考察したい。

明治民法施行前には村山地方にも、農業経営における労働力確保のために初生児相続をとる村が一部あった[7]。初生児相続とは、男子であれ女子であれ、先に生まれた子供がその家を継承する相続の仕方である。ところが、黒澤、金井村を含めてほとんどの村落では長男子相続だった。どちらの相続形態が古い形態であるとか、主要な形態であったかとか簡単にいうことはできないが、長男子相続が支配的形態に変わったことはたしかだ。その社会的背景は次のようなものだった。

日本には様々な相続形態があったにもかかわらず、明治民法の相続編には長男子単独相続が規定され、武士型の相続制度が規範として確立した。そして、教育勅語などにより忠孝の儒教道徳が庶民に至るまで教え込まれた。大方の農民にとっては農作業や日常生活で親子のあり方を了解すれば済む話だったが、実質的な親子関係を超えて孝のイデオロギーを国民統制の道徳的支柱とすることが明治政府のねらいでもあった。川島武宜によれば、孝の論理は親子間に身分的格差を生じさせ、子は親の恩に対し孝を義務となし、親はそれを権利として要求しうる家父長的イデオロギーを強化し、これがやがて天皇—臣民の関係にまで拡大されたという。(8) 黒澤でも孝子表彰が行われ、家のために四一歳まで結婚もせずに働き続け病没した孝女かんの碑が、明治三六（一九〇三）年氏子総代WAIマキ三家の当主たちの発願と寄付によって建立された。また、寄生地主のような有力戸では由緒を誇るために、家長は家族成員に対し権威的であったが、過小農においても集約的経営のために家内を秩序だてる必要があり、家父長的家族関係が成立していたと考えられる。(9) そして、家長の権威は村落共同体の契約により強化され、維持されてきたともいえよう。

戦後、黒澤では村落・家の二つの領域で厳格だった社会構造が変化している。農地解放により農村身分階層制の基底をなした地主・小作の経済的従属関係は消滅したが、身分の名残を示す家格は変化せず、旦那衆と一般の家との格差は依然残されている。また、民法改正後も農業経営上の理由から分割相続は行われず、ほかのキョーダイ（以下では、兄弟

表２－４　相続の実態

（単位：％〈数値は四捨五入〉，カッコ内は実数）

前世帯主	現世帯主					計
	長男	次男	3～	長女	婿養子	
父	58.1	10.8	5.5	1.4	8.1	83.8(62)
母	5.4	4.1	0	0	1.4	10.8(8)
父の父	2.7	0	0	0	2.7	5.4(4)
計	66.2(49)	14.7(11)	5.4(4)	1.4(1)	12.2(9)	100.0(74)

出所）調査

姉妹を示す言葉として使用する）が相続権を放棄することで、事実上長男子単独相続が存在する。調査時点における相続の実態を表２－４に示した。父から長男へ相続する場合が大半で、祖父・母からの相続は父が相続者の幼小時に亡くなったなどの理由、次男以下の相続は長男が亡くなったなどの理由によるものである。このように、村落構造に占める家の位置や相続の制度が変わらない黒澤では、長らく家族の権威主義的構造を残存させたのである。

　たとえば、「跡取りであったあなたは家長であった父親を敬し遠ざける心境になったことがありましたか」の質問に、世帯主七二人中二四人（三三パーセント）が「あった」と答え、回答者の年齢が高く、また家の世代深度（何代目であるかという家の世代累積度）が深いほどその割合は高い。しかしながら、村落共同体としての側面に注目すれば、世代階梯制は表２－３に示した通り各階梯ともに機能を縮小している。さらに、兼業化・機械化に伴い、農業村落の特徴であった生産過程に対応した年中行事（章末別表1）や共同行為も衰退している。とはいえ、黒澤は周辺の地域に比べて契約などに関する共同体規制は厳格であり、来住者も少ないことから、従来の伝統的規範・制度を比較的温存していた地域といえる。

二　ムカサリ絵馬習俗と家族関係

位牌の継承

黒澤ではほとんどの家が仏壇（所持率九三パーセント）と神棚（同九一パーセント）を所持しており、世代を重ねた一部の家にのみ屋敷神（同一八パーセント）がある。屋敷神とは屋敷地内にある小祠であり、祭祀対象は祖先神とも農耕神ともいわれるが、春秋二回の祭祀が同族の人たちによって行われる。黒澤の平均世代深度は八・一代であり、一世代三〇年としても二百数十年であるから、農家とはいえ旧家揃いの集落である。これに対して仏壇を持たない家はまだ死者の出ていない家であり、当主は六軒とも初代である。また、神棚のない八軒は一、二代の新しい家である。つまり、世代深度の深い家ほど神仏を祀っている。

次に、黒澤において過去どのような祖先崇拝が行われていたかを、表2－5に示した位

表2－5　位牌の類型

位牌の類型	ある	なし	総数
〔有系親族〕直系尊属親（世帯主に対し）	87(98.9%)	1 (1.1%)	88
直系卑属親	38(43.2%)	50(56.8%)	88
直系尊属親のキョーダイ	50(56.8%)	38(43.2%)	88
直系尊属親のキョーダイの妻と子	7 (8.0%)	80(92.0%)	87
〔無系親族〕直系尊属親の妻のキョーダイ	0 (0.0%)	88 (100%)	88
〔非親族〕友人	1 (1.2%)	86(98.8%)	87

出所）調査

牌調査の結果から祭祀の対象と見ていくことにする。直系尊属親の兄弟姉妹（表にはキョーダイと記している）には娘を嫁に出したが、相手が外国人であることから十分な供養を受けられないと判断して、両親が位牌を作った例がある。また、無系親族（non-lineal 当該家の系譜に入らないもの）の位牌はないが、非親族（non-kin 親族でも姻族でもない他人）の位牌は一つだけあった。それは世帯主の父の友人であった海軍軍属の位牌である。この家が非農家で、世帯主が三代目の近年越してきた新しい家であることからも明らかなように、非親族の位牌は例外的なものといえる。黒澤の位牌は、当該の家に出生したものと婚入したものである有系親族（lineal）が供養の対象になっている。ただし、一ケースではあるが、三代前の家長が妾を前妻、本妻を後妻として過去帳に記入し、位牌を作らせた例がある。これは私的情愛の表れであるが、非親族を有系親族に擬制しなければならなかったのは、祭祀の対象は家のものに限られるという当該の家と村落の規制が働いていたからだ。ましで、妾ともなればなおさらだろう。以上で、祭祀対象者の境界は明らかになったが、位牌の主が同じ資格で祀られているわけではない。

家系継承者とその配偶者、それ以外の人々との間には、自ら祭祀に軽重の差が生じる。前者は後者より立派な位牌を持ち、檀那寺にある位牌堂内の寺位牌でも上位に名が記されている。また、年忌法要において、子供の法要を一三回忌以下とするのは四割（三八人中一六人）で、年忌のあたり年がずれた複数の死者を供養する場合、八割（七七人中六三人）の人々が、家長だったものの法事にそれ以外の家族成員の年忌を合わせている。このように系譜上の地位により、祭祀の資格が異なるのは通常の供養に限られたことではない。これから述べるムカサリ絵馬習俗においても、直系と傍系では同じ逆縁でありながらも供養に差が見られる。

父系の規範的関係・母系の情緒的関係

ムカサリ絵馬習俗については前章で詳しく述べたので[10]、早速、黒澤の事例分析に入りたい。

黒澤の檀那寺長秀寺にもムカサリ絵馬が二八枚奉納されており、うちケースが判明した一二ケースについて、奉納者―被奉納者の関係を説明しよう（表2－6）。ケース1・2はそれぞれ病死した長男に対して祖父、父親が奉納した。ケース3（前章のケース2）・4・5・6・7（前章のケース3）は、日露戦争・太平洋戦争で戦死した長男に対して父親が奉納している。このうちケース3は祟りを鎮めるために奉納された。家を継いだ異母弟の嫁が病気がちなためオナカマに尋ねたところ、長男が本来家を継ぐはずであったが叶わぬので、せめて祝言だけでもあげてほしいと知らせたのだという。ケース5もオナカマに奉納を勧められている。

ケース8は輪禍死した長男に対して父親が、ケース9は轢死した次男に対して父親と三男で奉納している。特に後者は祟りがあったとされた。この家では、長男が生後二一日目で亡くなったので次男が長男の名を継いだが（実質的に長男）、実際は三男が家を継ぐことになった。三男の子供の病気を、ケース3と同じ理由により次男の祟りとオナカマが解釈し、家人も納得して絵馬を奉納したのである。

以上は長男に対して奉納された例だが、傍系キョーダイに奉納されたケースもある。ケース10は太平洋戦争で戦死した三男に対して母親が奉納した。ケース11は自殺した長姉のために長男が奉納している。自殺の理由は長男に嫁をもらう話があり、姉は嫁に邪魔にされるのではないかと、前途を悲観して堤に身を投げたといわれている。ケース12は東京

表2－6　長秀寺のムカサリ絵馬

ケース	奉納年	奉納者に対する被奉納者の続柄	被奉納者に対する奉納者の続柄	特記事項
1	大正 6	長男	祖父	病死
2	昭和25	長男	父	病死
3	明治39	長男	父	日露戦争戦没者。家督を継いだ弟の嫁の病気をオナカマが知らせと解釈
4	昭和20	長男	父	太平洋戦争戦没者
5	昭和25	長男	父	太平洋戦争戦没者。オナカマに勧められる
6	昭和26	長男	父	太平洋戦争戦没者
7	昭和29	長男	父	太平洋戦争戦没者
8	昭和54	長男	父	輪禍死
9	昭和34	次男	父と三男	轢死。長男病死。家督を継いだ三男の子供の病気が知らせとオナカマが解釈
10	昭和23	三男	母	太平洋戦争戦没者
11	昭和16	長姉	長男	長男が嫁をもらう前に自殺
12	昭和 7	五男	母	東京に出稼ぎ，結核で死亡

出所）調査

表2－7　ムカサリ絵馬奉納と系譜関係

被奉納者	奉納者			
	父系	母系	キョーダイ	計
直　系	8（17）	0（1）	1（3）	9（21）
傍系キョーダイ	0（4）	2（6）	1（7）	3（17）
計	8（21）	2（7）	2（10）	12（38）

注）（　）の中は山寺・若松・黒鳥を含めた全体
出所）調査

に出稼ぎに行き、結核で亡くなった五男に対して母親が奉納した。

以上述べてきた黒澤のムカサリ絵馬奉納を、奉納者と被奉納者との関係に着目し、まとめると表2－7になる。父系は、父・父の父など当該戸の家系継承者であり、母系は母・母の母を含む。黒澤では父系は直系卑属親にのみ奉納しており、傍系のキョーダイには母系やキョーダイから奉納されている。また、総計では直系の方に多く奉納されていることが分かる。女性に対して奉納された一点は、嫁入り前の三一歳で亡くなったために、八人兄弟姉妹のうち末子の長男が施主となり、ほかの六人の姉妹とともに納めたものだ。

次に長秀寺以外の山寺・若松・黒鳥の観音堂から集めたケースを含めて見ていくと、父系はやはり直系に、母系およびキョーダイは傍系のキョーダイに納める傾向がある。(11)

この理由として、黒澤を含めてこの地域には父と長男が

表2－8　ムカサリ絵馬奉納への共感度

「〔ムカサリ絵馬奉納習俗説明の後〕長秀寺のムカサリ絵馬に共感するか？」	
いたく共感する	34人　(40%)
共感する	45人　(52%)
共感しない	4人　(5%)
まったく共感しない	3人　(3%)
計	86人 (100%)

出所）調査

構造的に強く結ばれる家父長的父子関係が想定される。家長は跡取りの供養に個人的な感情を超えた責任を感じているのではないだろうか。元来、日本において母子の情緒的結合は強固であるので[12]、実際のところ母親が奉納を思い立ち、家長や跡取り息子の名で奉納したのも含まれているかもしれない。それにしても、嫡系の子には家長の名で、傍系の子には母親やキョーダイ自身の名で奉納されたという事実は、家長―跡取りの構造的結合を否定しない。

絵馬奉納の構造的要因とは別に、ムカサリ絵馬奉納を支える感情的基盤としてムカサリ絵馬に対する共感の度合いを黒澤で調べてみたところ、表2－8のような結果を得た。

九割の人々が絵馬を納める親の心情に共感していた。

祟る未婚の霊

家長—跡取りの構造的結合、母と子供およびキョーダイ同士の情緒的結合は、祟りの事例にその一端が表れていると考えることも可能である。祟りとは、当該の家族が家族成員に起こった非日常的な出来事を祟り・知らせと解釈し、オナカマなどシャーマンの言葉により確信を強めた、ある種の合理的判断であるといえる。つまり、祟るには祟るだけの理由があり、潜在的にせよ顕在的にせよ、祟られる可能性は当該家族の解釈図式にすでに入っており、それが一つの事件を契機に明確に意識化されるのである。したがって、祟りの経路は当該家族成員間の関係に、祟りの理由はこれらの人々の規範意識に連関していると考えて差し支えない。

それでは祟りによって奉納に至った事例、黒澤の長秀寺の二ケース（上記のケース3・9）を除いた若松・黒鳥などの観音堂の七ケースを順に見ていくことにしたい（表2－9）。この七ケースは、昭和五〇（一九七五）年から昭和六〇（一九八五）年の間に納められたもので、前章で説明した事例を含むが、奉納年が確定できない事例が多いので表には奉納年を記載しない。ケース1・2・3は黒澤の祟りのケース同様、亡くなった長男が次男の妻や子供に祟ったと解釈されたものである。1は妻の病気、2は子供の病気、3は次男本人が縁遠いこと、つまり縁談がまとまらないことの原因が祟りであると解釈された。そして、

表2－9　祟りによって奉納に至った事例（若松・黒鳥）

ケース	奉納者に対する被奉納者の続柄	被奉納者に対する奉納者の続柄	特記事項
1	長男	次男・父	次男の妻の病気が祟りと解釈された
2	長男	次男	次男の子供の病気が祟りと解釈された
3	長男	父	次男が縁遠いことが祟りと解釈された
4	叔母	姉妹	姪の非行の原因が祟りと解釈された
5	長女	母	下の兄弟が縁遠いことが祟りと解釈された
6	娘	父・母	母親のリューマチが祟りと解釈された
7	娘	兄弟	甥が縁遠いことが祟りと解釈された

注）出生順位が不明なキョーダイを姉妹・兄弟，あるいは娘とのみ記載
出所）調査

それぞれ本来自分が家を継ぐべきものであったことを理由に、現実に家を継いだもの、すなわち弟に供養を要求してきたのである。このような場合、父親が存命ならば父親が、そうでなければ弟が施主となりムカサリ絵馬を奉納している。残りのケースは全て女性が祟っており、ケース4では姪の非行、ケース5では下のキョーダイが縁遠いこと、ケース6では母親のリューマチ、ケース7では甥が縁遠いことの原因が祟りと考えられた。

これら未婚の死者は、いずれも婚姻を求めている点では同じだが、祟りの対象・理由から二つの類型

を措定することが可能である。第一は、家の構造的側面——相続の領域で起きた長男の祟りである。彼らの祟りは傍系でありながら自分に代わって家系を継承したものに向けられており、長男子相続の断絶が非日常的な不幸の原因と考えられた。それに対して、女子の祟りの対象は彼女と情緒的なレベルでコミットしていた家族成員であり、結婚できなかったこと自体を恨みとしている。この場合、奉納者の内面が死者に代弁されていると見るのは容易だろう。「人にしないうちに亡くしてしまった」と語る親の悔いは、婚姻が人生の通過儀礼と理解されていることを示す。[13] もっとも、被奉納者は通常の死に方ができなかったということで、祟る霊（malevolent ghost）になる可能性を初めから持っていたのだが（長秀寺のケースであれば9・11など）、前者に関しては御霊信仰のなかにも祖霊信仰の持つ知らせや祟りが表れていると考えられる。

このような知らせや祟りという解釈を伝える巫者に、地域の人はどの程度信憑性をおいているのだろうか。黒澤で、「お宅では、オナカマに観てもらったことがありますか」と質問をしたところ、「ある」と答えた家が九六軒中五二軒であり、その理由として表2-10のような場合に観てもらっている。答えは複数回答（多項質問）であるが、3の「病気の理由を尋ねる」が半数近くを占める。2の「運勢を観てもらう」は、建前や増改築の際、方角を観てもらうのが大半である。災因をシャーマンに尋ねたり占ってもらったりする文化が残っているが、行くのは嫁や姑である。黒澤にはオナカマはいないので、中山町をはじめ遠方に出かけることになる。

本書では家の秩序と正常な死後のライフコースの回復のために、家族成員の誰であれ、祀りを要求する行為を祖先崇拝の統制的機能とみなしたい。これまで祖霊が保護的・恩恵的機能を持つだけでなく、先祖の祀りを疎かにされた場合に祟り、家秩序回復の機能を果たしてきたことは、すでに指摘された通りだろう(14)。

しかし、祟りは家長の法的権威の一面であるだけではなく、地域共同体の秩序維持を果たす他面もある(15)。ただし、ここで扱う祟りは家族内にその及ぶ範囲が限定されているので、後者にまで問題を広げる必要はない。いずれにせよ、本節で述べた祟りの経路、絵馬奉納に表れた家族関係は、一定の社会構造を反映し、そこに埋め込まれた規範意識を示している。

表2－10　オナカマに相談した内容（多項選択質問）

	項　目	割　合
1	先祖の霊をおろす	7.10%
2	運勢を観てもらう	20.00%
3	病気の理由を尋ねる	47.20%
4	失敗の理由を尋ねる	10.00%
5	縁遠い理由を尋ねる	5.70%
6	その他	10.00%
計		100.00%

出所）調査

祖霊になれない霊

家長の地位を継承するまでに至らなかったものに

いくら年忌供養を重ねても、彼らは祖霊の地位を獲得できないし、事実このような人に弔いあげまで法要をするのは稀である。

ここで、黒澤で実施した祖先崇拝に関わる意識調査の結果を紹介しておきたい。表2－11では先祖の霊になると答えている人々も二割強いるが、六〇歳以上の人については八割弱が成長しないと答えており、戦前くらいまでは大半の人が成長しないと考えていたのではないかと思われる。

次に、祖霊化という現象を社会構造から説明すれば、祖霊とは家長の地位を宗教的世界に投射したものといえよう。黒澤の人々は表2－12のように考えている。祖霊がカミ的性質を持つという観念は一般的でなく、通常はいわゆる仏になると考えられている。祖霊化を仏になると捉えているかどうかは疑問が残るが、祖霊は年忌供養してやる必要がない霊である。仏とはもはや人の世話にならなくてもよい霊を指す。霊の聖性が仏と同一視されているのは、この地方が強い仏教の影響下にあるためかもしれないし、日本における長い祖先崇拝や人がカミになるという基層的信念構造の故かもしれない。いずれにせよ、年忌供養を最後まで終えた霊は単なる霊ではなくなる。その霊を祖霊と呼ぶのは研究上の便宜から来ることであって、カミになろうと仏になろうと三三、三七回忌まで済ますのは家長夫婦に限られている。家長の地位を継承したもののみ祖霊になりうる。

家長の地位を継承したもののみ弔いあげまで行うのではないかということを傍証するために、子供の年忌供養を何回忌まで行ったかを調べた。

表2-13の結果だけを見れば、子供でも弔いあげをすると思われるが、実際、子供の法要を単独で行うのはせいぜい三回忌までで、後は大人の法要と併せてやっている。近世以来、仏教寺院は葬儀を主たる業とし、現在も葬儀・回向が主たる収入源であるために、寺の過去帳に記載された全ての人について、当年何回忌にあたっているかを書いた白紙を本堂の鴨居に張りつけて家のものに知らせ、法要を営むことを勧めている。甚だしきは亥女で一〇〇回忌などという寺もある。山形で一〇〇回忌までやれるのは檀那衆とかつて呼ばれていた家に限られ、幼児に対してこれほどやるとは考えられないことだった。現実的に考えても年忌法要を営むのは親戚への連絡と供応、お寺への布施とただではない以上、祖霊化に必要な法要を営まれるのは家長夫婦に限られていたとしても不思議ではない。

では、祖霊化への道を歩める家長となるには、どのような社会的条件が必要とされたのだろうか。

婚姻と家の継承

制度としての婚姻は社会構造の一部であり、その構造を維持・再生産する機能を果たし

表 2－11　質問「子供の霊も供養することで成長していくか？」に対する回答

成長して先祖の霊になる	22	23%
成長するが先祖の霊になれない	7	7%
供養しても成長しない	42	44%
分からない	25	26%
計	96	100%

出所）調査

表 2－12　質問「亡くなった人に対して年忌供養を重ねることで，死者は次第に浄まっていき，33・37回忌が終われば，カミに近い霊になるという人がいますが，あなたはどのように思われますか？」に対する回答

カミに近い霊になると思う	12	13%
年忌供養を済ませてもカミに近い霊になるというようなことはない	14	15%
仏になる	54	56%
分からない	16	16%
計	96	100%

出所）調査

表 2－13　質問「子供の年忌供養は？」に対する回答

1回忌	2	7%
3回忌	7	24%
7回忌	4	14%
13回忌	3	10%
33回忌，37回忌	12	45%
計	28	100%

出所）調査

ている。[16] このことを黒澤に関して歴史的に敷衍《ふえん》してみる。黒澤では対等な家格・家同士で姻戚関係が結ばれており、最上層の寄生地主は村落内に同家格の家がないために、郡・県を越えて相手を求める傾向にあった。ちなみに、WAIマキの分家（酒屋、本家五代目の弟が造酒屋として分家した）の三代目は、西村山郡の大庄屋柏倉九左衛門の分家黒兵衛から来た婿養子である。この傾向は中層以下についてもいえ、村外婚が概して多い。家格型村落では、家格は恒久的に維持されるべきものであり、家を継承したものの役割は、跡取りに同程度の家格の家から嫁をもらってやり、次世代に家格を保持することにあった。家長が跡取りの配偶者選択に絶対的権力を持つのはこの理由による。また、黒澤の若者組が婚姻の統制主体ではなく、ムカサリの門番に雇われている事実は、家長層の権力の下に跡取り層がいたことを示している。

このように通婚圏を同一家格内に限定する規範は、階層を親族ネットワークで固定化することに機能したが、この規範からの逸脱は親族関係の断絶を招いた。たとえば、黒澤においてもともとWAIと同じマキであったWAⅡは、マキの悪いところから嫁をもらったためにWAIマキに絶縁され、別のWAⅡマキを形成している。つまり、長男は対等な家格の家から嫁を迎えることにより、家を継承するものとして必要な資格を付与され、社会的承認を得ることができたのである。

このようなコンテキスト（文脈）から、家長が逆縁の長子の婚姻に対し、ほかのキョーダイの場合よりも責任を感じてムカサリ絵馬を奉納したこと、また、長男が跡取りとしての地位の復権を死後生者に要求し、それが当該の家族により妥当であると解釈されたことが理解されよう。ムカサリ絵馬習俗は、家父長的家族において家長―跡取りの権利・義務関係を婚姻・相続の制度的側面において回復する儀礼であったと見ることも可能ではなかろうか。祖先崇拝にせよ、子が親より先に逝《ゆ》く逆縁になったものの供養にせよ、それらの宗教儀礼は、祀るものと祀られるものとの生前の世代間関係を反映している。家長と家系継承を予定された長子との関係は互恵的なものであるために、相互に供養を要求しあえるのである。黒澤の社会構造はほかの村山地方の村落にも該当し、大地主支配・世代階梯制はこの地域の村落に一般的に見られたものである。したがって、若松・黒鳥・山寺で見た絵馬奉納のケースについても黒澤と同様のことがいえよう。

三　祖先崇拝と家の構造連関

誰が先祖になるか

黒澤において、どのように祖先崇拝が行われているのだろうか。まず、先祖観から見て

表2－14　先祖観の類型

類　型	年　齢	世代深度
Ⅰ　本家の家の初代のみ 人数7人（8％）	平均56.7歳 50代～70代	平均3.7代目 1代～4代目 2代目4人
Ⅱ　自分の家の初代のみ 32人（35％）	平均56.3歳 30代～80代	平均4代目 1代～6代目 2代目11人
Ⅲ　自分の家の家長夫婦のみ 6人（7％）	平均57.2歳 50代～70代	平均6代目 4代～10代目
Ⅳ　自分の家で生まれ死んだ人々全て 34人（37％）	平均50.9歳 20代～70代	平均5.5代目 4代～17代目 10ケース不明
Ⅴ　妻方の先祖をも（父母も）含めた人々全て 12人（13％）	平均47.9歳 20代～70代	平均3.4代目 1代～5代目

出所）調査

いくことにしよう。表2－14の先祖観の類型ⅠおよびⅡは先祖を系譜上の始祖にのみ限定し、類型Ⅲは家系継承者とその配偶者に限っている。それに対して、Ⅳは当該の家族成員を全て先祖と考え、Ⅴでは妻方親族までも含めた双系的先祖観である。各類型のケース数を見ると、ⅡとⅣが黒澤の先祖観を二分しており、柳田の古来日本には二種類の先祖観が存在したという説、すなわち、「家の最初の人ただ一人」と「自分たちの家で祭るのでなければ、何処でも他では祭る者のない霊」に対応している[17]。また、世代深度の深い先祖観がⅢとⅣで、系譜上の始祖を先祖とするⅠとⅡは比較的浅い。これは、黒澤では一般的に同族結合が弱く、同族祭も行われていない事実に連関すると思われる。(18)

次に、先祖観と年齢の関連を見ていくと、先祖を直系の先祖に限定する先祖観は高年齢層に多く、Ⅳ、Ⅴの順に若くなっている。ここに、系譜を意識した家中心の先祖観から家族中心の先祖観へ移行する可能性を見ることも、あながち不当ではない。実際、先祖を有系親族に限定する規範意識は薄れており、無系親族位牌（妻方の父母）の祀りを半数の人々（七七人中四〇人）が認め、それを道理に合わないと考える三七人中、妻の実家が潰れた場合でも許さないと答えた人はわずか一〇人であった。もっとも、これはあくまでも意識レベルでの変化であり、実際に妻方の父母の位牌を置いている家はまだない。

以上、先祖とは誰のことかという問いを、第二節で示した祭儀の対象である位牌および上述した先祖観から考察してきたが、これらの先祖たちはどのように祀られているのか。表2－15は祭儀の種類と実施頻度を表す。1から3は年中行事、4から6は日常の祀り、7・8は本来年忌法要に含まれるべき個人の祀りである。黒澤では個性を先祖のカテゴリーに没入させた1～6の祖霊の祀りの方が、個別の死者の祀りよりも多く行われているように見える。しかし、この差は7・8が日常の祭儀に代替されがちなところから生じたものである。ある老人は次のように語る。「祥月命日や毎月命日は忘れてやらない。毎日

表２－15　祭儀の頻度

祭儀の項目	やる	やらない	無回答
1　盆	90（94%）	3（3%）	3（3%）
2　彼岸	65（68%）	28（29%）	3（3%）
3　正月	74（77%）	19（20%）	3（3%）
4　毎朝	85（89%）	9（9%）	2（2%）
5　毎晩	8（8%）	85（89%）	3（3%）
6　いただき物	78（81%）	15（16%）	3（3%）
7　祥月命日	63（66%）	30（31%）	3（3%）
8　毎月命日	50（52%）	43（45%）	3（3%）

注）数値は軒数
出所）調査

経をあげているからよい」」。４から８の祭儀はその家にとって最も都合のよいやり方で行われているといってよい。ただし、個別の霊の祀りが祖霊の祀りに併呑される傾向にあることに注目しておきたい。

この点に関して、前章でも述べたスミスの興味深い指摘がある。彼は祖霊の祀りを重視する礼拝の類型と個々の霊の祀りを中心にする礼拝類型とを比較し、後者が都市部に顕著なことから、祖霊の祀りから個別の死者供養へという新しい祖先崇拝の形態の萌芽を指摘した[19]。これは、祖先崇拝(ancestor worship)から供養主義(memorialism)への変容という彼の仮説を導きだす根拠になっている。この理由を、都市部には農村部と比べて世代深度の浅い家が多いために、祖霊よりもむしろ記憶に新しい故人の供養が主になるとして、家の

表2-16　代表的祭儀の類型

類型	戸数	盆	彼岸	正月	祥月命日	毎月命日	毎朝	毎晩	いただき物があったとき
1	32	○	○	○	○	○	○		○
2	8	○	○	○	○		○		○
3	7	○	○	○			○		○
4	6	○		○	○		○		○
5	4	○		○	○	○	○		○
6	4	○	○				○		○
7	4	○					○		
計	65	7	4	5	4	2	7	0	6

注）上位７類型の総数65戸は全類型数の68％に相当する
出所）調査

構造から説明することも可能であるが、日常の祖先崇拝を欠きながら追善供養を行う家、またそのいずれもやらない家が出てくる事実は、時代状況から説明されねばならない。いずれにせよ、スミスの仮説に従えば、黒澤は伝統的な祖先崇拝を行っているのである。このことは表２-16からもいいうる。

類型１、つまり、毎晩の供養を除いて全ての供養を行う祖先崇拝が、黒澤の祭儀類型を代表するといって差し支えないほどに全戸数に占める割合（三三パーセント）が高い。２から５までは類型１——祭祀をフルコースで行う類型の偏差と理解できる。彼岸・毎月命日・祥月命日の祭儀は省略されやすいが、その理由は先に述べた通りで、祀りを怠っているわけではない。上位七類型とも毎朝の祭儀を行い、盆行事も滞りなく遂行する。注目したいのは、いただき物があったときは仏壇にあげてからいただくという態度である。先祖がルーティーン化された祭儀の対象ではなく、家族の一員と考えられているからである。

これまでの考察から、黒澤はかなり伝統的な祖先崇拝を行う地域であることが確認された。以下、このような祖先崇拝を支える家の構造的側面に目を向けていきたい。

家意識と祖先崇拝

祖先崇拝は伝統家族が保持した家制度・規範意識と不可分の関係にあった。したがって、現代家族の祖先崇拝を分析するには、当該家族に残存する家的性格と祖先崇拝の構造的連関を明らかにし、現代の祖先崇拝に固有の特徴と家族の構造との関わりを調べる必要がある。本節の分析はこの前半部分の分析に限定されるが、まず、予備的考察として、議論の対象となる「家的性格」を明示してみよう。

ここでは、有賀喜左衛門・喜多野清一以降の「家・同族」研究の成果に基づき、以下の二点を措定する。家の機能的側面に着目し、その生活連関から共同性・家に対する共属意識が生まれるとするならば、家は第一に労働集約的な生活共同体としての性格を持たなければならない。第二に歴史的形態としての家父長制下における家族、特に系譜上の地位により家族成員の地位が決定される直系家族と家を構造論的に捉えた場合、系譜関係から生じる家格の観念、強い家長権、それに従う家族成員の恭順の態度などの家族の権威主義的性格が特徴となろう。本来的にこの二つの視点が並立しうるかどうかは相当の吟味が必要と思われるが、ここでは問題の指摘に留める。以上の構成的に定義された家的性格の概念は、対象地の家族に即して分析レベルで定式化されねばならない。

黒澤において労働集約的な共同体であり続けているのは、農業を営む家族である。もちろん、現代の農村家族は、家族協定により農業経営と家族の役割を分けるなど、近代の家とは異なる経営を行っているが、主要な家産である土地が生産手段であること、家族労働による経営であることなど、家的性格を残している可能性が高い。また、家格の観念は、本家―分家関係、旧地主―小作関係から生じた家格の意識に求められ、家族の家父長的性格は嫡系と傍系の峻別、家長と跡取りとの葛藤を含む関係などに表されよう。当然のことながら、これらの家的性格は変化しつつあるが、その変動の一局面における家の存在を跡づけ、祖先崇拝との関連に言及していきたい。

祖先崇拝を規定する諸要因

従来の祖先崇拝に関わる議論は、事例分析から仮説的モデルを抽出するか、変動を示すデータから定性的傾向を推測するかといった研究が主であり、祖先崇拝という宗教儀礼と家の構造を示す諸要因がどのように関連しあっているのかを計量的に測定するような研究はなかった。本節で行う分析は、現在の計量分析の水準では初心者の域を出ないものではあるが、かえって考え方の筋道を追う程度でも理解してもらえるのではないかと思われる。

最初に家の生業形態と祭儀の関連を分析し、労働集約的経営をなす家族ほど家的性格を多く伝存させ、それだけ祖先崇拝を行っているという仮説を検討する。まず、表2－17の祖先崇拝の項目を数量化第三類にかけ、各項目の標準スコアを算出し、その第一軸の総計を「祭儀」という変数にする。「祭儀」を生業の形態で説明する共分散分析を行ったところ、表2－18から、非農家・兼業農家・専業農家の「祭儀」の分散に有意な差があることが分かる。ただし、ケース数が少ないので有意性水準一〇パーセント未満で有意と解釈している。

グループごとの被説明変数の平均値を見ると、農家と非農家では歴然とした差があるが、家族類型および世代深度をコントロールしているので、直系家族・旧家であるか否かにかかわらず、集約的な労働・生活形態がこの差を生み出しているといえる。それに対し、生産過程が農業と農外労働に分離するのが兼業化であるが、兼業農家は専業農家よりわずかに平均値が低いだけである(20)。その理由は経済的下部構造の変動に文化構造が直接連動しな

表2－17　祭儀の項目

1	盆に祀る	8	いただき物があったときに祀る
2	彼岸に祀る	9	盆棚を作る
3	正月に祀る	10	山寺へ後世車を納める
4	祥月命日に祀る	11	山寺へ歯骨を納める
5	毎月命日に祀る	12	観音講に加入
6	毎朝祀る	13	地蔵講に加入
7	毎晩祀る	14	オナカマに観てもらった

注）1．分類軸の意味　実施が＋，実施しないものが－
　　2．数量化第三類第一軸を採用〔固有値1軸．281　2軸．150　3軸．113〕
　　3．祭儀の実施において似た回答傾向を持つ項目をまとめて潜在的因子を出し，その因子を結合した値を祭儀の実施という量的変数とする

出所）調査

いからだ。つまり、黒澤の農家が農外収入に深く依存するようになったのは、高度成長期以降であり、昭和三五（一九六〇）年当時の第二種兼業農家数は農家全体の一八パーセントにすぎなかった。現在の兼業農家は、薄められてはいるが家的性格を持っている。これはカルチュラル・ラグ（社会構造の変化よりも文化の変化が遅れること）を起こすほどに祖先崇拝が伝統の容器であったことの証明になろう。また、兼業農家であっても、老人も含めて家族成員はなんらかの形で生産活動に携わっており、雇用者世帯と比べて、個人の労働から得られる収入は家全体の所得の一部・補塡と考えられやすい。さらに、三世代家族の形態をとっていれば、家としてのまとまりは専業農家とさして変わりはないともいえよ

表2－18　祭儀の規定要因1

説明変数	補助変数	グループ	平均値	標準偏差	PR＞F
	被説明変数「祭儀」				
家の生業	家族類型	非農家	−0.438		
	世代深度	兼業農家	0.078		
		専業農家	0.085	0.49	0.066
家格(系譜)		分家	−0.049		
		本家	0.155	0.516	0.083
家格(威信)		役職未経験の家	−0.06		
		役職経験の家	0.171	0.523	0.063
家族類型	世帯主の年齢	核家族	−0.353		
	世代深度	直系家族	0.048	0.501	0.05

注）祭儀の実施（量的変数）を生業・家格・家族の形態ごとに見たときに，平均値と分類項目の影響力が統計的に意味があるかどうかをＦ比が生じる確率から判断している。PR は確率の意で0.05以下で統計的に有意と見る

出所）調査

う[21]。

さて、家格の観念は、まず、本―分家の系譜関係上に表れ、本家はその面目を保つために、分家以上に祖先崇拝を行っていることは想像にかたくない。表2－18では、本家と分家との間に有意な差が見られる。しかしながら、同族のなかには威信の高い同族もあれば低いものもある。第一節において、旧地主層の同族・有力な家が、黒澤福田神社の氏子総代、檀那寺長秀寺の世話人に名を連ね、農地解放以降も部落会役員・総代・副総代・会計、農業実行組合長などの役職に推挙されていることを述べた。これらの役職を経験した家

と一度も経験したことがない家との比較をしたが、表2－18の通り、有意に威信の高い家の方が祭儀を行っている。このように家格は祖先崇拝に反映され、本家筋や村内において威信の高い家は祖先崇拝を万端行うことで、家の重み、すなわち家格を誇示しているのだと考えられる。この家の重みを端的に示しているのが世代深度の深さである。世代を超えて連続する家の系譜に連なる数多くの先祖に家の永続と加護を願い、供養することは、世代深度の深い家では当然のことである。世代深度と祭儀の相関は表2－19に明らかである。

ところで、伝統的家族では、家に対する責任は家長に、一家の切り盛りは主婦の役目であったように、実際日常的な先祖の世話は主婦によりなされてきたといわれているが、調査当時の黒澤において、家族成員は祖先崇拝の役割をどのように分担しているのか。森岡清美は一般的な躾《しつけ》担当者と礼拝要請者とを対比し、躾全般は母親が、礼拝要請者は母に代わって祖母が主たる躾手になっている事実を指摘した。(22) この点に関しては本調査でも裏づけられる。位牌の世話、先祖を拝むことの躾は、祖父母が分担している。黒澤では、祖先崇拝を含めた宗教的祭儀領域に果たす老人の役割は大きく、祖父母の居る世帯と居ない世帯とでは、「祭儀」に差があると考えられる。家族類型――核家族・直系家族――により祭儀の頻度に差があるかどうかを調べるために、世帯主の年齢・家の世代深度をコントロールした「家族類型」で「祭儀」を説明する共分散分析を行った。家の世代深度をコントロールすることにより、創設世帯と相続世帯との差をなくしたが、核家族と直系家族とでは有意な差があった。(23) この分析結果から、直系家族は祖先崇拝に適合的な家族形態であるということができる。

むろん、直系家族の方がより祖先崇拝を行っていることは、単に祭儀の役割分配の構造からのみ説明されるべきものではないだろう。これはあくまでも祭儀を行う際の条件であって、祭儀を生じさせる要因ではない。むしろ、第一節で述べたように祖先崇拝は家父長的な父子関係に胚胎《はいたい》している。家父長的家族に特有な、家長と長子の世代間関係を「家父長的父子関係」とし、表2-20の項目を数量化第三類にかけ、表2-17と同様の操作を加え、家父長的父子関係の行為のレベルを示す変数を作った。これが表2-19において「祭儀」と有意に相関していることから、遺制としての家父長的父子関係は、現代の祖先崇拝を説明する余地を持つといえる。

最後に、家と祖先崇拝の連関を示すモデルを提示して、本節を総括したい。祖先崇拝の要請主体は家の構造であり、個人の宗教的信条を超えたものである。したがって、個人に内在化された宗教意識をもって行為の代用とし、儀礼を分析するやり方は祖先崇拝には適さない。構造分析のために、本稿で説明変数として用いる要因は、全て制度・行為に関わるものである。祖先崇拝は生活・労働共同体という家の機能的側面と構造的側面——家父

表2－19　祭儀の規定要因2

説明変数	「祭儀の実施」 相関係数	PR ＞ R
世代深度	0.363	0.001
家父長的父子関係	0.215	0.036

注）R は相関係数，PR は確率
出所）調査

表2－20　家父長的父子関係の項目

1	祝儀は続柄に従い長子に多く包むか〔世帯主が分かった頃〕
2	同じ内容〔現在〕
3	長男であるということで，他の子供たちよりも先祖祀りを躾られたか
4	長男であるということで，父親との葛藤はあったか
5	父親が家長であったために，自由でなかったことがあったか
6	現在跡取り息子に特別な期待をかけて，他の子供とは違った育て方をするか

注）1．分類軸の意味　ある方が＋，ない方が－
　　2．数量化第三類第一軸を採用（固有値1軸．365　2軸．153　3軸．133）
　　3．数量化第三類の証明は表2－17に同じ
出所）調査

表2－21　祭儀の規定要因３

説明変数	被説明変数「祭儀」			
	分数	F値	PR＞F	R_2
世代深度	1.482	6.32	0.014	
家の生業	1.15	2.45	0.093	
家父長的父子関係	0.858	3.66	0.06	
家族類型	0.62	2.64	0.108	
家族（威信）	0.228	0.97	0.327	
経済水準	0.001	0	0.955	
全　体	6.973	4.25	0.001	0.281

注）R_2は決定係数。総変動を回帰的に説明できる割合を示す。
　　F，PRの意味は表2－18に同じ
出所）調査

長的性格・家格――から要請され、かつ、それらを強化・維持していく文化システムである。そして、これらの要因の集積が家の超世代的連続という現象なのであり、これがまた祖先崇拝を要請すると考えられるのではないか。

このモデルのあてはめのよさを示しているのが表2－21である。各説明変数の効果は、残りの説明変数を全てコントロールした場合の値である。各変数が説明する分散の量を見ると、世代深度が最も説明力を持つことが分かる。家の生業と家父長的父子関係は有意な変数である。条件としての家族類型は有意であるが、経済水準はほとんど説明力を持たない。祖先崇拝の伝統は一時期の経済水準の浮沈にかかわらず維持されているともいえるし、おそらくは兼業化の場合と同様タイム・ラグがあるのかもしれない。あくまでもこの二つの変数は祖先崇拝を規定する条件である。これら六つの変数より祭儀を説明するモデルは、全体の分散に対する説明力（二八パーセント）、有意性水準（一パーセント未満）から見て、妥当であると結論づけられる。

夭逝者の供養という問題

本章では、黒澤における祖先崇拝と家の構造的連関を、ムカサリ絵馬習俗と現在の祖先崇拝を通して見てきた。その際、問題にしたのは、一つには、家父長的家族における家長―長子の世代間の構造的結合が、いかに祖先崇拝の儀礼のなかに読み取れるかということであった。本論ではムカサリ絵馬習俗という夭逝者の供養に着目し、祖先崇拝とは逆に家長の立場から跡取りとの関係を考えた。その意味では、直接的に明らかにしたのは祖先崇拝ではなく、死者供養における父子の構造的結合である。しかしながら、生前の世代間関係の儀礼化は、祖先崇拝と同じシステムのなかで生じたといえる。この地域において、制度としての婚姻は、家格維持・嫡子獲得の正統な手段であった。死後、象徴的に施された婚姻の儀礼は、家を創設、または継承させるための前提条件となる子孫を残さなかった未婚の死者に対し、祖霊への道を開いたのだ。とりわけ長子は、祭りを通して家系継承者の地位の復権を要求した。これらムカサリ絵馬習俗に認められた家長—長子の二者関係は、祖先崇拝における世代間関係と同じであり、祀るものと祀られるものとの関係が逆転したものと見ることが可能である。

さて、山形県のムカサリ絵馬習俗には、山寺立石寺のように花嫁人形を納める習俗も一部含まれている。未婚の死者に象徴的な結婚式をしてあげて供養するという親の情愛がなした行為として、どちらも同じものと考えられる。青森県には花嫁人形奉納だけに特化した地蔵堂や寺院が数カ所ある。次章では花嫁人形の習俗がどのようにして生まれ、そこに納められた人形には奉納者のどのような思いが託されているのか、地域の人々の結婚や家族に対するどのような規範意識や情愛が読み取れるのか、といった問題を探っていくことにしたい。

別表1　黒澤の伝統的年中行事

期　日	行事名	内　容
正月　年末		
28日	松迎え	明きの方の山に迎えに行き伐ってくる枝松5，6本
30日	門松，飾り松	歳徳棚の依代
31日	床飾り，歳徳棚	鏡餅，お神酒，燈明をあげる
31日	おみだま様	握飯または丸め餅をその年の数だけ作り，一つ一つに箸を立て，膳に白紙を敷いて，おみだま様に供える。家内安全祈願
31日	臼伏せ	一升桝に米を五合くらい入れ，それに重ね餅をのせお金を若干入れる。この桝を土間に置き，その上に臼を伏せ3カ日の間置く。4日に臼起こし。このときに桝に入れてある餅に米がたくさんついておけばその年は雨が多く，少なければ日照りとその年の天候を占う行事
1月　1日	初詣	
1～3日	若水汲み	家長―長男―若者―奉公人の順に変わっていった
	元日回礼	
2日	掃初め，書初め	「天筆和合楽」「地福開円満」
4～10日	年始回り	
4日	嫁の里帰り	新郎新婦の実家に年始に行く
	初聟	新婦の親戚では新郎を必ず初聟として招待する。～6日まで。新郎は10日の午前中，婚家に帰る
7日	七草粥	
11日	蔵開き，稼ぎ初め～11日	商家のみ 農家：荷縄ない，初肥え
	鏡開き	ひびの割れ方で占う

	幣かけ，若木迎え	山の神

小正月		
15日	餅つき，まゆ玉作り	
	成木責め，団子さし	秋の稔りの豊かさを祈る
	石ひっぱり	もぐらよけ
	田楽	豆腐を焼く（福田神社）
	〔かせ鳥〕上山	
夜	おさいとう（お柴灯）	神社の境内，田圃，川原などの広場に各家々の歳徳神迎えの松飾り，昨年のお札，暦などを集めて焼く。歳神送り。おさいとうの燃え方で稲作の豊凶，天候の良否を占う。福田神社で法印が護摩をたく
16日	鳥追い，大賽日	害虫を追い払う。休日，藪入り
正月　吉日	おひ待ち	法印に依頼して,今年一年の厄難を払い除いてもらう。家内の安全と豊作祈願厄年の家人がいる家は特に
	二十二正月	
26日	庚申まつり	三戸の虫が体から出ていかないように一晩中起きている。博奕。26夜。観音，地蔵，薬師
2月　3日	節分	メザシの頭を豆幹の串に挟んで，戸口，塀障子に刺す。「福は内，鬼は外，天打ち，地打ち，四方打ち，鬼の目玉ぶっつぶせ」
	網打ち	須川の橋の網を組で2束ずつ作って，公民館に保管しておく

	8日	針供養	1日針を休め，師匠の家で折れた針の供養をする
	15日	涅槃会	
3月	3日	雛祭	地主たちの家にお雛様を見に行く

4月	3日	不動参り	女性，無病息災祈願 京加茂川の水が流れてくるということで，井戸，道端の水で子供たちがお膳を洗う
	8日	灌仏会(花祭)	甘茶をかける。釈迦の誕生日
	17日	高い山	近くの山に登り，虚空蔵菩薩に参る
	19日	氏神祭	福田神社にて。家の嫁，婿を親戚につれて回る
5月	5日	端午の節句	休み。鯉のぼり，菖蒲，蓬を屋根に刺す風呂にも入れる。邪鬼払い
		大田植	田の神をお迎えして，お供えし，田植が無事終了したことを感謝する。また，今年の稲作の安定と豊作を祈願する
	次日	早苗振	田植を手伝ってくれた人を招待し，祝宴を開く。餅つき。休み
6月	1日	むけ日	この日初めて神様に氷を供え，家族もいただく。とろろ
7月	2日	半夏	夏至から11日目，「半夏まで丸いものを食うな」
	7日	七夕	夜に七夕を流す。子供たちが石合戦。寝宿
	20日	土用	丑の日。どじょう，なまずを食べる
8月	上旬	虫送り	わらを焼く
	7日	なのかび	墓掃除。盆花と盆箸を子供たちが取ってくる
	13日	迎え盆	
	14日		黒澤ではこの日に墓参りとなる

15日	盆踊り	
16日	送り盆	灯籠流し，花火
20日	二十日盆	休日
9月　15日	豆名月	机に芒の穂を飾り，団子・果物を供え，灯明をともし，ゆでたさや豆か枝豆をそえて，名月に祈る。〔旧9月13日は芋名月〕
	秋の彼岸	墓参

10月　29日	刈り上げ	田の神が旅立たれる前夜，今年収穫した米で餅をつき田の神に供え，今年の豊穣を感謝し家族一同もお相伴して餅をいただく。供え餅は不在地主に届けた
11月3，13，23日	お大師講	お大師様に食物を供える
11月　15日	七五三参り	黒澤では戦前なし
～12月15日	居替り	年季奉公の若い衆が生家に帰る日。農作業の終了した日
12月　9日	耳明け	夜，大黒様，恵比寿様へ二股大根を供え尾頭付きの魚を供え，煎り豆と桝の中に小銭を入れ供える。「お大黒様，お大黒様，今年より来年はよい耳利かせてください」と3回唱える
22，23日	冬至	かぼちゃを食べる
25日	クリスマス	
	取立て	
	年貢計り	年2回の取立て
31日	大祓い	各神社で。上山の戸隠法印からお札が来る
	年越しそば	

注）法印とは里山伏修験者
出所）調査

別表2　黒澤における通過行事の諸段階

［生前］		
誕生前後	別火，産屋なし	
	七夜	出産祝い，産婆さんを呼ぶ
	初宮参りなし	最近はする人がいる
100日頃	たったら餅	餅をついて祝う
子供時代	七五三	昔農村部ではなし
若者時代15	初山	男のみ出羽三山に参りに行く
	若者組入り	成年式に相当する。成女式なし
	［15～35］	
	婚姻	
	厄年	特に何もしない。年頭に法印に念入りに祓ってもらう。1月3日お月待ちで
	男25，女19	
大人時代	契約入り　男	家長になってから
	観音講入り　女	主婦になってから
	年祝い(厄払い)	男子の年祝いは自分の家で盛大にやる
	男42，女33	女は何かのときに兼ねてやり独立でやることはない。現在同級会で神主に祓ってもらう程度
	60，77，88	子供がしてやる
［死後］		
	葬儀	次第は略
	耳ふたぎ	同級生が集まって飲むときにやる
	後固め	葬式の後，法印が祓う
	初七日～四九日	四足・二足の生ぐさダメ。歌ダメ。餅・ふかしは近所の人が持ってきてくれる。初七日は親しい人を招待。四九日はお願いしてきてもらう。七日より週1本ずつ塔婆をたてる
	四九日　忌明け	今は百ヵ日も合わせてやる

	年忌供養 1・3・7・13・17・23・33・37回忌	
	弔いあげ　37回忌	ここで年忌供養を終える。33回忌は大きく，37回忌は家族だけでやることあり。弔いあげ行事は特になし

出所）調査

第三章　花嫁人形と死者への思い

一　花嫁人形習俗

西の高野山

前章では堅苦しい家と祖先崇拝の話だったので、この章の初めは少し肩の力を抜いてもらえるような話から始めていきたい。

一一月にしては珍しく大雪が降った日の翌日、青森へ花嫁人形の調査に赴いた。青森市内から車で南西へ向かい、大釈迦峠を越えてさらに西へ進むと、遠くに岩木山を望む津軽平野が開けてくる。津軽平野の商業都市五所川原市を抜けて、今はつがる市となった旧木造町に至る。ここまで一時間かかる。西は七里長浜と呼ばれる海岸線であり、そこから数キロほど内陸に入った農村地帯の松林のなかに、西の高野山と呼ばれる弘法寺がある。

弘法寺は高野山真言宗の寺院であり、開基は七代目住職の位牌が六百年前に遡るもののほかに記録はなく、明治に九十九森寺として再興され、昭和に弘法寺と改称された。津軽弘法大師霊場第一一番札所、東北三十六不動尊霊場第一六番札所でもある。檀家はなく、先祖の供養、祈願の寺として近郷の人々の崇敬を集めている。

山門をくぐり抜けると本堂があり、その本堂の裏側を囲むように人形堂が設けられている。三段ほどの棚にはガラスケースに入れられた花嫁人形が安置されている。花嫁人形といっても、わたぼうしや角隠しをかぶった花嫁姿の京人形を納めたケースには、被奉納者である亡くなった男性の年頃に合わせて、タバコ・ビールからコーラなどの缶ジュース、遺品と思われる品々や写真が入っている。一、二番と番号がふられた最も古い花嫁人形は旧岩木町から奉納された花嫁人形であり、添えられた写真は太平洋戦争に従軍した男性の写真である。年代が新しくなると、二十、三十代の写真からもう少し年配のもの、あるいはオートバイにまたがった青年のものなど様々だ。

また、被奉納者が女性であれば、花嫁人形に黒の羽織袴姿の花婿の人形を入れて一組とする。若い女性の写真が入れられているものはそれほどない。子供の場合は、花嫁・花婿の人形以外にベビー人形や童子の人形の場合もあるが、子供が好みそうな菓子が入れられていることが多い。水子と書かれたものでも花嫁人形が奉納されていることもある。水子の段階で性別がどうして分かるのだろうかとも思うのだが、水子地蔵ではなくわざわざ花嫁人形を奉納する人には、それなりの理由があろうかと思われる。
本堂には「花嫁人形に献げる唄」という書の額が奉納されている。この唄から人形を奉納する親たちの情景が浮かんでくるのではなかろうか。

西の高野山弘法寺人形に捧げる唄　　作詞作曲　オトベ司

新郎新婦のお人形が　　立って静かに　並んでいる　　なんで並んで　いるのだろ
ここは西の　高野山　　死者に伴侶を　おくるという　　黄泉の世界の　安楽所（むつどころ）

花嫁ご寮の　お人形が　　ガラスケースに　おさまって　　なんでお寺に　いるのだろ
ここは西の　高野山　　逝った息子に　花嫁と　　親がたむけの　お人形

振袖衣装の　お人形と　　羽織袴の　お人形が　　なんで揃って　いるのだろ
ここは西の　高野山　　逝った娘に　花婿と　　親の願いの　夫婦がた

末広片手の　お人形も　乙女島田の　お人形も　なんでうつろな　おもざしか
ここは西の　高野山　生きてこの世で添えぬ身の　せめて形の　ふたりづれ
洋装フランス　お人形も　和装晴れ着の　お人形も　なんで西方　みるのだろ
ここは西の　高野山　娑婆は広いが　ほかにない　よみのハネムーン　よりどころ
水子や水子の　お人形や　可愛いかむろの　お人形や　なんでそんなに　集うのか
ここは西の　高野山　命短い　わたしども　ほかに方法（すべ）ない　よみのみち

昭和五九年五月　宮本菊女書

花嫁人形の写真を撮っているときに、人形供養の祈願の方が来たので一緒にお参りさせてもらった。祭壇に人形のケースを置いて、住職の読経が始まる。二〇分ほどで被奉納者の追善供養、水子、先祖代々のご供養が済む。その後、話を聞かせてもらうことになった。被奉納者の男性は、昭和一八（一九四三）年、結核性肋膜炎により二五歳で亡くなった男性であり、長男だったので家督を譲られることが決まっていたという。実際は弟が妻を娶り、家を継いだ。参拝者は弟の妻（おばあさん）とその娘（五十代）である。今回は人形奉納後一五年が経過したので、供養の区切り（一年後に焼却供養）として参拝した。ちょうど一六年前に、県内の名門校に進学した娘の息子が病気がち、不登校になり、なかなか回復しないので知り合いに尋ねたり、カミサマ（目の見える女性の巫者）に観てもらったりしたところ、祖父の兄の障りだろうということになり、勧められるままに西の高野山に来て人形奉納を行ったという。跡取りなのに家を継げなかったことと、若い時分に亡くなったことから、弟の孫に無念さを知らせてよこしたと考えられた。おばあちゃんは義兄の肖像画を入れた花嫁人形を奉納するために人形堂を歩いたとき、涙が流れ止まらなかったという。その体験を義兄の感謝の涙と受けとめ、一五年間欠かさず、男の子の母親である娘と一緒に参拝してきた。ようやく供養のお務めを終えてさっぱりしたとおばあちゃんは語り、子供も大学を出て就職し、無事暮らしているということで、娘も安堵の表情だった。

賽の河原地蔵尊

西の高野山から岩木川の下流方面に車で三〇分ほど走ると旧金木町に至る。金木町は太宰治が生まれたところであり、生家は斜陽館として公開されている。太宰は津軽の名家に生を受け、旧制青森中学から旧制弘前高校、東大仏文科に進学し、三九歳の生涯において数度の自殺未遂や心中未遂を経て、最後は愛人と玉川上水に身を投げた。太宰の小説は、東北が生んだ屈指の文学者である宮沢賢治同様に人生と作品が解け合うような作風だが、その退廃的・諧謔的な作品に読者の好みがはっきり表れる。平穏無事な人生を約束されていたにもかかわらず、自らの意思で平穏ではない人生を送ろうとした太宰の気性には、叩きつけるようなバチさばきを得意とする津軽三味線のメリハリ効いた節回しが似合っているようにも思われる。

実際、観光スポットになった斜陽館の向かい側に津軽三味線会館があり、津軽三味線発祥の地を誇っている。「津軽じょんがら節」などを聞くと、山形県出身の筆者には気性の激しさが唄から感じられる。太宰にとって結婚など取るに足らないことだったと思われるが、その結婚を希求する人たちが津軽やその周辺地域にいる。

川倉賽の河原地蔵尊は、旧金木町市街から二キロほど離れた芦野湖という沼の脇にある丘に立っている。地蔵堂の内部には、袈裟を着せられた五体の地蔵が、祭壇を取り囲むように側壁と後ろ側の壁面いっぱいにひな壇の上に安置され、天井からは供養の着物が掛け下げられている。水子供養も行う地蔵堂であった川倉賽の河原地蔵尊に花嫁人形が奉納されるようになり、いつしか水子供養を凌ぐ供養の習俗となったのではないかと筆者は考えている。

〈川倉賽の河原地蔵堂〉（筆者撮影）

左上：人形堂　　右上：花嫁人形

下：地蔵堂に奉納された写真・地蔵・水子供養の供物

川倉賽の河原地蔵尊の縁起には不明な点が多い。同じ金木にある津軽三十三観音の川倉芦野堂の創建が近世初期という記録がある。しかし、折口信夫が昭和一九（一九四四）年八月一五日に川倉賽の河原地蔵尊の祭典とイタコの口寄せを観察したことが「東奥日報」に記載されており[1]、大祭において地蔵の衣を着替えさせて亡き子の冥福を祈り、小屋がけしたイタコたちが店を開いて仏おろしの口開きを行う習俗は、数十年来続いてきたことが分かる。

地蔵堂の右隣に人形堂がある。ここには四段の人形安置の棚が備えつけてあり、整然と花嫁人形が並んでいる。弘法寺の人形よりも規格化された印象を受けるが、それは地蔵尊の事務所において花嫁人形を譲っているからである。人形は京都の業者に発注したもので、花嫁人形一体は平成二〇（二〇〇八）年では二万九千円（平成一一〈一九九九〉年では一万五千円と二万九千円の二種類、花婿人形は二万七千円）。花嫁、花婿人形が一対のものは平成二〇年には五万円（同、四万五千円と四万六千円の二種類）である。

水子供養の地蔵やオモチャ、衣類、草履が所狭しと並べられた地蔵堂と、数百体にのぼる花嫁人形が安置された人形堂を拝観し、写真を撮らせてもらううちに、気分が重くなってくる。人形ケースに納められた故人の写真から被奉納者の無念さ、子を亡くした親の悲しみを感じると、三〇分もたたずむのがやっとだ。人形撮影のためシャッターを押した後に一礼し、堂を出る際は川倉のお地蔵様と水子地蔵に死者の冥福を祈って退出した。さらに、本堂事務所において念珠を買い求めもした。

地蔵などの脇に芦野湖畔の賽の河原へと降りる小道がつけられており、道の両側に色鮮やかな風車がカラカラと風で回っている。無縁堂もある。子孫を残さず亡くなったもの、子供たちを地蔵様に守ってもらおうと親たちが奉納したものだ。恐山のように硫黄が吹き出している地獄に回る風車は圧倒的な迫力で異界を現出しているが、川倉の賽の河原のように林の小道に風車の羽の音が鳴り響くのも、日常的な風景だけに親の悲しみが胸を刺す。

ところで、講中の方の話では、地蔵尊には花嫁人形の奉納のみならず、ここで祈禱を行う僧侶の霊威を頼ってくる人も少なくなく、秋田県から狐つきを祓ってもらおうと知り合いに連れられた人が来たばかりということだった。最後の節で述べることになるが、花嫁人形の奉納と東北地方のカミサマ信仰とは関わりが深い。

花嫁人形の奉納

青森県において弘法寺（旧西津軽郡木造町）、川倉賽の河原地蔵尊（旧北津軽郡金木町）、優婆寺（旧下北郡大畑町）、恐山（旧下北郡むつ市）には、花嫁人形の奉納が現在（平成二〇年）でも行われている。そのほかの寺院では、弘前市の藤崎寺、岩木山の北麓赤倉にある赤倉山菊乃道心道教社にも花嫁人形が納められている。

供養対象者は男性が多く、花嫁人形に女性の名前をつけて、ケースに納められた人形の脇にそれぞれの俗名を併記した名札を入れる。相手の名前は実在しない人物である。奉納された人形は永代供養ではなく、一定期間を経過した後に焼却供養されてきたものが多く、必ずしも古い時代のものが残っているわけではない。

花嫁人形の奉納には供養料・安置料を寺院や地蔵尊に納めなければならない。弘法寺の場合、平成二〇年では合わせて七万円である。一五年の供養期間を設定しており、その後は二万五千円を出せば無期限の安置になり、焼却供養には一万五千円かかる。一万円の差額であれば永代供養の方がよさそうにも思われるが、安置してもらうということは基本的に参拝に来ることを意味しており、供養が十分済んだ（一五年間）、あるいは奉納者が高齢になりもう来ることができない、後の世代に供養を託すことができない人たちは焼却供養を依頼するという。寺院側では人形を灰になるまで燃やしてしまうと黒煙、ダイオキシンなどで消防取り締まりの対象となるために、火を通した後、境内に埋めている。

川倉賽の河原地蔵尊では人形代を除き、供養・安置の経費として初回は一万二千円、五年目ごとの再安置にも一万二千円納めることになっている。なお、昭和六〇（一九八五）年から一〇年間で奉納金を五千円にしたが、途中から一万円に上げ、平成六（一九九四）

年から五年ごとの再安置の更新制としている。ここでは地蔵尊の講中の人たちが事務所の運営を行っており、五年間経過した人たちに人形をどうするか手紙で問い合わせている。川倉賽の河原地蔵尊の特徴は、再安置を希望する人たちが非常に多く、毎年の奉納者の三分の一は再安置を希望する人たちである。

人形奉納の研究

青森県出身の民俗学者である高松敬吉は、青森県の冥界結婚を包括的に調査し報告した最初の人物である(2)。高松はイタコの祭文や口述を津軽方言で記述するなど調査論文にも工夫を凝らし、イタコ、カミサマの成巫過程を詳細に検討している(3)。

一口に津軽方言といっても、同じ東北地方である山形県出身の筆者が聞いてもイタコの語る言葉は半分も分からない。まして東京や他地域の研究者が聞いても、その場で理解することはできないだろう。その意味では、本章で主に資料を依拠する青森出身の研究者や筆者が所属する研究室の学生たちは調査に好適の人物だった。

高松が得た知見は、おおよそ次の二点である。

第一に、花嫁人形の奉納習俗は、弘法寺からほかの寺院や地蔵堂へ伝播したものらしい。弘法寺のみ昭和一二(一九三七)年に写真額が奉納されており、人形奉納が継続してなさ

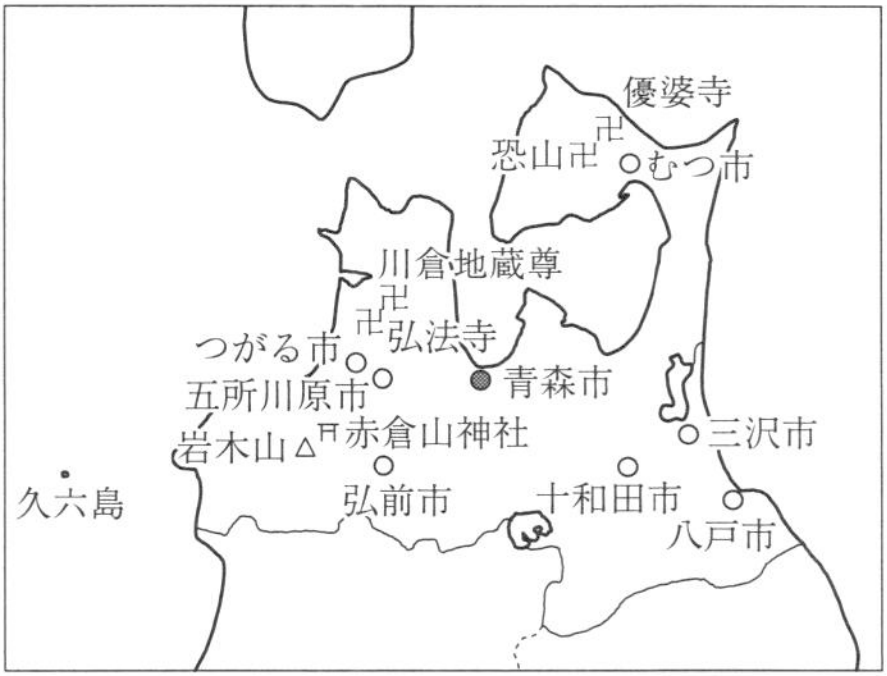

図3－1　青森県における花嫁人形の分布と赤倉霊場

れてきた。しかし、川倉地蔵尊では昭和五五（一九八〇）年までわずか二体しか奉納がなく、人形奉納が本格化したのは昭和六〇年以降という。優婆寺では昭和三五（一九六〇）年過ぎに奉納が始まり、恐山でも昭和五〇年頃から奉納数が多くなった。このような事実から、弘法寺がこの未婚の死者供養儀礼の中心地であり、終戦後戦死者の家族が奉納したのが始まりで、昭和四〇（一九六五）年と昭和五七（一九八二）年のＮＨＫの放映により奉納者が全国から集まるようになり、弘法寺での花嫁人形を見た人々が地域の寺に奉納し、それが地域ごとの拠点寺院になっていったと高松は推測している。実際に花嫁人形奉納者の地域分布から信仰圏を見ると、弘法寺・川倉地蔵尊では津軽地方が主であり、恐山・優婆寺は下北郡と分かれている。それぞれの寺院は隣り合う自治体にある。

第二に、奉納の契機はイタコ、ゴミソなどの民間巫者が介在するケースが少なくなく、依頼者の哀惜の念が巫者の口寄せの語りと共鳴して人形供養に至ったとしている。しかし、その事例の聞き取りはイタコが一人、依頼者が二人と少なく、このケースが一般的な事例かどうかを判断するのは難しい。高松がシャーマニズム研究を行っていることもあって、その関連で人形奉納の契機を考えた結果ともいえる。むしろ、高松が若い未婚の死者の場合に花嫁・花婿二体の地蔵を夫婦にして納めることがあると深浦町の集落において聞き及び、津軽の地蔵信仰との関わりにおいて花嫁人形奉納の習俗発生を示唆している点の方が興味深い。

花嫁人形調査の方法

花嫁人形の習俗を民俗学的に調査して一定の知見を出すということでは、すでに十分な研究が行われている。本章が新たにつけ加える論点はそれほどない。人形奉納が死者供養の一環である限り、寺院における祈禱や卒塔婆の供養、カミサマに観てもらうという巫俗が関わるのは当然だし、テレビ番組放映後は、ムカサリ絵馬奉納同様に巫者の介在なしに奉納が増えることも当然予測できる。水子供養がブームとなった時期にこれらの習俗への関心も高まり、昭和五十年代から奉納数が増えてきたことも合点がいく。

本章では、人形奉納を実践する家族の心情に焦点を絞り、「未婚の死者」となった家族への思いにどのような人生観や家族観が含まれているのかを考察する。その際、ムカサリ絵馬奉納において重視した家制度や村の構造的把握を、ここではそれほど重視しない。なぜなら、地蔵信仰に基礎を置くとしても、花嫁人形奉納という習俗が発生した時期が極めて新しく、伝統的な家意識や家格の維持、婚姻に対する規範的な意識の故に習俗が成立したとはいえないからだ。もちろん、冒頭示した弘法寺の奉納者のように、家督を継げなかったものの悔いが語られることもあるが、少数事例に留まる。花嫁人形奉納は祖先崇拝のコンテキストよりも死者供養のコンテキストで考えた方が適切であり、現代的な家族への哀惜・心情から奉納されたと考えられる。

津軽や下北の伝統的な巫俗が人形奉納に関わっているのであれば、明治・大正期にこの習俗が姿を現していないことは考えにくい。高松が調査した時点においてイタコによる奉納の勧めがあったとしても、それは近年になって習俗が一般化したことをイタコやカミサマが知ったうえでの示唆だったかもしれない。山形県のムカサリ絵馬奉納でもいえるが、巫俗が死霊婚習俗を生み出したわけではない。未婚の死者が問題になるのは、誰もが結婚するような時代になって、結婚が平均的日本人に必須の人生儀礼と観念されるようになったからだ。明治民法が規範的な家族像を形成しようとした時期に結婚の形式が嫁入り婚に一般化され、ムカサリ絵馬習俗の基盤ができた。戦後に優生保護法が施行され、人工妊娠中絶が合法化された後に、出生児数が著しく減って一人の子に対する愛情が相対的に増大した時期に、水子供養や花嫁人形奉納が多くの人々の心を捉えてきたのではないかと筆者は考えている。

あらかじめ結論めいたことをいってしまったが、では、どのような奉納者の心情が人形に込められているのか。そのことをどのようにして調べることができるのか。筆者がムカサリ絵馬習俗を調査する際に、奉納額に奉納者の住所・氏名が記載されていた場合には手紙を出して、奉納の経緯や親としての心情を尋ねることができた。このことを花嫁人形についてもやってみた。ただし、筆者ではなく、筆者の卒論演習のゼミに所属していた岡村理穂子がこの調査を平成一一（一九九九）年に最初に行い[4]、筆者自身も平成一五（二〇〇三）年と平成二〇（二〇〇八）年に、弘法寺と川倉地蔵尊には訪問調査に赴いて、住職や地蔵講の方々に概況を尋ねた。奉納数の確認は岡村のデータではなく、弘法寺は住職に伺い、川倉地蔵尊では奉納者台帳から算出したものである。

二　奉納者調査

奉納数の変化

岡村が平成一一（一九九九）年に調査した優婆寺の人形奉納調査を補足して、弘法寺と川倉地蔵尊については平成二〇（二〇〇八）年までの新規奉納実数について調べた。奉納数の推移は次のグラフに示した(5)（図3―2）。

一見して分かるように、弘法寺では昭和五七（一九八二）年をピークに奉納数が減少に転じ、それに合わせて川倉地蔵尊の方が非常に増えている。優婆寺の奉納数は弘法寺と川倉地蔵尊の間にピークを持つ小規模な奉納で推移している。昭和五九年以降、弘法寺から川倉地蔵尊に奉納者が流れたのではないかと推測できるが、その理由は川倉地蔵尊では昭和六〇年まで無料で奉納供養を行ったことと、川倉地蔵尊の場合、人形を安置した建物が寺院と別になっているため自由に出入りできる気安さがあった。何より、弘法寺では自前で花嫁人形を用意してくる必要があるが、川倉地蔵尊では事務所で購入の手続きができる。その手軽さも関連しよう。

現在、弘法寺では奉納者が漸減傾向にあり、その理由を住職の白戸裕智氏は、人形を作

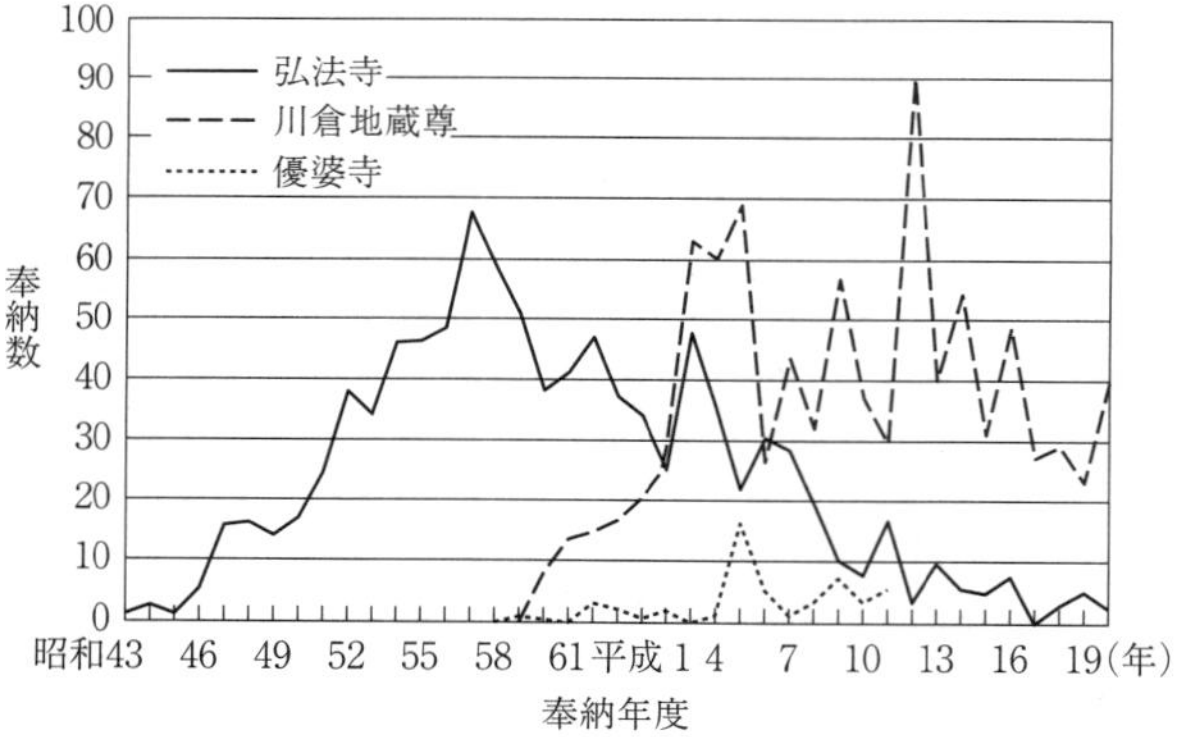

図3－2　人形奉納数の年度ごとの推移

出所）調査

っている店や問屋が減ってどこで求めたらよいか分からない人が多いことと、そもそも奉納しようという人が減っているのではないかという。奉納者の漸減は、川倉地蔵尊でも同じであるが、ここは再安置の要望が非常に高いために焼却供養数が少なく、人形堂のスペースはもう手狭になっている。岡村は堂の管理者から次のような話を聞いている。「経済が好況のときは、（新規の）奉納数も多かったが、不況とともに、少なくなっていった。奉納金や人形にもお金がかかるし、生活が厳しくなると余裕がなくなり、自分のことだけで精一杯になるのではないだろうか」（講員の談）。

　なるほどの説明ではある。弘法寺における奉納数のピークが昭和五十年代中後半にあることから、日本が経済大国としての自信を深め、オイルショックも乗り切ってバブル経済に突入する時期までが、川倉地蔵尊も含めて奉納数が伸びた時期である。日常生活がますます便利・快適になり、将来が明るい時代に生きてこそ、未婚の死者たちがあまりにも惨めで可哀想という気持ちになるのだろう。しかも、多少の余裕ができた時代である。

しかしながら、死者供養の儀礼には少なからず現状の問題解決、生活の改善を供養によって祈願するという要素も含まれているので、悪い時代にこそ祈願が増えてもよい。筆者が考えるに、好況と儀礼の盛衰が合致するのは費用負担という点で理解可能だが、もう一つ重要な要素として、人形奉納を思い立った人たちの世代的な規範意識や心情があると思われる。奉納者たちは、兵士として命を落とした人々が果たせなかった戦後の復興と自身の家族の形成をやり遂げた世代である。同時に、一九六〇、七〇年代の日本は未婚率が最も低下した時代であり、誰でも結婚することを自明とした社会の出現があった。この世代だからこそ花嫁人形奉納の習俗がありえたのではないか。

もちろん、この習俗が青森県の地域的な限定性を持っていることは、管理者が語るように人形奉納の衰退と大いに関わっている。岡村が調査した平成一一（一九九九）年の青森県の有効求人倍率は〇・三四であり、その前年は〇・二九倍と三人に一人しか就職できない状況だった。しかも、景気が好転して平成一八（二〇〇六）年に全国の有効求人倍率が一・〇六となった年でも〇・四四のままであり、青森の地域経済が活気を取り戻すのは容易なことではない。

表3－1に示した地域別の人形奉納者の分布を見ても、県外分は一割に満たず、おそらく現在の人形奉納を行った世代が亡くなれば、多くの人形は焼却供養され、新たに奉納する人も少ない習俗となることは想像にかたくない。

奉納者・被奉納者の関係

表3－2の被奉納者の内訳に示した通り、弘法寺・優婆寺と川倉地蔵尊には供養儀礼としての質的な違いが認められる。一つは、人形奉納の歴史が一番古い弘法寺では男性の未婚の死者に対する人形奉納が女性に対するものの約一三倍に及び、優婆寺でも六倍に近い。それに対して、川倉地蔵尊では女性に対する奉納が男性の〇・四四倍であり、他の二寺院に比べて有意に多い。もう一つの差異は、水子に対する奉納数であり、弘法寺は全奉納数に対して三・六パーセント、優婆寺は同三・八パーセント、川倉地蔵尊は同八・九パーセントであり、約三倍の奉納の割合となっている。

弘法寺・川倉地蔵尊が隣接した地域にあることと双方の寺院に奉納する人々の居住圏がそれほど違わないこと、そして、弘法寺への奉納数が減少した時期に川倉地蔵尊の奉納数

表3－1　人形奉納者の地域的分布

市・郡	弘法寺	川倉地蔵尊	優婆寺
青森市	155	62	6
弘前市	250	317	2
八戸市	7	3	8
黒石市	41	49	0
五所川原市	23	63	0
十和田市	2	3	4
三沢市	0	0	3
むつ市	0	2	0
東津軽郡	14	8	1
西津軽郡	64	125	0
中津軽郡	90	73	7
南津軽郡	250	208	1
北津軽郡	51	150	1
上北郡	2	4	5
下北郡	5	1	3
三戸郡	5	7	3
県外	90	104	3
不明	48	0	33
計	1097	1179	80

出所）岡村，2000，p.132より転載

表3－2　被奉納者の内訳

被奉納者	弘法寺	川倉地蔵尊	優婆寺
男	843	707	63
女	64	314	11
男女両方	1	6	0
水子	39	105	3
先祖	9	1	0
消滅	5	0	0
不明	136	53	3
計	1097	1186	80

出所）岡村，2000，p.133より転載

が増加したことを考え合わせてみよう。人形奉納の儀礼はまず弘法寺の特徴，すなわち未婚の男性が主流，水子は稀という形態から，川倉地蔵尊の特徴である女性に対しても奉納し，水子供養を兼ねて人形を奉納するという形態へ変化してきたのではないかと推測される。実のところ，川倉地蔵尊への奉納実数が減少しつつも，習俗として維持されている主な理由がここにある。

未婚の死者供養であるならば，男性・女性どちらに対しても奉納して然るべきだろう。しかし，男性の未婚者が圧倒的に多かった。これはやはりムカサリ絵馬の奉納と同じように，戦死者に対する特別な供養という意味合いが強かったことによるものと思われる。戦後復員した兵士たちはすぐに所帯を構え，戦後のベビーブームが生じたわけだが，彼らは自分たちよりも少しだけ若い女性と結婚したために，彼

らとまったく同世代の女性たちは結婚の機会を逃してしまうことが多い世代だった。ところが幼くして、あるいは青年時代に亡くなったものには人形が奉納されるが、年配者にはそれはなされない。元来が地蔵信仰との関わりではないかという高松の推測も、こうしたところから納得がいくものだ。

水子が祀りを要求するものか、しかも、結婚という具体的な行為まで特定するのかどうかという問題は、ムカサリ絵馬習俗の項（第二章第二節）で述べたように、多分に水子供養ブームに煽られた側面がある。この点は奉納者の具体的な奉納契機で確認してみたい。

岡村は弘法寺に奉納された人形についている施主の氏名・住所が確認できる奉納者二一五人に対してアンケート調査を行い、八五人（有効回答率四〇・〇パーセント）から回答を得た[6]。その調査結果から、被奉納者と奉納者との関係は次のようになる（表3－3）。

被奉納者の施主に対する続柄は男子、しかも長男が多い。しかし、傍系男子も十分に多い（長男は次男より多いのが当然）ので長男に偏っているとはいいがたい。キョーダイに対する奉納や傍系親族や姻族に対する奉納も少なくないことから、家意識や家督相続を反映した奉納ではないと考えられる。

施主に限らず、奉納を思い立った人（施主より数が多くなる）と被奉納者との関係は、父―子関係以上に母―子関係が強い。キョーダイや傍系親族・姻族という関係も父―子関係

表3－3　奉納者と被奉納者との系譜関係

被奉納者の施主に対する続柄	人形数（複数回答）	奉納を思い立った人の被奉納者に対する続柄	人形数（複数回答）
長男	38	父	31
次男以下傍系子	26	母	50
長女以下娘	9	祖父	1
キョーダイ（男）	14	祖母	2
キョーダイ（女）	3	キョーダイ（男）	9
孫（男子）	1	キョーダイ（女）	9
その他＊1	8	その他＊2	9
無回答	2	無回答	4
計	101	計	115

注）＊1　従姉，甥，叔父，叔父，義母の弟，義弟，養女，先祖
　　＊2　叔父，伯父，叔母，義叔父，義伯父，甥，従弟，義姉，義妹，養父母
出所）岡村，2000，p.152より再構成

に匹敵するところを見ると、やはり人形奉納に家父長制の影響を見ることは困難である。

奉納者に女性が多い理由の一つとして、アンケート調査で奉納のきっかけとして民間巫者の勧めによる人が二割弱ほどいたが、そのことに限定すると、民間巫者へ相談に行く依頼者は女性が多いという実情がある。自分の子供を供養することは、水子供養の延長線上にあるものであり、そのためにより女性に受け入れられやすかったとも考えられる。また、ムカサリ絵馬奉納同様に、寺院詣では女性の方が多いのだから、奉納を思い立つ人は高齢女性である確率が

表3－4　被奉納者の死因

死因＼奉納年代	病死	事故死 交通事故死	事故死 水死	事故死 その他	戦死	中絶・流産	自殺	その他	無回答
昭和50年代以前	9	5	1	2	6	0	0	1	0
昭和60年代	12	1	1	2	3	0	1	0	0
平成元年以降	20	10	3	4	1	4	1	2	2
年代不明	0	0	0	0	0	0	0	0	1
計	41	16	5	8	10	4	2	3	3

出所）岡村，2000，p.134より転載

高いだろう。

被奉納者の死因

花嫁人形を納められた未婚の死者たちはどのような亡くなり方をしたのだろうか。岡村の調査によれば、被奉納者九二人中、病死は四一人、事故死二九人、戦死が一〇人、中絶・流産が四人、自殺二人、その他と無回答で六人となっている（表3－4）。

現在、二十代、三十代の死亡要因の一位は自殺であり、青年は一般的に中高年、老人より病気で亡くなる確率が低い。それにもかかわらず病に倒れたり、事故に遭ったりして命を落とした子やキョーダイに対する家族の哀惜の念は、相当に深いことが推察される。

もう一つ気になるのは、事故死とその他である。日本の葬送儀礼においては異常死の場合に特別な供養儀礼を行うことがあった。産褥死には流灌頂が知られているが、悔いを残した人に

はその思いが消えるまで特別な慰霊が必要と考えられていた。未婚の死者に対して絵馬や人形を奉納するのも特別な供養の一つであるが、とりわけ遺族にとって切なく惨《むご》い亡くなり方をしたケースもあるに違いない。戦死はその典型だが、戦死者への奉納が戦後すぐというわけではなく、遺族が亡くなる前に故人の最期の思いということで冥福を祈願して奉納する事例がある。

花嫁人形への名づけ

花嫁人形の奉納は未婚の死者を結婚させる供養儀礼だが、結婚相手が人形であるとしても、人形に具体的な配偶者として魂を入れるかどうかは、儀礼の機能を考えるうえで重要な問題である。後の章で説明するように、中国・韓国では具体的な結婚相手を生者か死者（異性の故人）に求め、シャーマンが儀礼を執行することがある。霊の依《よ》り代《しろ》となった人形には明らかに故人に相対する霊の魂が込められているのだ。

しかし、日本ではムカサリ絵馬にしても花嫁人形にしても、配偶者となるべき人は生身の身体も霊魂も持たない。その意味で、象徴的結婚ではありながらも、死者への個人的な供養儀礼という特徴がある。ただし、表3－5で示したように人形に配偶者の名づけを施している事例が見られる点では、家族の主観的な願望として、あの世の結婚であってほし

表3－5　花嫁人形の名前

架空の名前	実在する人	忘れた	名前なし	無回答	計
55	20	2	1	7	85

↓

被奉納者との関係

婚約者	友人	親戚	芸能人	子供の実名	幼なじみ	その他	計
5	4	3	2	2	1	3	20

出所）岡村，2000，p.135より転載

いという心情は読み取れる。

被奉納者は俗名・戒名を持ち、花嫁・花婿の人形には名づけが施される。その名前だが、架空の名前が弘法寺では多数派であり、実在の人物であっても婚約者とか実在の関係者の名前をつけることは一般的ではない。結婚する約束が交わされていたとしても、その人にはまた別の人生、別の相手との結婚がある。婚約者の名前をつけることに関して、当人や当該の家族の了解を得たかどうかは確認していないが、その人が家庭を築いているのであれば当該家族も遠慮するだろうし、相手方も了解しないのではないかと考えられる。思いは思いとして故人や当該の家族だけが持つべきものだろう。

岡村が調査した事例では次のような仮名のつけ方があった。

「秋に亡くなったのでお嫁人形に秋子とつけました」

（中津軽郡）

「本人が好きだった歌手の名前をつけました」（弘前市Ⅰ）

「亡くなった従姉が結婚適齢期に入っておったので、架空の名前ですが、従姉が当家のあととり娘だった関係上、健在で長生きしておれば、当家の先祖、初代〇〇助之丞から数えて八代目にあたる事になるので、花婿の命名は助八としました」（弘前市）

「当時、ある子供が白血病になったが、その子に合う骨髄液がみつからず、余命おぼつかなくなった時、ある若い女性が名乗り出て、自らの危険を冒してまで、自分の骨髄液を提供して、その子を救ったとの新聞記事を見て、その女性の勇気ある他人に優しい人道感に胸をうたれまして、失礼ながら、その女性のお名前を拝借しました」（栃木県下都賀郡）

人形奉納の契機

岡村が調査した弘法寺のアンケート調査により、どのようにして人形奉納を行ったのかを考察していこう。事例には回答者のプライバシー保護のために、事例を区別するための番号と居住されている市町村名のみ記すことにする。

奉納者の居住圏が青森県に集中していることから分かるように、人形供養を知った経緯

表3－6　人形供養を知った経緯（複数回答）

知人，親戚の紹介	45（12）
巫女さん（イタコ，オガミヤサン，ゴミソなど）の勧め	17　（4）
以前から「弘法寺」を利用していた	14　（1）
マスコミ（テレビ，新聞など）	12　（8）
旅行中に見つけた	2　（1）
その他	2　（1）
無回答	2　（0）
計	94（27）

注）（　）内の数は県外の奉納者
出所）岡村，2000，p.137より転載

（表3－6）は知人・親戚の紹介、弘法寺をもともと知っている人が多い。巫者を介した人は全体の一八パーセントにすぎない。テレビ・新聞で見て、あるいはたまたま青森を観光中に見て奉納を考えた人も少なくない。

テレビで花嫁人形奉納を知った人たちは県外者が多い。次のように語っている。

事例1　「母が弱かった弟のことを気にしていたので、テレビを見ていて、花嫁人形の弘法寺のことを知り、テレビ局に伺い、早速西の高野山弘法寺に永代供養することが出来たのです。母は子供達全員結婚できたと喜んでおりました」（宮城県仙台市）

事例2　「NHKドラマ（黄泉の祝言）昭和五七年頃放映（津軽一〇〇〇体の花嫁人形）をみて、（中略）戦死した息子の写真と花嫁人形を抱えて寺の廊下を

年老いた母が歩いている光景、姿をみて、感動した」（長野県長野市）

事例3　「……大学を卒業して就職し、やれやれと思った矢先の出来事でした。あまりにも若い二五才の突然の死に悲しみをどう乗り越えて行けば良いか途方にくれている時に、テレビで人形供養を知り親としてやれるだけのことはなんでもやってやりたいと思い、それから一年以上もかかりやっとさがしあて、人形供養が出来ました。それから少しですけど悲しみが癒えたような気がいたします」（八戸市）

テレビ放映の影響力は強く、その効果は数年間継続するようである。つまり、番組視聴後すぐに奉納に出かけるわけではなく、花嫁人形習俗の存在を気にかけながら家族で相談したり、具体的にいつ、どのようにして奉納できるものかと照会したりするための期間が必要になる。

ところで、従来指摘されてきた巫者の勧めによる花嫁人形奉納は、普段は意識の底に潜んでいた子供や近しい親族に結婚させたかったという思いが、巫者の指摘により顕在化されたものといえる。事例4から9まではそのことを教えてくれた人であるが、そもそも巫者に相談しに行ったきっかけが何かについて語っているのは次の事例5と8・9だけだ。5は家族や親族のもめ事、8・9が配偶者と当人の病気を被奉納者からの知らせと巫者が解釈し、その説明に納得して奉納に至っている。そのほかの事例は巫者に観てもらった理由を語ってはいない。

事例4「娘は二六才で結婚しましたが夫の女あそびがきっかけでりこんしましたがどうも気が落ちつかなくてとうとうじさつしてしまいました。巫女さんのおすすめで男の人形を奉納しました。毎年人形供養をしてゐます」（南津軽郡）

事例5「色々と家の中がごたごたありまして神様に占ってもらいましたらまだ結婚もしてないので花嫁さんはほしいとでました。それで嫁さんと結婚させました」（青森市）

事例6「巫女の話には皆さんに正月とかおぼんでもみんなお嫁さんをもらって楽しくしているのに私は一人でいるといっていました。それで巫女の話でお嫁の人形を買って西の高野山に上げればよいといいました」（中津軽郡）

事例7「遠縁の女の人が巫女さんに占ってもらった際、直接関係ないことだったのに知らされたという。そのことが直接の動機となりました」（黒石市）

事例8「妻の体の調子が悪くなったので巫女さんに行ったら高野山へ行って供養して、といわれたので」（南津軽郡）。

事例9「話をすると長い不思議な出来事です。平成四年私が体調崩してあちこちとオガミヤサンに行きました。もちろん病院へも行きました。行く先々が弘法大師様の真言宗でした。その内に、私に大師様がおりられ、毎日真言宗のお経をあげていました。ある朝、男の声になりとても苦しく涙が出て不思議な現象がおきたのです。和歌山県に親戚があり、その家に知人で巫女さんかなにかわかりませんがその道がわかる方が来て、成仏していない仏が息子の命をとるといっていることとおしえてくれたそうです。それが夫の叔父だったのです。それから三年内魚を絶って（私の意思ではなく一人でにされたという現象です）供養しました。もちろんみえない現象のもとにお経をあげている中でとても苦しくなると大師様助けてくれるのです。お経の声がりっぱな男の声と変るのです。（娘が聞いていました）すると私が楽になるのでした。お大師様千数十年前に亡くなられていますが助けていただいたのです」（秋田県大館市）

事例9は自身の病の原因を探るべく各地の拝み屋を回り、最終的に大師信仰に至る。男性が苦境を訴えるという宗教体験を親戚に相談したところ、その親戚が知っている拝み屋さんが夫の親族で未婚で亡くなったものの知らせと解釈し、その供養のために人形を奉納したという経緯である。

巫女さんの勧めで奉納を思い立ったと回答した一六人の方々には相応の事情があったと

表3－7　人形供養の契機（複数回答）

結婚する前に亡くなった子供（兄弟など）を不憫に思った	45
亡くなった子供(兄弟など)が生きていれば結婚適齢期だった	32
不思議な出来事が起こり，巫女さんに占ってもらうなどした結果，それが亡くなった人の「知らせ」だと解釈した	16
人に勧められた	9
弟(妹)が結婚したことで，亡くなった兄(姉)を不憫に思った	7
子供の中絶を忘れることができなかった	1
その他	1
無回答	3
計	114

出所）岡村，2000，p.141より転載

思われるが、それを見ず知らずの調査者に語ることはできなかったものと思われる。選択肢の回答の外に自由記述の欄にわざわざ書くのは高齢の方にはそれ自体大変なことでもある。表3－7は奉納の動機と契機が混在した回答になっているが、前の花嫁人形習俗を知った理由と重なっている部分がある。

奉納の心情

奉納者たちに自由記述で書いてもらった事柄を、表3－7「人形供養の契機」で設定した分類に従って整理してみたのが以下の記述である。

①　未婚で夭折した故人を不憫《ふびん》に思い、せめてあの世で結婚させてあげようと思った。

事例10　「長女二四才心身障害で、施設で生活

していましたが、園の食中毒により急死しました。生前より人並の結婚生活が出来ないのを親としては、悲しく不憫に思っていたので、せめて少しでも、娘の霊をなぐさめる事が出来たらと思って実行しました。……修行をした霊能者に行った時、娘は出て来て、私も子供を連れて実家を出入りしたかったと云ったのです。結婚願望があったと思う」(秋田県鹿角市)

事例11「姉として弟のために出来る事をと考えていました。そして「人形供養」の事を知り、お願ひ致しました。いつもなき声がきこえるような気がして気になっていたものですから、今は明るい顔が見えるような気がして安心しています」(岩手県二戸市)

事例12「兄は我家の大黒柱であった。若くして嫁もえられず不びんであった。そして弟の私は兄を尊敬している」(弘前市)

事例13「元気でいれば孫もいたのにと思って人形を奉納した」(弘前市)

事例14「長男が結婚して子供もいるのに、(弟は)近くにいて独身なので、何とかしようと思っているうちに病気で死んでしまったので気の毒でしようがなく、少しでも、供養すると満足するのではないかと思った」(秋田県秋田市)

事例15「弟が一八才の時に家業の土木工事の折り、事故でなくなりました。その後、父が四六才で病にたおれ、その後を継いで私が農業をやっていましたので、父は生存中ではありましたが、奉納者を私の名前にしたのは母です。亡くなった弟は三才下ですが、交際していた人もいたので、昭和五十年代に入ってから母の希望もあり奉納し、毎年の様に供養に行っていました」（弘前市）

事例10のみカミサマに行ったと語っているが、ほかの奉納者は未婚でなくなったことが不憫であるあまり、花嫁人形奉納を知って奉納したということになる。奉納時期については思い立ったときに行ったということである。

② 故人が生きていれば結婚適齢期にあたる年になったのを期に、人形供養を行った。

事例16「生きている時に、三〇才頃には結婚するよといっていましたので、人形供養をしてもらいました」（八戸市K・K）

この事例は、被奉納者が生きていれば結婚時期に相当するということで、機会をみて奉納したものだが、事例としては少ない。

③ 不思議なできごとがおこり、知人に相談、巫者に占うなどした結果、それを故人の

「知らせ」だと解釈し供養した。

事例17 「家中、結露がひどく、私達夫婦の部屋は、水たまりができるほどでした。知り合いを通して相談したところ、水の事故で亡くなった人はいないかと聞かれました。私達夫婦が結婚する二年前に弟が川で亡くなり、当時二八才でした。まさにそのとおりでした。とてもびっくりしましたが、考えてみると私達が結婚し、子供も産まれ、親自身も亡くなった弟の事がうすれはじめ、ちゃんとして供養もせず、にぎやかで明るい日々を送っていました。私の事を忘れないでと思い出してほしいかのように結露で表わしたのかもしれません。さっそく高野山へ行きました。洋服はじめ、くつなどを持って供養していただきました。そして巫女さんからも聞いていましたが、高野山には、たくさんの人形が数えきれないほどありました。お金の方もずいぶんかかると聞きましたが、私達家族だけでなく、天国にいる弟も皆で幸せになろうと日をあらためて人形奉納をしました」（西津軽郡）

事例18 「私の夢枕に来て、さびしい、さびしい、父も母もいなくなりしっている人はだれもいないと私に助けをもとめ私がはらってもはらっても私から離れず、ぐっしょり汗を流して目を覚ます。私が知っている人に夢の話をしたら岩木山のみえるところに人形供養するところのお寺があるからとおしえられ、そこで花嫁さんを奉納し亡きお兄様

を供養しました」（岩手県盛岡市）

事例19　「本家（家庭の事情によりいささか複雑）で故人の三三回忌の供養を忘れていたために私に訴えるようになりました。具体的には寝る布団が重くて眠られぬようになりまた日中でも肩になにかがのしかかっているような重い感じでした。供養後は解消」（弘前市）

事例20　「……私の母と祖父母が青森県碇ヶ関村にある相乗温泉に毎年正月後に、湯治に行きます。その湯治に行った時、突然、めまいと立ちくらみと動悸、冷や汗、激しい頭痛、肩凝りがおこり、その日は、午前八時三〇分から午後五時頃まで、相乗温泉の湯治部屋で寝たきり状態になり様子を見ていました。少し体調が良くなったので、妻と子供達二人を車に乗せて帰路につきました。途中、先が見えなくなってしまい、このまま死んでしまうのかと思いました。病院で検査を受けましたが全く異常がないと言われたが、体の調子はまったく良くならず、（約九年間）そのため病院（国立病院、大学病院、個人病院）を転々としたが良くならなかったので、神様にご祈禱してもらうことにした。その神様は、真言宗の修験者で女の神様でした。拝んでいる途中で、昭和三九年の七月頃、二〇歳で亡くなられた方がいます。地面（土地）を買ってやって、お嫁さんをもらってやりなさい。そして、供養すれば必ず体の調子が良くなるといわれて、その通り実施してみました。そうしたら、体の調子が不思議な程良くなり、運転も自分一人で出来る状態になりました。神様には、人形供養するところは二カ所あるといわれました。一カ所は、金木町にある「川倉の地蔵尊」もう一カ所は、「西の高野山弘法寺」を紹介され、西の高野山弘法寺で人形供養を致しました。自分の父の弟なのですが、生きていれば財産分与して、お嫁さんをもらってやらなければならないわけですので！「生」の世界も「死」の世界もまったく同じだと思いました。「生」は見えるけれども「死」は見えない。その見えないことに気がつかないことによって、様々なことが起こる。供養の大切さをしみじみと味わった。そのお嫁さんの名前は「よし子」とつけました」（北津軽郡板柳町）

事例21「長男に人形供養をしてから二年位して、夢か正夢かはっきりしませんが、私の弟も若くして亡くなって居ります（二一才）長男の子供に弟が重なりそこはダメだよ、と私が弟に云って居る（夢）をみました。弟も人形供養をして欲しかったんでしょう。そこで直ぐ人形供養をしたんです。不思議だなと思って居ります」（秋田県秋田市）

これらの五事例は奉納者への夢の知らせ、体調不良などを不審に思い、知人やイタコ、カミサマに相談した後奉納したものだ。三事例が奉納者の兄弟（義理の兄弟を含む）、本家筋で亡くなった親戚、子供が一例ずつ。おそらくは知らせと解釈されるような事柄が生じなければそのままになっていた未婚の死者たちである。

④　故人の兄弟姉妹、適齢期の知人等が結婚したことで、結婚する前に亡くなった故人に思い至り、せめてあの世で結婚させてあげようと思った。

事例22「なき息子の友人が、お嫁さんを迎えたなど世間話をきき、うちの息子にも、お嫁さんをと、思いたった。そのことで、良い供養になったと思う。弘法寺には昭和五七年六月、平成七年一〇月お参りにいった」（長野県長野市）

事例23「兄二人が結婚していたのであの世に居る三男に嫁を迎いてやりたいと思ってやりました」（弘前市）

二事例とも、①②の事例同様に不憫に思ったからという理由であり、ここまで思い至るのは実の子供である。

⑤　人に勧められた。

事例24「友人（私どもより二年前に息子さんを突然死され人形供養をしたとのこと）」（埼玉

県浦和市）

⑥　故人の兄弟姉妹が縁遠く、未婚で夭折した故人と何か関係があるのではないかと思い供養した。

事例25　「二男が結婚適齢期になっても相手方が見つからず、まずは長男からと思い花嫁人形供養をいたしました。その後二男は結婚し、よき嫁さんに恵まれ孫も誕生し一族皆幸せに暮らしております。したがいまして一〇月に行われる人形供養祭りにはいつもお礼かねがねお参りしております」（秋田県秋田市）

事例26　「我が家では亡くなった子供の他に長男、三男、長女が誕生しましたが、長女は結婚したけど、男子達がなかなか縁遠くオガミに行ったら花嫁をあげたらということになりまして弘法寺におさめた次第です」（秋田県大館市）

事例27　「人形さん奉納し一週間目に子供達がお嫁さんを（二人とも）授かりました」（岩手県盛岡市）

ムカサリ絵馬奉納でも聞かれた奉納の理由である。未婚で亡くなった死者が生者の結婚を羨ましく思い、供養を求められる近しい関係の人たちに知らせているという巫者の解釈が、またここでも聞かれる。

⑦　子供の中絶を忘れることができなかった。
具体的な記載などをした人はいなかった。

以上、人形奉納を行った家族・親族たちの奉納契機を見てきたが、死者の知らせと解釈されるような出来事や巫者の介入によって奉納した人々がいる一方で、花嫁人形習俗を聞き知って自分の子供や兄弟にもしたいという心情だけから奉納した人たちもほぼ同数いることが分かった。

奉納後の安堵

人形奉納後、ホッとしたというのはその通りであり、成仏したという気持ちと親としての責任を果たしたという気持ちに大きな差があるわけではない。しかし、質問としては供養の心情が強かったのか、家族的な規範意識が強かったのかを尋ねようとしたものである。実際はどちらにも該当すると答えた人が二二人おり、どちらか一方だけを特定する内容ではなかった。その意味では、心情か規範かという二者択一の発想よりも、回答者ごとの微妙な答え方の差異を見ていただいた方がよいだろう。

① 故人が成仏でき安心した。

事例1 「母は結婚も出来ない弱い弟が弘法寺のお陰で結婚できたと大満足で朝に夕に神仏にお祈りしておりました」（宮城県仙台市）

事例6 「兄として弟の嫁を世話したと思って安心しました」（中津軽郡岩木町）

事例11 「二人で仲良くしているような気がして安心しています。いつまでも仲良く幸せにしている事をお祈りしています」（岩手県二戸市）

事例19 「故人は成仏できたのではないかと家内とともに安心致しました」（弘前市）

事例27 「お兄様が成仏できたと、安心した」（岩手県盛岡市）

事例28 「亡きお兄様に花嫁さんをたむけ私たちは結婚式と思って正装して祝福しました。私どもは本当にうれしく、安心しました」（岩手県盛岡市）

② 親の責任を果たし安心した。

事例8 「妻の気持ちも安定して現在に至っている」（南津軽郡）

事例11 「本当に仏様と私達の事をおかんがえ下さって人形供養をして下さるお寺さん

があった事を心より有りがたく感謝致しております。本当に心がらくになりました。お寺の住職様皆様に感謝申し上げます」（岩手県二戸市）

事例15「母は、親として責任を果たし、安心した。私も弟のなぐさめと、母の想いを思うとよかったと感じています」（弘前市）

事例16「人形供養を思いついてくださった住職様に感謝申し上げます。弘法寺に行ってみて何人もの人形供養を見た時、このように沢山の方が同じ思いをしているんだと思ったら少し気が紛れたような気がいたしました。……少しですけど悲しみが癒えたような気がいたします」（八戸市）

事例20「人形供養をしてからは私も私の家族も心が落ちつき、伯父さんにすまないという気持ちで今では毎朝仏前に先祖供養をしております」（北津軽郡）

事例25「人形供養した後は満足感でいっぱいです。その後の家族一同幸せですので供養のお陰と思い、今後もお礼参り等を健康の許す限り続けたいと思います」（秋田県秋田市）

事例29「年月日が、かかった感じがしますが、私自身の精神

表3－8　人形供養後の心境の変化（複数回答）

子供が成仏できたと安心した	39
親として責任を果たし安心した	48
その他	17
無回答	7
計	111

出所）岡村，2000，p.144より転載

の安定成就が出来た様な気がします。（当然だと思います）」（弘前市）

事例30　「年一回、供養に参って、心が洗われるような、すがすがしい気分でおります」（弘前市）

事例31　「志なかばにして、二三才で急逝致しました。親として、心残りは数々ありましたが、人形供養をしたことにより、暗い気持ちがふっきれた……と云う心境です」（埼玉県浦和市）

事例32　「親も亡くなってから四〇年位になります。私は嫁にきてから五〇年になります。ですから嫁として責任を果たしました」（青森市）

親や兄弟、嫁の責任という気持ちもあるが、基本的には安堵することによって当人の心境のみならず、家族関係もよくなったという心情が吐露されている。住職との対話や供養、年に一度の参拝などが、まさに癒しになっている。

③　供養儀礼だけでは十分に癒されず、自己満足に過ぎないと語る人たちがいる。

事例8　「人形供養によって、仏様への責任を果たしたとか安心したとかは思っていな

い。このことによって何らかの供養になればとは考えています。自己満足にすぎないかもしれない」（南津軽郡）

事例14「あまりそういう風には思いませんが自己満足かもしれませんが少しは良かったかなと思っています」（秋田県秋田市）

事例33「親の自己満足ではあると思います。息子は一六才六カ月で白血病で他界しましたが人形供養によって全面的に成仏したとは思っていませんが喜んでくれたとは思っています。やりたい事、知りたい事を山の様に持っていました」（埼玉県吉川町）

事例34「自己満足にすぎないが少しは安心した」（千葉県船橋市）

④　人形奉納だけでは心がおさまらない、不憫、悔恨の念という情は変わらない。

事例20「安心したとか、責任を果たしたとか、そんな気持ちよりも若くして亡くなった子供がふびんで、親としては今でも、何をしたらいいのか気持ちが、おさまりません」（北津軽郡）

事例35「責任とか義務とか家の問題とかではなく、もっと一人一人の個人の思いがこもった人形であるということで、もう少しうわべだけではなく深い心の研究もしないと良い論文ができないのではないかと思います」（三戸郡）

事例36「責任を果たしたとか、安心したとか、こんな事ではありません。せめて何かをしてやりたい、言葉になりません」（中津軽郡）

事例37「人形供養をしたことで、子供が成仏できたとか、親としての責任を果たしたとは思えず、ただ真似ごとに過ぎないと、心は晴れません」（南津軽郡）

事例38「人形供養をして、たしかに幾分かの心の安らぎを感じましたが、弟が生前、私、兄らしい事は何ひとつしてやる事もせず、唯死地に向わせた事の、とりかえしのつかない自責の念はぬぐいさられてはおりません。五〇年、毎朝夕、仏壇の前で（助けてやれずごめんね）と手を合わせています。話は変わりますが、やはり当時、九州から飛び立った弟と同じ年頃の、自殺を強要された特攻隊員の方々、そのご遺族の方々についても同じ事だと思います」（栃木県下都賀郡）

供養にはここまでしたらよいということはない。先祖として仏壇の位牌に納まっている死者と異なり、思いを残していったに違いないと観念されている死者の場合、思いが深ければ深いほど供養にきりなどあろうはずがない。責任を果たしたといういい方に非常にこだわり、そのような言葉でいい表すことができる心情ではないと切々と訴える回答者の言葉に、調査者として襟を正さざるをえない。

また、特攻隊で散華した若者たちの思いを抱き続ける遺族たちの気持ちも、ムカサリ絵馬、花嫁人形の奉納習俗とともに忘れてはならないものだ。靖国神社が慰霊と顕彰を同時に行う宗教施設であることから様々な論議を呼んでいるが、この供養儀礼は慰霊のみである。顕彰になんの意味もないことを遺族たちは知っている。いたずらに戦局を長引かせず敗戦を受け入れておれば死なずに済んだ人たちである。彼らの死によって戦争の被害者が減ったわけでも戦後処理が日本に有利に進んだわけでもない。まさに無辜《むこ》の人々の無意味な死こそ、戦争の悲劇を物語っており、亡くなったものたちの魂を慰めることが叶わないという遺族の気持ちは察して余りあるものだ。

人形奉納による癒しの機序

葬送儀礼・供養儀礼の心理的機序は、家族や親族、地域社会において大切な人を失ってしまったという喪失の感情を共有してもらい、喪に服した後に回復する心理的プロセスを追悼・供養と儀式化することで、徐々に痛みを和らげていくところにある。その際に、宗教は死後の世界を想定することで完全なる喪失・欠落がないことを繰り返し説いてきた。

花嫁人形の供養にはどのような意味があるのかを、奉納者たちの主観的理解から明らかにしていこう。癒しといっても、どのような癒しであるかが重要だ。

霊魂の不滅を信じるがこそ、死者の欲するものを供養として行った人たちがいる。

事例9「現世に思いを残してなくなると成仏出来ないそうです。結婚しないまま、あの世に行くことは、一人前とみなされないそうです。これは知人、また祖母に聞いたことです」(秋田県大館市)

事例20「「生」世界も「死」の世界もまったく同じだと思いました。「生」は見えるけれども「死」は見えない。その見えない気がつかないことによって、様々なことが起こる」(北津軽郡)

事例30「ごく単純に理屈抜きで霊魂不滅を信じてとった行動です」(弘前市)

事例39「子供に花嫁をそわせ私達と同じ生活を送ってくれていると今日も信じて生きてます」(不明)

事例40「……弟は喜んでくれたと思っております。人間の体は魂魄と申して魂は生きておると仏教では申しますから」(宮城県仙台市)

しかし、皆が皆霊魂の不滅を信じて死者を慰めているわけではなく、もっぱら自身のこころの問題として考えている人たちも少なくない。

事例8「この様な事は他人に話すことではないと思う。自分自身の問題で、それで、自分が納得すればそれで良いと思う」（南津軽郡）

事例19「人形供養については、さして、深く考えたことはありませんし、知りません。でも一度奉納して終わりということはないと思っております。毎年、住職にお経をあげていただき、供養することが勤めだと思っております」（弘前市）

事例30「人形供養なんて他人から見れば一笑に付されるかも知れません……」（弘前市）

この花嫁人形習俗の意味を考えるうえで、調査者のへたな解釈よりも優れた心理的機序の解説をしてくれる人たちがいる。それを最後に読んでいただきながら、調査の説明を終えたい。

事例15「生きて後に残った人の為のものだと思う。大切な身内を亡くして、心にダメージを負った人が生きていく為に、やるせない悲しみの収め場所を求めて、死者をとむらう為という、うつくしい理由で、やっている代償行為なのだと思います。母の悲しみも年々うすらいだのか、奉納した人形の事を忘れがちになって来ました。時々、思い出す程度ですが、それも心の傷がいえている証だと思います。冷たいのではなく、人間は死ぬほどつらい事でも忘れるものなのです。そしてそれでこそ、未来に向かって生きていけるし、希望を持てるのだと思います。人形の奉納も無智無学ではあっただろう昔の農民が、自分達の為につくり出した、必要不可欠な事の一つだと思います」(弘前市)

事例37「一年に一回は供養に行き、娘に会いにいけたらと思う毎日です。……会社の新年会の帰り、自宅前で車にはねられ、亡くなりました。平成五年一月でした。私どもは死に目にもあえず、ただただ悲しく、悔しく今も涙を流さぬ日はありません。今までの勉強の頑張りが何だったのか、これから大輪の花を咲かせようとしていたのに娘の無念な思いは計り知れません。花嫁姿を夢見ていただろうに妻にも母にもなれずわずか二五才の人生はあまりにも短すぎました。結婚前に亡くなると、こちらでは人形奉納する人が多く、それを聞いて、私どもも真似て、翌年、知人の車で奉納に行きました。当地は、やや、遠方にあり、知人の運転手も道順がわからず、地図をみながら行きました。弘法寺から年一回の人形供養のはがきをもらいながらも車の運転ができないことと、忙しさにかこつけ、その後、気になりながらも一度も行っていません。娘にはすまないと思っています」(南津軽郡)

事例41「花嫁人形の事は、息子の同級生が八年前に病気で結婚前になくなりお話に聞いていましたが、私の息子は交通事故により私達が、かけつけた時には、もう即死だった後で警察の方からお聞きしました。元気で遊びに行ったのに、とつぜんの事で信じられませんでした。今この手紙を書きながら思い出して、眼がうるんで来ます。私に一言もいわないで行ってしまった息子に私に出来ることは、朝夕の般若心経を唱えることと、一五年間の花嫁人形だと思っております。母」(弘前市)

事例42　「四七年前三才で水死したときはこの悲しみは一生離れないと思いました。人形供養した時もその気持ちで金木町の川倉の地蔵尊にも毎年供養してきました。高野山に人形供養してからは毎年高野山にも供養によっております。年月は長くなるにつれて私達夫婦も年齢のせいか悲しみが思いでとなって来たことが不思議でならない。五〇回まで後二年間は生きて五〇回忌をやりたいと思っています」(弘前市)

このような人形奉納を生み出した地域社会の宗教文化はどのようなものであろうか。最後の節では、津軽のカミサマ信仰と死者供養の問題を考察してみたい。

三　津軽の巫俗と死者の祀り

シャーマニズム

「カミサマ」といきなり切り出しても、カミサマがいない地域の人たちにはなんのことやら見当がつかないだろう。どこの宗教の神か、日本古来の八百万《やおよろず》の神々かと考える人もあろう。テレビに「へびのカミサマ」として出演し、病気や将来を占う中年の女性を思い浮かべる人は、いわゆる霊能者、地域の拝み屋さんのことかと考えるかもしれない。

津軽のカミサマをまじない、占いの類と片づけずに、地域社会の正当な宗教文化として考察するためには、東北地方のシャーマニズムの説明から始めなければならない。シャーマニズムとは、没我状態において神霊や精霊と交信・交渉することで占い、病気直し、預言、祭祀を行う呪者・宗教者（シャーマン）と顧客・信徒たちの相互行為を総称した宗教概念である。歴史的にも地域的にもシャーマンの存在は広く確認されており、民俗宗教のみならず、教団宗教においても創始者や教祖はシャーマン的性格が認められる。ユーラシア大陸には脱魂型《だっこん》（シャーマンの魂が神霊界・精霊の世界をめぐって諸霊と交渉する）、日本を含めた東アジアには憑依型《ひょうい》（シャーマンに神霊や精霊が憑依する）が多いという。脱魂・憑依の様式も様々であり、精神医学的にも特異な精神状態に至る真性シャーマンか、儀礼として脱魂や憑依を演出する擬似的なシャーマンかといった議論もある(7)。

日本では東北地方のイタコがシャーマンとして有名であるが、イタコ、イダッコという名称は津軽、下北、南部といった地域限定のものであり、東北南部ではオナカマ、ミコ、カミサンというういい方もある。次章で述べる沖縄のユタもシャーマンとして有名である。日本では総じて憑依型が多いが、憑依体験を自在に行うシャーマンとなるまでの過程によって、幼年時代から修行により成巫する盲目の口寄せ巫女タイプか、成人後に神懸かり体験を経て成巫するタイプに分けられる。

口寄せ巫女が東北地方に典型的なイタコ、オナカマなどであり、初潮前に視覚障害を持った女児が師匠に弟子入りさせられ、祭文・経文を習ってカミツケの儀式を経て守護の神様を決め、占い、祈禱、口開き等の技法を習得して商売ができるようになる。当時としては按摩に加えて、盲目の女子が職を得る生き方でもあった。それに対して、カミサマ、ミコ、ユタは目が見える女性たちであり、人生の様々な困難、精神的変調に直面したときに、救いをシャーマンたちに求め、弟子入り、修行後、自らもシャーマンとなる。視覚障害者への教育、就業支援が手厚く行われるようになった現在、子供をイタコやオナカマに弟子入りさせる親は皆無であるため、盲目の巫女は高齢の少数の巫女が残るだけで、近い将来この巫俗は消滅するのではないかと予想される。

しかし、カミサマやユタになる女性たちはけっして減っていない。青森・沖縄という文化的風土がこうした民間の巫者たちと相談事をする地域の人たちを守っているかのようだ。実のところ、日本各地に拝み屋さんは存在するし、神霊と交渉を持つ人々は多い。しかしながら、彼・彼女らはほとんどの場合、神道や仏教の宗派、比較的歴史の古い新宗教の傘下に入って宗教としての信用を得ようとする。修験道の憑祈禱の流れを汲む御嶽《おんたけ》講の御座《おざ》立ては、御嶽山登拝において中座《なかざ》という行者に先祖の霊（御嶽山の場合は霊人と呼ばれる）や諸神が憑霊して、子孫への言葉や相談事への回答が述べられる。筆者が御嶽山に講中の方と登拝したときも、御嶽教会の教会長に講中の方の先祖や身内の方の霊（霊神）が降臨され、御加護とねぎらいの口上を述べたのを見た。山岳修験という枠を取り払えば、イタコの仏おろしやカミサマの相談と変わらないともいえるが、宗教伝統の枠に位置づけられる。

津軽のカミサマたちもまた、既成宗教の看板を「免許」と称して正当性を得るために使うこともあるが、顧客や信徒たちがカミサマに求めるのは看板ではなく、霊威による問題解決である。解決能力があるカミサマであれば、どこの師匠の流れを汲むものであろうと、どこの宗門や教団で修行し、教師相当の資格（これを免許という）を得たものかといったことも関係がない。霊威だけでカミサマを称して誰も不思議に思わないし、それを非難もしないのである。

しかしながら、近代日本は、新聞社の扇情的記事、警察の取り締まり、学校や役所の触書などにおいて、このような巫俗を淫祠邪教の類とみなし抑圧してきた。(8) 青森・沖縄でも事情は同じだったが、戦後、多数の戦死者を出した地方農村や県民の四分の一を死傷させ本島が焦土と化した沖縄では、カミサマやユタへの依頼ごとが増し、戦前よりも戦後に巫俗が盛んになった様子さえある。沖縄のことは次の章で述べるので、以下では津軽のカミサマ信仰について概況を説明しておきたい。

東北地方のシャーマニズム研究

東北地方のシャーマンについては、民俗学と宗教学によって詳細な調査や論考が蓄積されてきた。いささか古いが、歴史民俗学者であった中山太郎の『日本巫女史』には、古代のシャーマニズムから神祇信仰や修験道、あるいはオシラ神信仰といった歴史的な信仰形態と巫女との関連が様々に論じられている。(9) しかし、史料批判を踏まえた口寄せ巫女の研究は堀一郎の民間信仰研究やシャーマニズム論を待たなければならなかった。(10) 堀は東北大学において宗教学講座の教授を務めたが、同講座の特徴は初代教授の石津照璽、楠正弘、華園聰麿へと続く宗教の現象学研究と現実態としての宗教実態調査を併行してやることである。楠正弘は『庶民信仰の世界——恐山信仰とオシラサン信仰』にイタコの成巫過程や祭礼の分析をまとめているし[11]、宗教学研究室に学んだ川村邦光はカミサンのライフヒストリー調査から巫者の精神史を近代の民衆史研究に拡張する仕事を行った[12]。そして、本章および次章で何度か参照する池上良正が、カミサマの包括的な調査から民間巫者の霊威が発現する宗教的次元を、カミサマの信仰史、地域社会・顧客・信徒との関係、地域史において明らかにしている。現在も東北大学の大学院生・学生たちが研究室の伝統を受け継いだ調査研究に従事しているようであり、筆者のムカサリ絵馬や花嫁人形の調査先でも丹念に調べていったという話を聞いた。いずれ学術的な調査報告がなされるものと思われる。

他方、宗教民俗学の領域においては日本民俗学の泰斗である櫻井徳太郎が、シャーマンの地域的分布や成巫過程、巫業の実態に関する総合的な調査をまとめている[13]。筆者は大学院生の頃、北海道大学の集中講義に来た櫻井徳太郎先生のホテルを訪ね、ムカサリ絵馬奉納の調査についてアドバイスを受けた思い出がある。絵馬奉納の起源や巫俗との関連を質問したのだが、筆者の社会人類学的な関心とはやや異なる回答をもらったように記憶している。当時、筆者は宗教儀礼の意味は家族・地域社会との構造的機能連関において明らかにしなければならないという発想に凝り固まっており、習俗や儀礼そのものを丹念に調査し、比較検討するという関心がなかった。それもあって、ムカサリ絵馬奉納に関する論文を一本仕上げただけで死霊婚研究からは足を洗い、新たなフィールドをタイに定めて、以後一〇年ほどはタイの地域研究をもっぱらにすることになった。

その間、第二章で紹介した民俗学者松崎憲三の『東アジアの死霊結婚』という編著が出版され、雑誌『宗教研究』において書評論文を書く機会を得た。それまでは東北地方のシャーマニズムとムカサリ絵馬習俗という日本の地域に限定した発想しか持っていなかった筆者は蒙を啓《ひら》かれ、東アジアの文化比較という視点を得た。しかし、民俗学の研究者が丹念に資料の収集・整理を行う領域で自分がやることは残っていないし、そもそも社会学的な研究にならないとの判断から、死霊婚研究への関心を残しながらも手をつけなかった。

ところが、岡村理穂子の調査後、弘前大学から修士課程に進学してきた永井敬子が平成一九（二〇〇七）年に「民間巫者信仰の継承——岩木山赤倉のカミサマを中心として」という修士論文を書き、池上の調査研究から二〇年後に津軽のカミサマたちの現在を報告している。(14) 永井の調査データを参照しながら、カミサマ信仰の現状を説明してみたい。

津軽のカミサマ

カミサマの聖地、赤倉から話を始めることにしよう。津軽平野に円錐状に聳える岩木山は霊山として崇められていた。登拝道は山頂から南東面についており、入口の百沢《ひやくざわ》には岩木山神社がある。同社は宝亀一一（七八〇）年に社殿を岩木山頂に創建したとの縁起を有する。歴代の津軽藩主が社殿を造営するなどして国の鎮護を司る神社という性格を与えた旧国幣社である。ほかの霊山同様に神社からの登拝が禁じられたために、北北東面の赤倉沢（通称赤倉）から登る山道が、行者や一部行をする女性により使用されてきた。

赤倉沢沿いには大正末期から建てられ始めた修行小屋が、カミサマの堂社として使用されるようになり、現在二八を算《かぞ》えている。カミサマになる前に多くの女性たちが赤倉沢で水行をはじめとする多くの行を積んできたわけだが、その赤倉に堂社を構えるというのは、カミサマとしての霊威をカミサマたちや信徒たちに示すうえでも意義深い。赤倉の堂社は昭和三十年代までに建築されたものが多く、その後は国有林内の建設という問題もあって新しい堂社の建築はない。

カミサマとしてのスティタス・シンボルであった堂社群は、現在維持管理が難しくなってきている。池上の調査時点であった一九八〇年代までは活気のあった堂社への参拝も漸減し、平成一八（二〇〇六）年の永井の調査では、赤倉の堂社で常駐型はわずか一、二社で、週末管理型が五、六社、無管理状態が七、八社見られたという。堂社の管理運営は、カミサマと彼女の家族・親族、信徒たちによってなされてきた。しかし、多くの堂社では創建時のカミサマは故人となり、二代目、三代目である子供や親族のもののうち、男性は神官の資格を取ったり、女性はカミサマの祭儀を行ったりしているが、堂社を守る人たちのうちで初代ほどの霊威を示せるものは少なくなった。したがって、カミサマの霊威を期待して最初から赤倉に相談しに来る人たちはそれほどおらず、また堂社につながっている信徒たちも初代についていた人は高齢化しており、おじいちゃんやおばあちゃんを連れて参拝に来る子供、孫たちの代になっている。

永井が平成一八（二〇〇六）年五月に調べた数カ所の堂社の管理状況は表3－9のようなものだった。

永井は昭和三一（一九五六）年に創建されたT堂という赤倉の堂社において参拝者たちにアンケート調査を行った。この堂社を守るのは二代目のカミサマとなった八七歳の高齢の女性だが、姑から受け継いでいる。初代は青森市内で多くのカミサマが修行したという石神神社から拝みの免状を得ており、T堂の信徒たちは石神神社の祭典にも参加し、石神神社の神主はT堂の大祭を手伝う関係である。大祭参加者、二〇〇人余りの信徒のうち、五一人の協力により、表3－10、11、12のような回答を得ている。

参拝者の平均像としては、三〇年以上信徒を続けている年配の女性とその子や孫たちという構成であり、信徒集団ごとに近郷から連れ立ってきている様子である。男性の参加が

表 3－9　堂社の管理状態

	A（女・80歳）	B（女・85歳）	C（女・48歳　B の息子の嫁）
堂社との関係	カミサマ	カミサマ	次期カミサマ候補
堂社の滞在頻度現在	ほとんど毎日	週の半分	呼ばれたときと，他に用事が無いとき
堂社の滞在頻度５年ほど前	ほとんど毎日	ほとんど毎日	ほとんど毎日
堂社の滞在頻度10年ほど前	ほとんど毎日	ほとんど毎日	ほとんど毎日
堂社の滞在頻度20年ほど前	一年通してほとんど毎日	ほとんど毎日	ほとんど毎日
主な仕事場（カミサマ業）	山	山：地上＝２：８	

	D（女・30代）	E（男・80歳）	F（女・42歳）	G（男・63歳）
堂社との関係	信者	神主	信者	信者
堂社の滞在頻度現在	年に１，２回	年に数回	月に数回	ほとんど毎日
堂社の滞在頻度５年ほど前	年に１，２回	月に数回	年に数回	来たことがない
堂社の滞在頻度10年ほど前	年に３，４回	週に数回	来たことがない	来たことがない
堂社の滞在頻度20年ほど前	分からない	ほとんど毎日	来たことがない	
主な仕事場（カミサマ業）				

出所）永井，2007，p.10より転載

表3－10　大祭参加者の属性

男性	女性	平均年齢	初参拝の平均年齢	カミサマを知った平均年齢
22人	29人	64.7歳	36.9歳	29.4歳

出所）永井，2007，p.18より筆者作成

表3－11　カミサマを訪ねた経路

親に連れられて	17
近所の人に聞いて	7
親戚に聞いて	10
友人に聞いて	8
その他	9
計	51

出所）永井, 2007, p.18より転載

表3－12　参拝者の居住地域

青森市	10
弘前市	5
平川市	7
五所川原市	4
田舎館村	4
その他県内	21
計	51

出所）永井, 2007, p.18より転載

意外に多いのは、T堂が赤倉でも一番奥にあるために自家用車の運転など男手がいるためという。田舎館村はカミサマの居住地なので、実際はここから来た人たちが多いと思われる。

大祭は石神神社の神主とT堂のカミサマが祝詞《のりと》をあげ、信者が玉串を奉奠《ほうてん》するという次第であり、その後直会《なおらい》の食事で終わる。信徒たちとその知り合いが常日頃の感謝のお参りを行っているものだ。必要があったときの相談事は、カミサマの居住地へ直接行くことになる。

永井は複数の堂社を調査しながら、堂社ごとの盛況・衰退の要因を考察

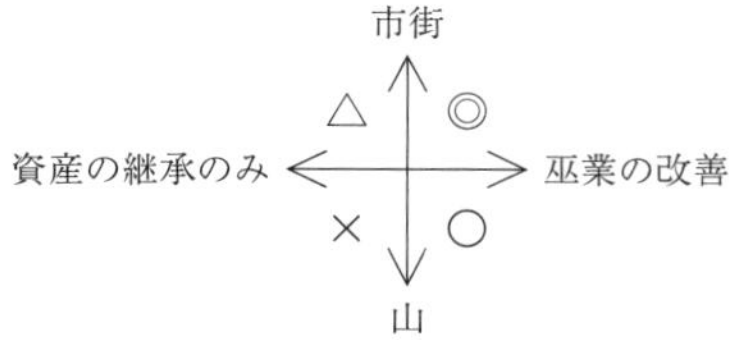

類型	堂社の場所	カミサマ業の状況	理　由
◎型	市街地のみ	盛況（月に200人）	初代カミサマ（11年前開業），完全予約制
○型	赤倉のみ	信徒の漸減（大祭は350人の信徒）	３代目神官（初代は伝説的カミサマ），カリスマの継承に難があるが教団化に成功
△型	市街地のみ	衰退傾向	初代カミサマ（40年前開業），霊威の衰え
×型	赤倉のみ	衰退から廃業へ	２代目カミサマ（53年前堂社建築），後継者なし（最後の大祭20人），家族が宿坊

図３－３　堂社の類型

出所）永井，2007，pp.20-29を参考に筆者作成

したが、彼女の類型に多少手を加えたものが図３－３である。全ての堂社がこれに該当するものではないが、現在のカミサマ信仰の様子を知る手がかりにはなるだろう。

○型の事例は、池上が巫業の宗教法人化として事例研究を行った赤倉で最も由緒を誇る堂社である。初代のカミサマは生前から銅像が建立されるほど信奉を集めた人物であり、行《ぎょう》の一行を引き連れていた際に一行を救い、自分だけが濁流にのまれ亡くなった。最盛期数千人の信徒を有したこの堂社も、二代目のカミサマが霊威を持ちえなかったことから、むしろ教団化の方向に努力した。神道の祭式を導入、宗教法人格の取得、地域ごとに信徒組織を形成し、そのリーダーをカミサマが束ねる仕組みにした。その結果、勢力を維持することに成功したが、創業家と会社の取締役会のようにカミサマの一家と古参信徒たちの関係を調整することに苦労するようだ。

なお、永井は三代目、四代目候補の青年に聞き取り調査を行っているが、カミサマ稼業はけっして儲かるものではなく、初代の名声とはうらはらに二代目夫婦はカミサマ業を手伝うだけではまったく食べていけず、どちらも岩手県に働きに出ざるをえなかった。三代目も夫の神官としての堂社稼業だけでは生活が難しく、妻が公務員の給与から持ち出して支えてきたことを報告している。

多くのカミサマは初代で巫業を終えるのが普通であり、カミサマが高齢化して霊威を示すことができなくなると顧客は離れる。堂社を建築したほどのカミサマだからこそ、堂社や信徒組織の継承という問題が発生するが、カミサマの子供や親戚のものがカミサマの素質を持つ例の方が少ないので容易ではない。赤倉のカミサマたちは総じて後継者問題を抱えているといってよさそうだ。×型のように衰退に向かう堂社が半数を超える。

他方で、市街地にあって商売を繁盛させているカミサマも存在する。◎型のカミサマは勢いがあるということもあるが、相談のやり方を抜本的に変えた点で注目に値する。それは相談の完全予約制という巫業のイノベーションである。現在でもほとんどの場合そうだが、カミサマを相談事で訪問すると、すでに居間には数人、多いときには一〇人以上の相談者が膝を詰めて順番を待っている。カミサマがこれはこうだという見立てを説明していく。相談者の話は一同筒抜けであり、プライバシーなどはない。だからこそ、遠くのカミサマに観てもらいにいくのが普通なのだが、現代人にとってこのやり方は耐えがたいものがあるのかもしれない。電話で予約すれば、その時間帯はほかの客と顔を合わせることなく、カミサマから一対一で話が伺えるというのは、カミサマを独占できる気分もあって相談の甲斐もあろうというものだ。

実は同様の話を弘法寺の住職からも聞いている。弘法寺では従来、人形供養の祭典を年に一回、人形供養祭ということで近隣から僧侶も招いて手間とお金をかけて祭式を行ってきたが、平成一八（二〇〇六）年頃にはやめたという。その理由は、集合的な儀式に参加する家族が年々少なくなり、電話で供養の予約を個別に依頼してくる家族が増えてきたためだ。僧侶としては読経の中身に変わりはなし、むしろ、応援の僧侶を頼んで盛大な法要を行った方が故人も喜ぶと考えるのだが、依頼者は個別に対応してほしいらしい。

カミサマにも個別対応が求められる時代になった。カミサマの相談をカウンセリングと考えれば、なんの不思議もないことなのだが、おそらく顧客の満足度を上げることで別の問題が生じてくるようにも思われる。

一つは、依頼者はカミサマの自宅や堂社においてカミサマが語る人生観や因縁罪障の捉え方といった宗教的世界観を皆で学ぶ機会を失う可能性がある。大勢でいれば、待っている間に同じような悩みや問題を抱えた人へのカミサマの言葉や対応を繰り返し学び、自分の番にはカミサマの話を聞ける態度になっている。それが分からなくとも周囲の人がこれはこうという助け船を出してくれる。ところが、個別対応であれば、顧客が満足できなければそれで終わりである。もう一つ、カミサマにとっても学習しない一見《いちげん》の客とたいして変わらない客のままであれば、いつまで経っても客は上顧客のままで信徒に変わっていかない。一見すると巫業のイノベーションのように見えなくもない予約制が、カミサマの世界観を人々に伝えない点では、将来的な顧客の枯渇という問題をはらむように思われる。

ともあれ、カミサマを取り巻く環境は少しずつ変化しているようで、昔ながらの巫業では限界があるのかもしれない。人生の危機を家族や地域共同体を単位として乗り越えていく心の構えはカミサマ信仰においても薄れてきている。この点は花嫁人形奉納も同様であり、結婚や家督相続といったありうべき人生の補償的な儀礼の位置から、奉納者の心情をいかに癒すかという供養儀礼に重心が移ってきている。

最後に、カミサマ信仰と供養儀礼における救いの問題に考察を進めよう。

カミサマと死者供養

池上は地域の人々が人生において直面する様々な困難に対して、カミサマがどのように救いの手を差し伸べているのかについて、次の三点にまとめている。

①　運命観による救済。依頼者の個別の運勢を神霊により占い、アドバイスを行う。いたずらに依頼者を喜ばせることよりも困難を受け入れ、自らの運勢を転換する努力を促す。

②　共振。依頼者の悩み、運勢に潜む過酷な将来に対して、カミサマ自身も具合が悪くなるという身体的水準で共感し、依頼者の口説く話をじっと聞いてアドバイスを行う。

③　怨念の感得とその解消。依頼者が抱える問題の災因には、動物（狐、蛇など）や土地の霊の祟り、あるいは系譜に連なる親族の怨念、地域社会における嫉妬等が災いしていると判示し、諸霊への無礼を詫びたり、先祖の霊を供養したり、日頃の行いや態度を改めることなどが示唆される。

①についていえば、高島易断の暦や一般的な処世訓などではなく、自分にだけあてはまるアドバイスを欲している人は昔も現在も多い。神社のお祓いや寺院の先祖供養において

も、わざわざ祭礼の日をはずして個別に行ってほしいと依頼に来る人たちが少なくない時代である。カミサマは元来が個別相談に応じているが、応談の形態に変化が見られることはすでに述べた。

②の共振という行為は、通常のカウンセラーの言葉だけの共感とは異なり、カミサマは先祖や神霊の依り代として苦しみを引き受け、霊威により解決する。しかも、依頼者の苦労など全てしてきたというカミサマであればこそ分かってもらえるという安心感がある。

③こそカミサマでなくてはできない問題解決の方法だが、カミサマが口にする因縁罪障の概念が、近年は動物霊・地縛霊から、先祖の祀りや近親者の供養などに変わってきたという。池上は土地の霊性から系譜の霊性に霊威を現す場の変化を指摘している。

このようにカミサマが依頼者や信徒に与える救済について考えてみると、①②③とも現代人が求める癒しの需要に十分応えるものであることが分かる。だからこそ、エキゾチックな雰囲気すらある津軽のカミサマを尋ねて、都会人が相談事に訪れたり、テレビ局の取材が入ったりすることもあるのだ。ただし、カミサマとの接し方が分からない都会の人がいきなりカミサマ宅を訪ねてアドバイスを請うても、期待はずれに終わることが少なくない。

カミサマは何しろ津軽弁で話してくれるし、宗教的な言葉に解説はない。周りの人々のアドバイスを得て、これはこういうことというのが分かる。これはユタの訪問でも同じことだ。しかも、供養や行、態度の改めといったことをいわれる。癒しの言葉だけ、共感共苦してくれることだけを期待した人には、厳しい言葉が与えられるだろう。

池上は、妬みや恨みという感情、祟りや障《さわ》りといった説明の仕方に互酬性の論理があるのではないかという。つまり、世の中一人勝ちが許されない、もらったらお返しをするのが共同体の生活規範である。未婚の死者供養においても、自分たちだけが幸せな暮らしをして申し訳ないというい方が聞かれることがある。また、人生において順風満帆のときだけであってよいわけがない、うまくいっているときほど身を慎んで用心するに越したことはない。逆に、どうしてこんなに悪いことばかり続くのかというときには、堪え忍んでいればいいめぐりが来るという期待を持ってよいのだ。このようなカミサマの世界観が顧客を含む地域社会や同時代で閉じることなく、理不尽な世のなかや賢《さか》しらで高慢なものたちへの呪詛《じゅそ》と、立場が逆転した世界へ転換する願いを強めたときに、彼女たちはカミサマから一派を立ち上げるだけのカリスマ的宗教者へと変貌を遂げる可能性がある。事実、行や神霊の力により霊威を得たカミサマたちが数千人規模の信徒＝顧客集団を率いた例もある。

しかしながら、互酬性規範はあくまでも共同性が期待できる社会や時代においてこそ処世の態度として意味があるが、現代のグローバル化した経済社会において失業・零落を経験している人々や、結婚・家族の価値観が大きく変わるなかで結婚難に直面する地方の若者には、あまり訴えることがないかもしれない。ただし、大きな社会のうねりのなかで自己の位置を捉えることができなければ、依然として互酬性規範に沿って生きていくことは人生観として間違ってはいないのだが。人と人との関係が希薄になった現代だからこそ、カミサマのいうような互酬性規範への懐旧もあるかもしれない。「三丁目の夕日」のコミックや映画の世界のように。

ところで、池上はカミサマの宗教的技法として祓いと供養という二つのやり方をあげ、悪・埃《ほこり》を祓うだけではなく、供養にも悪い因縁を切る呪法的側面があることを強調している。因縁罪障を切る特別なやり方を顧客や信徒に指示するカミサマがいるという。花嫁人形の奉納という供養も、「現在の家族の幸福を守るために、妨害する死者の怨念を排除することに力点が置かれていたと見られる例もあり……厄介な死者との関係性を断ち切る技法ともみなしうる」という[15]。そこであげられる事例は戦死者への奉納である。

ムカサリ絵馬奉納同様、祟り・障りと解釈された後、奉納するような事例はこれに該当しよう。しかしながら、実際にはカミサマ等巫者を経ることなく奉納する親の方が多いし、カミサマの勧めであっても、一度奉納したら終わりではなく、何度も参拝に訪れる人が少なくないことからも、縁切りの技法とはいえないのではないか。

むしろ、喪に服し供養する適切な方法が見つかったことで心の安定を得て、生活の立て直しが進む面もある。因縁罪障というからには切らなければならないが、家族との関係性を切ることを望まないものが大半かと思われる。実のところ、カミサマ、巫者の仲介と花嫁人形奉納の関係は微妙であり、池上の解釈が成立するコンテキストと、それよりも死者供養の現代的な形態とみなしてよい側面とが混在しているのが実態ではないだろうか。

第四章　沖縄の冥婚習俗と祖先崇拝

一　沖縄と東南アジアを比較する

タイと沖縄

筆者が沖縄を最初に訪れたのは平成七（一九九五）年の第五四回日本宗教学会大会の折であり、沖縄国際大学が会場校だった。国際通り付近に宿を取って宜野湾市のキャンパスまで、毎日首里を経由するバスで小一時間揺られて通った。この年は南部戦跡めぐりをした。翌平成八年にも第六九回日本社会学会大会が琉球大学であったので、今度は中部の沖縄市を経由して名護、北部、今帰仁《なきじん》城跡をめぐった。ちょうど琉球大学に筆者のタイ研究仲間の鈴木規之教授がいるので、研究打ち合わせを兼ねて、その後も三、四回ほど沖縄に通うことになる。

城（グスク）や御嶽（ウタキ）をめぐって沖縄の霊性にふれつつ、沖縄の新宗教である「いじゅん」の高安龍泉総主を訪問したり、北部の大宜《おおぎ》見《み》村《そん》に世界救世教いずめの教団（当時はMOAの自然農法農場）を見学したりと、広く沖縄の宗教文化を学習していった。本来であれば、ノロやユタなどの民間巫者を訪ねるべきだろうが、その機会はなかなか得られなかった。

沖縄は、その風土に魅せられた人たちの歴史だけでも文化史研究ができそうなくらい豊穣な文化と歴史性を備えた土地である。調べれば調べるほどその思いを強くするのだが、初めの印象は少し複雑だった。当時の調査フィールドだったタイと似ている、違和感がない。屋台と外食文化、賑やかな往来と会話、家屋と街並みがつながっているような感覚があった。ひと言でいえば開放的である。山がちな東北地方で育ち、北海道に長らく暮らしている筆者の故郷とはまったく違う。東北は、冷涼な気候と複雑な地形によって個々の家や集落が区切られている。その孤立した空間にこもることで安心が得られる感覚がある。

沖縄社会を日本の本州とタイを結ぶ中継地点と考えたのは直感だったが、同じくタイを含む東南アジア・東アジアの民族調査に従事した比嘉政夫の著作を読むと、的をはずしていないとの思いを強くした[1]。双系親族関係が地域社会に広がるシマ社会の沖縄は、親族に包み込まれてしまうような薄い境界しかない家族の観念や機能の点において、親族・地域レベルの強い共同性を有する東南アジア社会に似ている。家族・親族は具体的な交際・生活共同の圏として存在しており、状況や利害関係に応じた協力関係を維持している。簡単にいえば、人口が疎で陸上・海上へ移動可能な集団において頼りとなるのは、労働力としての人、具体的な社会関係でしかない。ところが、人口が稠密で長い定住の歴史を持つ集団においては、社会関係が構造化され、観念化・規範化された家族・親族概念が社会的結束を作り出す。

日本の鎖国時代に、琉球王府が東南アジアとの交易により繁栄を享受し、中国・韓国の王朝から宮廷文化や宗族の父系血縁集団の組織原理を導入して士族階層に氏の原理を持ち込み、中南部の百姓の階層にまで拡張したのが、現在の門中制といわれている。これもまた、未開の地を求めて自由に森林や海洋を移動していた民を、ヒンズー教やイスラーム教の王権・身分制によりつなぎとめた東南アジアの諸国に似ていなくもない。

元来が双系社会であるところに父系出自集団や男女のジェンダー規範を持ち込まれると、ねじれた価値や規範意識の表出が見られる。タイと沖縄にはこの点で共通点があるようにも思われる。タイでは華人系タイ人が明確な父系出自集団を形成するが、主要民族である中部のタイ人や東北部のラーオ人は姓のみ父系制であり、居住制は妻方居住になる。男子は籾のようにどこへ蒔《ま》いても芽を出せるので生家を離れ、女子は白米として家の側に置き、婿を取るのだといわれる。耕作可能な土地をいくらでも探せた時代に、農地の継承をめぐって厳格なルールを作る必要はまったくなかった。力のあるもの、男子には運試しの旅に出ることすら奨励された。

農民以外でも、政治（役人、軍人等）と宗教（比丘）は男性の領域、経済（行商、売り子）と家内工業（織物等）は女性の領域とされた。命令し、法を説くのは男性の役割である。しかし、それまでだ。タイの女性には相続する家産、生業・就業、親族関係に裏打ちされた逞《たくま》しさがある。性別役割を意識したふるまいが女性には求められるが、大学進学、就業の面で男女を理由に区別はなく、女性でも能力があれば進学し、自分の稼ぎを持つことがあたりまえと考えられているのがタイである。(2)

女性が強いと男性が弱くなるのは世の常というか、バランスの問題であり、稼ぎのある女性が、気働きはするがお気楽な男性を養っていることも珍しくない。おそらく農耕社会であった時代の庶民の家族はこのようなもので、「男だからエライ」などといおうものなら「妻子を不自由なく食わせてからいってみな」と切り返されるのが落ちだろう。それが、定住社会化・階層社会化するなかで暮らしがそれなりに安定し、人々が家族・親族、地域社会の編成原理に家父長制やジェンダー規範を用いるようになると様々な軋轢《あつれき》が生じるのである。その軋轢に対するクッションの役割を果たしたのが伝統宗教だった。歴史宗教は仏教、キリスト教、イスラーム教を問わず、民族宗教においてもユダヤ教、ヒンズー教、神道、すべからく家父長制的規範を教説に潜ませている。それに対して庶民の民俗宗教や精霊崇拝、ここに巫俗も入れて差し支えないと思われるが、女性の宗教的役割や社会的役割には、ジェンダーへの柔軟な解釈と平衡感覚が認められる(3)。

ただし、支配層が定めた規範や価値観は制度宗教の側にあるので、民俗宗教に生きる民間巫者たちが支配的な規範概念をことさら語り出すことで自らの正統性を主張し、社会的役割を求めることもありうる。実に沖縄の場合、制度宗教は門中や一門の先祖を祀る祖先崇拝であるために、先祖の霊威を借りてユタが家族的規範を語るのだ。本州では仏教寺院が檀那寺となって先祖祭祀の領域を独占したが、沖縄の寺は檀家を持たない祈願寺や布教所である。キリスト教、新宗教も立場は同じで、信徒獲得を同じ土俵で競う教団宗教である。したがって、沖縄の宗教文化研究においては、沖縄の民俗宗教である祖先崇拝とシャーマニズム、それに外来宗教である教団宗教がどのように接触し、土着化の方策を探ったのかが大きな研究テーマになってきた。このような沖縄における宗教構造は、筆者が沖縄社会におけるシャーマニズム、とりわけ冥婚に関与するユタの役割を考える際に基本的な前提として述べておきたい(4)。

シャーマニズムと長寿社会沖縄

本論に入る前に、もう少し沖縄のシャーマニズムについての視点を紹介しておこう。平成一一（一九九九）年に少子高齢社会の研究で著名な金子勇北海道大学教授（筆者と同じ社会システム科学講座）の科学研究費調査に筆者も加わり、沖縄の宗教文化と長寿社会の関係を調べるという分担研究を引き受けることになった。なぜ、このようなテーマの設定がなされたのか、宗教に関心のある方も高齢社会に関心のある方も怪訝《けげん》に思われるかもしれない。ここでもタイとの比較から入っていこう。比較するのは社会学のイロハである。

タイでも高齢者の問題が近年論じられるようになった(5)。タイの農村部を歩くと達者な老人に出会う。強烈な日射に真っ黒く焼け、激しい労働により鍛え上げられた肉体の持ち主である。八〇歳を過ぎると皮膚にたるみが出てくる感じがするが、それでも丈夫だ。長寿者が目につくにもかかわらず、タイ人の平均寿命は日本人より一〇歳ほど下回る（二〇〇九年で七三・一歳）。郡に一つしか病院がないような医療状況では、達者な人以外には高齢者になれないし、このような人はだいたいにおいて寿命も長い。食事も成人病を併発するほど西欧化された段階に入っていないし、農業中心のゆったりした生活は高齢者が長生きするのに都合がよい。しかも、村の生活は様々な仏教儀礼、土地の年中行事に彩られており、これらは老人の知恵と技術なしに執行することができない。生業から離れ、孫相手に暮らしている老人も、宗教儀礼の担い手として村では重要な存在である。それ故に青年・壮年世代からも一目《いちもく》置かれ、年輩者を尊敬する文化が仏教によって常に補強されていることから、高齢者は年寄りであることになんら引け目を感じていない。自然の成り行きとして歳をとり、知恵と経験を身につけ、また、それを役立てる場所を有している。

しかし、こうした高齢者を取り巻く社会・文化環境も、先に述べたように急激な変動にさらされている。少子高齢化である。二〇〇〇年の全国平均出生率は一・八二、バンコク都（首都の行政区）は一・一二である。まだ農村部に暮らす人々は人口の三分の二にのぼるが、早晩、子世代は都市生活者となる。現在、高齢者の問題として論じられているのは、介護を必要とする高齢者と、介護する人を欠いた農村コミュニティの問題である。

沖縄社会も同様の社会変動によって高齢者の生活は今後変化せざるをえないのだが、本州の限界集落（六五歳以上の高齢者が人口の半分を超し、地域の生活維持機能に支障が出てくる水準になる）に暮らす高齢者や都市の孤立した高齢単身世帯の問題は、まだ顕在化していない印象がある。そのために、日本一の長寿県沖縄における高齢者の生活を研究することで、高齢者の役割と生きがい創出を目指す福祉政策のヒントを見いだそうとする研究が行われてきた（表4－1参照）。筆者が関わった研究もその一部だったわけだが、筆者の担当領域でははかばかしい所見が見いだせなかった。それよりも、意外な研究がなされている

表４－１　沖縄県の平均寿命・長寿率・百歳以上長寿率

	平均寿命		長寿率		百歳以上長寿率	
	男	女	男	女	男	女
全国平均	76.04	82.07	1.36	2.34	1.07	4.09
沖縄県平均	76.67	84.47	2.54	5.11	2.84	23.25

注）超長寿率：65歳以上の高齢者100人中，90歳以上の高齢者数
百歳以上長寿率：人口10万人あたり高齢者数
出所）厚生省『1990年都道府県別生命表』，総務庁『国勢調査』，財団法人長寿社会開発センター『沖縄長寿総合調査報告書』（1997，pp.5-７）より転載

ことに驚いた。長寿社会とシャーマニズムの関係を考察した研究が予想外に多かったことだ。これらの知見を紹介することで、沖縄の宗教文化と沖縄の人々の暮らしの一端が見えてくるのではないかと思う。平成一一（一九九九）年一二月と平成一二年三月に行った短期調査で収集した資料、インタビューを用いながら、この章を展開していくことにしよう。

沖縄の長寿社会に関する論考

沖縄県は平成七（一九九五）年八月に「世界長寿地域宣言」を出したが、平良一彦が村落レベルの長寿の秘訣として、大宜味村の高齢者の特徴を以下の七点にまとめている。[6]

①　温和な気候、伝統的食生活、自然と共生した生き方、感染症や風土病の防止、地域援助（ユイマール）

の存在、分け隔てなくつきあう（イチャリバチョーデー）という精神風土

②　一〇〇歳以上は全国の四倍

③　少ない食塩摂取量　肉類は秋田農村の三倍、豚、野菜の摂取

④　血清アルブミン　低下しない

⑤　生涯現役、高い就労率　屋外での活動が可能　畑仕事　芭蕉布の糸つむぎ

⑥　生産的な老後が大切

⑦　食生活の見直し　社会参加を保証する仕組みの提言

鈴木信は、沖縄の長寿には遺伝的要因に社会的環境要因が重なっているという。つまり、家族・親族・地域の親密な結合、同郷人意識の強さを指摘し、その例としてシマ社会、門中制度、模合《もあい》、地域・家庭における年中祭祀の存在をあげ、その結果、高齢者が孤独にならないという。それに加えて、沖縄には長寿者を尊ぶ慣習がある。カジヤマーという九七歳の祝いでは、かつては高齢者の枕元に飯が備えられる生前葬に似たような儀礼が行われ、翌日生まれ変わった人として盛大な長寿の祝宴が開かれた。現在でも祝いがなされている。また、長寿で亡くなった人の葬儀で豚を殺して食べるなど、日本の在来のものと違うやり方が報告されている[7]。

しかしながら、『新沖縄文学』は昭和六一（一九八六）年に「長寿県沖縄の歓び・哀しみ」と題した特集を組んだことがある。崎原盛造が「都市と農村の老人」において、過疎化した農村の老人は適度に農作業、家事、近所つき合いなどすることがあり、自立した生活を送っていることを紹介するが、[8]他方で島尻澤一は「寝たきり老人と家族」において、[9]神里博武は「老人を襲う風雨」のなかで、[10]長寿を単純に喜べない理由として、介護の負担が家族、とりわけ女性に重くのしかかってくることをあげている。沖縄の人自身、長寿社会における光と陰を意識している。

さて、長寿社会沖縄の死生観の問題に直接取り組んでいるのが大橋英寿の研究である。社会心理学者の大橋は、沖縄における精神的疾病を経験した中高年女性がユタとなる成巫過程や、同じく同年代女性の心理的なストレスへの対応策としてのユタコーヤー（ユタ買い）を研究している。長寿とシャーマニズムの関連を探る研究において、「ここで注目するのは、沖縄の主婦達の日常的な祖先祭と祖霊信仰を支えている固有のシャーマニズムである。それらは家族・親族のなかでの中心的役割と生きがいを彼女たちに与えており、この世とあの世の連続性についてのリアルな観念を培っている。そうした事実と観念が精神的な安定と、死をめぐるストレスの緩和に少なからず寄与し、長寿の背景要因をなしているのではないか」という仮説をもとに調査し、以下の論点を提示した。[11]

①　沖縄のシャーマニズムの死生観と倫理観　祖先崇拝が中心

②　病と死をめぐる伝統的対処システム　「沖縄シャーマニズムの場合、時間コスモロジーとしての〈家―ヤシキ―シマ―異界〉が重要である。個々の症状がこれらコスモロジーのネットワークに投影され、原因が帰属され、意味が付与される。疾患を除去するのではなく、自己受容できる内的体験として意味づけられることに主眼がおかれている」

③　高齢者の信仰と死生観　「部落の守護神をまつる神役は女性であり、家庭においても主婦に祭祀権が委ねられた」。「沖縄は社会体制においては男性中心、祖先・神に対する祭祀については女性を中心とする形態を現在まで残してきた」。「日々の、あるいは年間を通しての祖先への祀りごとはすべて長男の嫁を中心に行われるのが常である。したがって、長男嫁が日頃の祖先へのウチャトー（毎日お茶をあげて祈ること）の役割を持つ」。「老人達の関心は、死そのものや死ぬまでの過程よりも、死後の状況の方により向けられている。死後の問題とは、具体的には墓やシービチ（祀りごとの責任を担う人）の問題であり、祀られるものとしての自分に対して、家族や周囲のものが確実に役割を遂行してくれるかどうかについての確信・確約も含んでいる」。「その確約を得るためには、老人達は所有する財産や金銭の全てを惜しまない。その意味では、

財産や金銭は、一種の約束のための保証金であり、シービチを明確にする根拠であり、ときには老人達の謝礼の気持ちであるとみることもできる」

要するに、沖縄の人々には自身の家族内部に発生した問題を外部化することが可能な信念体系が存在するということだ。いわば無数の要因によって生じた問題に頭を悩めることなく、拝みさえすれば問題が解決できると安心でき、ストレスを軽減できる。そして死を考える年代になっても、漠たる死の恐怖に苛《さいな》まれるのではなく、死後の祀りという具体的な問題に思いをめぐらす。自分たちの祀りを行ってくれる人を確認することで、グソー（後生）の安心を得られるという、これも自動的な問題解決の道ができているために、死んだ後どうなるのかという人間の根元的な不安に直面しなくとも済むわけだ。

大橋はさらに、「ウチナー・オバアの威厳と長寿」という論文で、「オバアの威厳・風格の源は、沖縄の宗教である祖先崇拝の担い手として、オヤファーフジ（祖先）とクアンマガ（子孫）をつなぎながら、家族や親族を護っているという自負の自覚だと思われます」とし、大橋自身が名づけたウートートー療法、ウガン療法の効用を説く。「あくびをしたり、祖先がユタに憑いてユタが唱ったり泣きわめいたりすることで、ユタは健康を維持しているのです。特に、成り立てのユタ、すなわちミーユタでは、トランスのような変性意識状態にはいることが健康を維持していくために必要不可欠なのです。ウートートーしているオバアはどうだろうか。基本的には同じだと思います。一日、一五日に変性意識にはいって、チムワジワジ（気がかり）を発散させてリフレッシュしているのです。そうだとすると、これは一種の見事な精神療法であります」と述べている。[12]

沖縄では高齢女性の宗教的役割が大きい。役割が生き甲斐になるとの立場をとれば、これは意味があろう。祈り、拝みの心理的効果も特筆に値するというのが大橋の説である。長年、沖縄のシャーマニズムを研究してきた大橋だけに傾聴すべき説とも考えられるが、ストレス解消の技法よりも、拝みがユタにより迫られる規範と現実のギャップこそがストレス源として問題化されなければいけないのではないか、と筆者は考えたい。女性の家族内の地位や宗教的意味づけに関しては、現代女性ならずとも納得のいかない面もあろう。

そのような拝み、儀礼の一つとして、グソー（後生）・ヌ・ニービチ（結婚）を考察していこう。

二　グソー・ヌ・ニービチ

後生の結婚

筆者は残念ながらこの習俗を実際に観察したことがなく、またこの儀礼を執行したユタや遺族の話も採集したことがないので、文献研究になることをあらかじめお断りしておきたい。

沖縄のシャーマニズムにおいても、櫻井徳太郎によるユタの成巫、マブイグミ（魂籠め）やヌジファ（抜霊）の巫儀次第の調査が民俗宗教の儀礼研究としては詳しいものだが、グソー・ヌ・ニービチに関しても優れた考察を残している。この節では櫻井徳太郎の調査報告に沿ってグソー・ヌ・ニービチの概略を説明しよう。(13)

典型的な例を述べれば、家族でなんらかの問題が発生する。ユタを訪ねる。ユタがハンジ（判示）を出す。親族のうちに離婚した女性で亡くなったものの霊が先夫のもとに帰りたがっている。女性は一人でいてはならぬもの。夫婦同甕ともいうように生きている間も一緒、死後も一緒でなければならないといった話を依頼者が聞いて、ユタの指導の下に、女性の位牌・遺骨、あるいは香炉の灰を女性が戻っている実家から婚家へ移動させる。遺骨を移動するというのは、元の夫の墓に入っている夫の骨甕《こつがめ》の右に女性の骨甕が置かれることである。その際、元夫の再婚した配偶者の骨甕があっても差し支えないという。この女性が婚家に男児を残して実家に戻ったような例において挙行例が多いと櫻井徳太郎は聞いている。そのほか許嫁であったもの、恋愛関係にあって夭逝したもの同士の場合も、位牌（トートーメー）同士を娶《めあ》わせる（ニービチ）例があるとするが、民俗宗教研究者の丹念な事例採集にもかかわらず、二十数例に満たないところから、例外的な習俗ではないかという見通しを述べている。

結論として、グソー・ヌ・ニービチという冥婚習俗は、文化構造として沖縄のグソー（後生）観、つまり、夫婦同甕の規範意識と、女元祖（イナグガンス）排除の原理が由来する門中制の家族原理が、死生観に投影されたものと櫻井徳太郎は考える。女元祖排除とは、女性は必ず婚出しなければならないという規範意識であり、女性が家族の血縁を継ぎながらも他家の男性の血縁を入れることを忌む発想である。これについては後述する。

家族内部の問題が、実家に遺されたオバの位牌・遺骨の処遇に関連づけられ、「夫のもとで安らぎたい」というユタによるハンジ、シジタダシ（規範的な系譜関係からの逸脱の指摘）を妥当なものとして家族は受け入れる。もちろん、オバはもとより、元夫あるいはその配偶者も亡くなり、しばらく経った後でなければ、先方の家もグソー・ヌ・ニービチを行うことを承知しないと思われる。ともあれ、頃合いを見てユタは死霊の障りを鎮めることで、家族や相続に関わる規範を維持しようとしている。

櫻井徳太郎は、グソー・ヌ・ニービチが未婚の夭逝者に対して一般的になされる供養儀式としての側面よりも、離縁の妻に対してのみ挙行される点に注目して、この習俗を冥婚と呼ぶことは自然ではないとまでいう。つまり、単純に考えてすでに結婚を経験し、多くの場合離縁したとはいっても子供を残しているのであれば、無縁になるわけではない。わざわざもう一度結婚しなければならない理由はまったくないのだ。また、若干ではあるが夭逝者の死霊を慰める事例もあるにせよ、男女の間に結婚の約束が交わされていたような事例に限られ、子供が結婚したかったはずという自然な感情の発露から執行された事例がほとんどない。しかも、事例の大半がユタによるハンジ、シジタダシにより執行されており、ユタによるヌジファの特殊形態と考えられなくもない。

このように冥婚とはいいがたいが、後生の結婚と称する習俗に対して、櫻井徳太郎は不自然さを指摘する。筆者もまったく同感である。琉球王府が村落社会レベルに門中制を制度化しようとする過程で、ユタが自らの地位を確立すべく積極的に規範的価値を語ろうとした一つの形態がこのグソー・ヌ・ニービチではないか。巫俗の成立した歴史的・社会的背景抜きに、この習俗の正当な評価はできないように思われる。

ユタの規範的家族観

ここでさらに、グソー・ヌ・ニービチに関して、ユタの語る彼女らの世界観を通して考察した新垣智子の研究を紹介しておこう。ユタがグソー・ヌ・ニービチを必要と考えるパターンは次の五つに限られるという[14]。

① 正式な婚姻関係にあって長男をもうけ、離婚し、その後再婚していない場合。
② 正式な婚姻関係にあって長男をもうけ、離婚し、その後女性が再婚した場合。
③ 正式な婚姻関係はないが、長男をもうけた場合。
④ 正式な婚姻関係にあって子供がなく、死亡した場合。
⑤ 正式な婚姻関係にあって子供がなく、離婚し、その後再婚していない場合。

五つのパターンに共通しているのは、離婚をして亡くなったか正式な婚姻関係にないので夫の家の墓には入ることができないという大前提と、長男をもうけたかどうかという副次的な前提である。そうすると、一見しておかしいのは②と④であり、女性は別の男性と婚姻関係を有するか、あるいはそもそも離婚していない。②は再婚先でその家に元からいた子供たちに祀ってもらえない事情でもあったのだろうか。新垣は特に言及がない。あるいは、子供がないまま亡くなった妻の位牌や遺骨がなぜ婚家に戻っているのか。これに対して新垣は、男子を産めずに死亡した女性の位牌や遺骨は実家に返された例があったという。嫡子を産めないだけでも離縁する理由になった時代において、離縁されずとも、その後夫が後添いをもらうようになれば、前妻の遺骨や位牌が返されたということなのだろう。それでも、死後は夫婦同甕の論理から、死後夫のもとに戻らせるのが本筋とユタはいう。

しかし、女性側の親族がユタのハンジやシジタダシをそのままに受け取って、元の夫の家にこういうわけだからとかけ合っても、夫側が女性の位牌や遺骨の引き取りを拒否した例がある。その対処方法として、ユタは霊威を用いて、「相手側にシラセを入れる」、「ヒヌカン（火の神）を通して神役場に報告して許しを請う」、「御願不足は夫側にかかってくる」などと語るらしい。

新垣は離婚や不妊のまま亡くなって誰も祀り手がいない女性の霊を救い、祖霊に昇格させるべく、死後の女性の帰属先を変更するシステムがこの習俗ではないかと捉えている。それは実家の位牌系列や自身の子による祀りという血縁的な親子関係よりも、かつての夫という夫婦関係を優先させる原理があるからで、むしろ、沖縄社会の夫婦関係の強さを表してはいないかという。

しかし、女性の側に視点を据えた新垣の解釈にはいささか無理がある。離婚の原因がなんであれ、女性は婚家側の墓に入るしか祖霊化の道がないのであれば、門中制正当化のイデオロギー的機能をグソー・ヌ・ニービチに見る方が自然である。また、移葬された元の妻の骨甕は、夫の墓にすでに納められている妻の骨甕と並ばざるをえない。沖縄では後生も現世の反映と考える死生観であるなら、ここに現世なみの感情的葛藤が想定されないのであろうか。先妻と後妻の二人は夫を挟んで仲良く黄泉《よみ》の国で暮らすことができるのだろうか。死別ならともかく、男性に原因があったにもかかわらず離婚を強いられたような場合や、女性自ら別れたような場合に、女性にとって死後同じ墓に葬られるのは不本意ではないだろうか。この習俗は離婚した女性だけがあえて甘受しなければならない儀礼であるとするならば、ここには、新垣の意図に反して、過酷な男系血縁重視の家族原理があると、女性の視点から読み取ることすら可能である。

なお、新垣は沖縄本島だけではなく、宮古・八重山地方におけるグソー・ヌ・ニービチの実態も調査し、グソー・ヌ・ニービチは沖縄本島の関係者と本島のユタを介した事例しかなかったと述べる。この事実からも、沖縄中南部における門中制の規範化・制度化に習俗の発生・発展因を考えてもよさそうだ。もちろん、新垣も述べるように、グソー・ヌ・ニービチには異なった原理の混在も見られ、必ずしも一つの原理だけで説明しきれるものではない。

さて、沖縄本島の位牌祭祀において、①タチイマジクイ（他系混合）、②イナグガンス（女元祖）、③チョーデーカサバイ（兄弟重牌）、④チャッチウシクミ（嫡子押し込め）が忌避されるという。押し込めとは、次男が長男に代わって家を継ぐとか、庶子を嫡子にしてしまうといった例である。一つの家には嫡子しかいられない。次・三男、女性のキョーダイは家を出るべき存在なのである。そうすると、なんらかの理由で家に残ったり、戻ってきたりした女性はあるべき家族の形を壊したものとなり、そのような女性が災因とされる。災難をもたらす死霊を適切な方法で供養し、因縁を切るというのがユタのやり方である。その意味では、ユタは女性蔑視の考えがあって離婚した女性を問題視しているようにも見える。他方でそのような女性を沖縄社会の家族規範のなかで祀る可能な手段としてグソー・ヌ・ニービチを考え出したという意味では、この習俗も一つの救済儀礼となる。しかし、女性や次・三男を勝手に貶《おとし》め、恣意的な救いの儀礼を勧めているという批判も出てくるだろう。読者の皆さんはどのように感じられるだろうか。

沖縄の巫俗を現代的な視点から切って捨てるだけでは、現実にユタと関わりながら生活を営んでいる沖縄の人々の価値観を理解することにならない。そうであるならば、今少し、沖縄の宗教文化について背景的な知識を増やしてもよさそうだ。次の節では、筆者の若干の調査も交えながら沖縄の宗教文化を概説する。

三　沖縄の宗教と儀礼

沖縄の教団宗教・民俗宗教・新宗教

沖縄の祖先崇拝は独特であり、本州における祖先崇拝と同じ基準で考えることはできない。むしろ、東北地方における仏教教団に取り込まれた先祖祭祀と巫者により営まれるホトケおろしの組み合わせに近い習俗を残している。

沖縄の宗教は、祖先崇拝とユタ（ユタとは僭称的なニュアンスのある他称であり、ユタ自身はモノシリ〈ムヌシリ〉と呼ばれるのが普通である）によるシャーマニズムが勢力を持っている。沖縄の民俗宗教は、一つは琉球弧にある御嶽《ウタキ》と呼ばれる聖地、拝所めぐりの対象となる自然物を崇拝対象とする琉球神道であり、これには竜宮やニライカナイ（東方海上・海底にある楽土で祖霊がいると考えられた）の伝承、オナリ神（をなり神とも書き、兄に対する妹の霊力・守護力を意味し、兄の政、妹の祭式による祭政一致の原理にもつながるとされる）の伝統などがあろう。特に、琉球王府が誕生してから、地域の祭事を司り、守護する神役（カミンチュ）を宗教政策に組み入れて、ノロがこの役割を果たすことになった。これは公的な地域祭祀である。ここからはじかれた口寄せや占いをなすシャーマンがユタと呼ばれ、インフォーマルな宗教職能者として庶民の要求に応えてきた。これがもう一つの民俗宗教である。ノロとユタの関係だけでも大部の議論を要するので、ここでは、現在ノロを中心とした地域の祭祀が衰退しているのに対して、ユタの家族単位の祖先崇拝は依然としてなされていることだけを確認しておきたい(15)。

沖縄の人に信仰している宗教があるかと尋ねれば、祖先崇拝ないしは先祖祭祀であると大半の人は答えるだろう。祖先崇拝が信仰とは宗教者にとって、あるいは日本人の常識からして認めがたいものかもしれない。先祖を祀るのは慣習的な儀礼であって、それは信仰とは別次元の問題だと考えられるので、単なる慣習を超えた信仰は、檀家であるとか、氏子であるというメンバーシップによって信仰の度合いを測ろうとする。しかし、これは沖縄では無理である。沖縄において、地域の祭祀はノロ中心であり、家族の祭祀にはユタがおり、本州の氏神や葬式仏教が容易に浸透できない強い宗教的土壌がある。

藤井正雄は、「先祖供養」という論文において、「沖縄において初めて火葬が行われたのは昭和十四年で、急速に火葬が普及して在来の洗骨を行う葬制に変化をもたらすのは、昭和三十年代に入ってからのことである。それ以前にすでに受容されていた荼毘の語は、葬式そのものの意味に用いられてきたことからも伺われるように、仏教はかなり広範囲にわたって受容されてはいても、それには沖縄の土着体系の枠組みの中で選択的に受容され、機能していることに止目しなければならないだろう」とする。[16] 実際、沖縄に仏教が到来したのは一七世紀頃とされる。琉球王府の庇護の下、士族層には広まるが、あくまでも仏式の祖先の祀りをそれまでの祖先崇拝儀礼に取り入れたというレベルであって、仏教寺院が先祖祭祀儀礼を独占することはできなかった。結果的に、檀家のない祈禱寺の多くは廃れ、庶民に檀那寺として支えられることのないまま、本州の既成寺院各宗派の教勢拡大戦略によって、復帰後、寺院数を増やしている程度である。

昭和五三（一九七八）年時点において、沖縄県宗教法人数を見ると、キリスト教に対して仏教寺院が非常に少ないことに気づく。ちなみに、神道系一三法人（以下、法人は略）、仏教系　二九（真言宗系六　臨済宗妙心寺派五　ほか）、キリスト教系　五二（日本基督教団四、単立八　沖縄バプテスト連盟一一、単立一一、イエス之御霊教会三　ほか）、諸教系一九（天理教一四　生長の家、ＰＬ）である。[17] 数少ない仏教寺院もユタと無関係ではない。稲福みき子は「沖縄の仏教受容とシャーマン的職能者」という論文で、首里の臨済宗派五カ寺を巡拝する習俗について述べている。[18]

平成六（一九九四）年六月六日に稲福が調査した参詣者の祈願内容は、健康祈願・ミフシ御星祈願一六、土地・屋敷の御願四、病気・自己・災難二、祖先の年忌供養、水子供養・元祖・遺骨・墓の移動一四、神御願・道明け二（項目掲載の順序は稲福の図表による）

であり、参詣者の五、六割がユタに伴われてきたとされる。ユタなしに寺院経営も難しいわけだ。彼らが参るのは、そこが拝みをするべき聖地だからであり、仏教そのもの、住職に用があるわけではないと住職自身が語っている。

また、ユタの勢力を侮れないという点では新宗教も同様である。洗建は、「新宗教の受容」という論文で、「沖縄における新宗教の布教は、先祖祭祀とユタという沖縄の伝統的宗教を無視しては行いえないということが言えるだろう」、「教義的展開においては、新宗教は大体ユタに劣ることはないが、沖縄で受容されるためには、ユタに優る治病等の力を示すか、宗教と治病とを別次元のこととして切り離すかが必要なことであろう」と述べた(19)。たしかに、日本の古くからある新宗教では現世利益、病気直しを教勢拡大、信者獲得の目玉にしているが、これはユタがすでにやっている。

このようなユタの宗教活動領域に食い込める勢力がキリスト教である。ユタ信仰における救済の論理は霊的救済を強調するプロテスタント聖霊運動と交錯する。本書で何度も引用している池上良正は、「沖縄でも八十年代までは、聖霊の臨在や働きを強調し、異言の祈り・預言・病気の癒し・悪霊の追い出しなどを積極的に行うのは、一部の教派や団体に限られ、その特性が目立っていた。しかし、九十年代にはいると多くの教会で、許容ないしは積極的受容の姿勢がみられるようになる。沖縄県のプロテスタント教会数は約二百余といわれるが、現在では、少なくともその三割以上で広義の聖霊運動の影響が認められ、信徒数を基準にみれば、その率はさらに高まると推測される」と述べる[20]。

池上は、聖霊運動における霊威的次元の力や意味の体系が、ユタ的それと交錯している点として、次の三点をあげる。

① 人の霊性。賜、油注がれた人の表象は、ユタのサーダカウマリ（高貴な生まれ）に対応。
② 場所の霊性。聖地は、ユタのシジ高い地に相当。
③ 系譜の霊性。キリスト教では否定されるが、ユタは族的系譜を強調する。

系譜の霊性を否定するということは、後に述べる位牌祭祀のタブーを破ったがために祟りが来るというユタの世界観をキリスト教は認めないということだ。友寄隆静はユタの世界から離れてクリスチャンになった人々の事例を数多くあげているが[21]、移行（回心）を容易ならしめたものは聖霊運動における霊威そのものであり、これはシャーマニズム的儀礼に通じるものがある。

近年、聖霊の働き、癒し、あるいは悪魔祓いを教説や儀礼の中核にすえるペンテコスタリズム（社会学的には聖霊運動と同義）が、フィリピン、韓国、北米・南米で急速に教勢を拡大している。特に、韓国では巫俗、南米ではアフロ・ブラジリアン宗教（カルデシズムなどの心霊主義や先住民の精霊崇拝と習合した宗教）などの憑依型宗教がもともとあったために、聖霊運動の地盤はあった。ただし、現代のペンテコスタリズムが基層宗教に回帰したと見るよりも、グローバリズムに対応するローカルな防御的心理機制に組み込まれた宗教運動と考えた方がよい。高度経済成長の最中か一段落した社会に発生した階層分解、共同体の弱体化に対応した東アジアやBRICs（ブリックス——ブラジル・ロシア・インド・中国）では、ペンテコスタリズム、東方正教会やカタコンベ、ヒンズー原理主義、地下教会・家庭教会といった非公認教会施設の拡大や法輪功といった宗教の活性化が見られ、新しい時代に合わせた生き方の指針を求める人々、とりわけ社会的に不安定な位置に置かれた人々を引きつけている。この問題は、世界のグローバル化とローカルな対抗的文化運動として近年研究の蓄積が進んでいる領域である(22)。

祖先崇拝とユタ・シャーマニズム

沖縄の祖先崇拝の世界観は次のようなものである。先祖は子孫から手厚い祀りを受けてグソー（後生）に安住するので、子孫が祀りを怠ると先祖から知らせが来る。先祖は死霊から祖霊までを含めた観念であり、その知らせは直系子孫の病気、災害になるとされる。知らせを受けた子孫は先祖の拝みを念入りに行い、わびを入れなければならない。また、わびを入れれば先祖は納得し、問題は解消するという、ある意味で呪術的世界観でもある。

先祖の知らせには二種類あり、神仕えを要求するもの（ユタになる）と、子孫に祀りを要求するものがある。前者はカミダーリィ（神祟りが語源ではないかという説がある）と呼ばれ、従来、巫病として精神医学者をはじめ、人類学・民俗学者の関心をひいてきた。佐々木宏幹によれば、「カミダーリィはある人物に対する超自然的存在の知らせや促しまたは祟りとして起こる病気であり、その人物が俗なる状態から聖なる状態へと転換する、あるいは再生する際に通過しなければならないイニシエーション的苦悶・痛みであると捉え、そしてこの過程に必ずといってよいほど随伴する幻覚、幻聴、夢の重要性を認めるとき、我々は、カミダーリィが本土を始め朝鮮、台湾などに広く分布するシャーマニック・イニシエーションに、形態的にも機能的にも極めて類似した現象であることを認めないわけにはいかない(23)」という。

筆者がインタビューしたT氏も同様の経験をしている。「自分は三二、三歳で霊感が出てきた。子供が手を挟まれ、けがをしたときである。座っても、立ってもいられない。世界が回る。目がまぶしい。嘔吐を繰り返す。一日五分だけ元に戻る。これが一カ月余り続き、寝ていて血まで吐いた。病院に行っても病名がつけられなかった。二日酔いの数十倍の苦しさ。死んだ方がまし。主人にもう死ぬからといったら、皆泣いているということであり、底に沈んでいくような気持ちだった。母は、医者に行った後、ユタに行き、主人に拝みを勧めた。しかし、主人は信仰を知らなかったので、行くのをいやがった。ユタの話では、神からのただしが来ている。先祖を拝まないといけないということで、子供を行かせて拝ませたら、元気になった。両親は、拝みで良くなったので、この道を進みなさいといってくれた。財産を離したが、神が助けるからどうにでもなると。神の巫女となったので途中でやめられない」。

このように語るT氏のユタ的世界観は次のようなものである。「昔は七段階あったが、今は三段階の拝まなければいけない道がある。上代は三〇～四〇代前の先祖、中代はそれ以下から、三代まで。下代は親から二代まで拝む。この拝みが欠けると子や孫に「お知らせ」がいく。年の回りもあり、そのときに知らせが来ることがあるので、やられるのを防ぐ願いをすることもある」。上代の先祖とは、氏の所持する「琉球本國世の立始め古人由来記」では、初代志仁禮久御名天極太神から四代天帝子加那志まで、「琉球王代記」では舜天王から第一、第二尚氏王朝の歴代の王（系図作成の専門家は琉球王府の士族階層を出発点として門中へつなげていく）に至る祖先であり、究極は琉球の創世神に至る。ある意味できりのない世界であるが、上等のユタはこの時代の拝みをもっぱらとする。

T氏が語る位牌祭祀の規範から、次の問題であるトートーメー（位牌）問題につなげてみたい。

「トートーメー祭祀は、昔通りやるのがよい。女の子は結婚しても、母のご恩、父方からはシジのご恩を受けている。直系のご恩である。ここに他人が入り込むのはよくない。シジの次・三男から養子をもらうのがよい。そうでないとシジ売りになってしまう。あの世とこの世はシジでつながっている。女で継ぐときには、先祖にお詫びし、許しをもらう必要がある」。これは長男子相続の規範を述べており、旧民法に等しい。

「本妻の子、後妻の子があった。父方のシジにつながらなければいけない。実際の血のつながったシジである。子供に引き継がせる場合、報告に行かなければならない。墓には、本妻は右、後妻は左に祀る。再婚しない場合は、元の旦那のところに祀る。結婚していない場合は親と一緒に祀る。しかし、先祖にお詫びしなければならない。親元だからといって入れられない。シジ売りがあるので。これは拝みの道理である。言葉を間違えると先祖が聞かない」。これはグソー・ヌ・ニービチを伴うもので、女性は離婚しても元の配偶者の墓に葬られねばならないという、夫婦同甕の規範に由来する。このような規範を明確にするものが位牌祭祀におけるタブーである。

すでに部分的に説明してきた沖縄における相続慣行と祖先崇拝の関連をまとめながら、研究者たちの見解を聞いてみることにしよう。

位牌祭祀と門中制、相続規範

位牌は家における祖先崇拝の対象であり、現在の祖先崇拝を規定している重要なものである。位牌祭祀の四つのタブーについてはすでに述べているが、社会構造に関係する規範意識が明瞭に読み取れるので、再度整理しておこう。

① タチイマジクイ（他系混合）。他系の子孫が祀る。
② イナグガンス（女元祖）。女性は始祖になれない。
③ チョーデーカサバイ（兄弟重牌）。兄弟姉妹の位牌を安置する。
④ チャッチウシクミ（嫡子押し込め）。長男が継いでいない。

このようなタブーにふれずに位牌祭祀を行うためには、旧民法通りの長男子相続を行うしかない。長男が亡くなれば次男に、長男に男子が得られない場合は次男の次男を養子に取るなどの対策が講じられねばならないとされる。女性は婚出を原則とする。このような位牌祭祀がいつ頃から成立したかについては、おおよその議論では次の通りである。

一五世紀頃、王侯貴族が中国の儒教を学び、仏教寺院において守護を願ったものと考えられるが、上流社会への浸透は一七世紀頃と考えられ、その後、年代を追って、地方氏族へ伝わった。したがって、位牌祭祀は那覇、沖縄本島中部で最も規範性が強い。

しかしながら、沖縄本島でも位牌を置かない中部村落があり、久高島では大正頃まで位牌がなく、香炉を備えただけであったとされる。奄美・八重山においても位牌祭祀は明治以降のことと考えられる。一般庶民層には、一九世紀に入り、土俗的な葬法から儒教的文化を取り入れた祖先崇拝を王府官僚が強制し、役人層の見回りなどの施策によって定着が図られたが、十分ではなかった。その理由は、百姓には家屋建設の制限が課されており、庶民の家では家屋の狭隘さにより仏間はおろか、位牌段や神棚を設けるスペースがなかったことがある。加えて、沖縄では死者の霊（ムン）の威力を畏れたため、屋内で祀ることに抵抗があったとされる[24]。沖縄の霊魂観である、マブイ（その人の生命力ともいえる霊魂）と死者の鎮まっていない霊ムンの二項対立は、タイでいえばクワン（当人の生霊）とピー（精霊や悪霊）に相当し、基層信仰レベルの霊魂観は東アジア的というよりは東南アジア的である。

いずれにせよ、表4－2に示したように位牌祭祀には地域差があり、一概に沖縄特有の

表４－２　位牌祭祀の地域差（位牌の継承意識）

（単位：％）

	親				子			
	北部	中部	南部	離島	北部	中部	南部	離島
長男に限る	36.7	47.6	55.1	59.2	13.6	25.5	33.5	30.9
子供誰でも	40.0	36.2	31.6	26.3	53.6	46.7	41.1	45.6

出所）新垣・玉城・大城，1993，pp.138-141，284より転載

位牌祭祀とまとめきれないようだ。屋敷のウガン、初運勢、門中祈願は南部が北部より有意に高い、門中関連は離島では少ない。

ところで、酒井卯作は、「位牌祭祀について、もし取り上げるべき問題があるとすれば、各種の禁忌の詮索ではなく、つい近年まで無関心であった位牌祭祀が、なぜに急速に、現状のような濃密で、かつ華美を競う風潮に至ったかを究《きわむ》べきであろう。これについて私は二つの答えを用意している。一つは位牌祭祀については官からの強制があり、二はそれを背景として展開するユタの干渉である。祈禱師としてのユタは僧侶に代わって数々の禁忌を設定し、その煩わしさを自らの手で解決してくれる。ちょうど自ら種をまき、そして刈り取る仕事も一手に引き受けてくれる農夫のように。位牌祭祀はこうして、上層階級から常民社会の中へ広く根を下ろしていき、やがては抜き差しならぬ深みの中に陥り、人の心を捉えて離さなくなっていくのである。これは墓制の成立時と同じくしている」と述べており、

伝統的と見える位牌祭祀が琉球社会の近代化の過程で確立されてきたものであることを指摘している(25)。

琉球社会の近代化過程で生まれてきたもう一つの産物が門中制であり、一七世紀以降、近世琉球の氏族層に身分制度の確立に伴って形成されたもので、それが農村社会に広まるのは明治以降とされる。島津の琉球侵入以後、王府では一六八九年に系図座が作られ、氏族層は家譜の提出が義務づけられ、無系のものは百姓とされた。このような系図作りへの願望は庶民層でも明治以降強くなり、系図作成専門家に依頼し、自身を一族の系譜のなかに位置づけることによってアイデンティティを確認していくやり方が沖縄に根強く残っている。

安達義弘は明治・大正・昭和の各年代に作成された沖縄各地の門中の祖先由来記を調査し、それらが近世末期に沖縄の全ての系図を開闢神話に収斂させる「長浜系図」や「琉球祖先宝鑑」といった系図本を参照して作られていることを明らかにした。沖縄人は近世以降、系譜の由緒を誇るという「物語祖型」に従って、自分たちの分かる限りの系譜を由緒ある系譜に接合したり、途中で系譜を選択したりしながら、始祖についてはすべからく琉球を作ったといわれる天孫子まで遡及してきたのだという(26)。

本州でいえば、明治以降に旧士族や豪農・地主階層が記紀神話に始祖を求め、太平洋戦争後も庶民がこの種の系図作成に取り組んでいるという話になる。ありえないことだ。貴族や武士階層は皇孫の末裔という体裁をとりつつも、初代は氏よりも家の先祖に移行していった。家を起こしたものは誰でも先祖になれるし、そこから系譜を書けばよいという先祖観が支配的な本州人にしてみれば、沖縄の祖先由来記には驚きを禁じえないだろう。記紀神話は天皇家の専有物であり、おそらく戦前であれば不敬罪の適用もありえたのではないか。日本民族の宗家は天皇家に限定される。支配の正統性を神聖な王権で擬制する特権を準支配階層はおろか、庶民にまで認めれば、そもそも天皇制の根拠がなくなるではないか。

安達はなぜ琉球・沖縄社会にこのような祖型の反復といってもよい系譜観念や祖先崇拝が発生したのかに関しては、歴史的に確定できること以外は禁欲して語っていない。思いつきのそしりを承知で筆者の所感を述べれば、沖縄社会の支配層は琉球王府以降近年に至るまで政体として弱体であったために、支配の正統性を独占することができなかったのではないか。つまり、王朝は独立国であったが、中国の歴代王朝や島津藩による影響力の行使があり、明治以降も政府や太平洋戦争時の差別的な棄民政策、戦後は復帰後も安保体制下で基地に依存した経済や、負担の代償となる公共事業依存といった政治経済の環境が、誰でも支配者ではない、誰もが支配者としての由緒を誇れるという状況を作ったのではないだろうか。

あるいは、こう考える方が正当かもしれない。琉球・沖縄社会は元来が双系的、フラットな社会であり、系譜による身分制度の確立には難しさがあった。そのために門中制が身分制や権力の不均等配分を正当化する文化装置にはならずに、むしろ、誰でも琉球・沖縄の創始者に連なるものとして自らを位置づける平等性、あるいは共同性が維持されてきた。このように考えると一見厳格な父系出自集団や家族規範を持つ沖縄社会が、実質は極めてフラットな社会であるといえなくもない。おそらく沖縄の人々の生活実感にはこれが合っているのではないか。また、琉球・沖縄のように外部社会からの侵入、支配を被りながらも社会の文化的継続性、文化的アイデンティティを維持しようとする社会では、一つの民族・文化的共同性に誰もが参加しうる物語を不断に作り続ける必要があったのかもしれない。このような傾向は韓国社会にも見られる。全国民が始祖は両班（ヤンバン）に始まるような族譜（チョッポ）を作成する。民族的一体性を強調する文化政策は沖縄社会との比較において興味深い。しかし、あまりに想像をたくましくすることはこのへんでやめて、話を沖縄の祖先崇拝に戻そう。

安達によれば、「沖縄には、士族的祖先崇拝とユタ的祖先崇拝の二系列がある。〔中略〕ユタ的職能者が霊的能力によって、そして系図作成専門家は知識によって、というようにその手法は異なるにせよ、いずれも依頼者を沖縄の歴史とその歴史が刻印された場所に結びつける役割を果たしている。〔中略〕門中化現象や聖地巡拝の活況、位牌祭祀規則の先鋭化は、沖縄的アイデンティティの構築を求めた自文化運動と見なせるのではないか(27)」とされる。しかし、その沖縄的アイデンティティは、近年の沖縄社会と葛藤を生じるようになってきている。つまり、位牌祭祀の規制が現実の家族構成・相続の実態と合わなくなってきているのだ。

トートーメー問題

昭和五五(一九八〇)年に『琉球新報』が、「ウチナー　女男」という特集を組んでから、女性が位牌を継承できないという問題がクローズアップされ、「トートーメー問題」として継続して論議された。この紙面を当時企画した野里洋は、「読者の反響がものすごかった。その九五パーセントは男系継承のあり方を問題視するもの。矛盾を広げているのがユタであるという県民の声だった。長男子相続は社会構造上、近年では無理であるにもかかわらず、タブーで縛っているから葛藤を引き起こす。現在、本土と沖縄の交流が進み、本土の女性が沖縄で生活するようになってきたが、ここで問題になる」と筆者のインタビューに語ってくれた。

紙面では、長男誕生までに子供を産み続けることがプレッシャーとなっている主婦の話を産婦人科医が語ったり、沖縄では離婚率が高いにもかかわらず夫婦同甕などの規範が存続している矛盾とか、親の位牌を継承したとたんに親族から位牌と財産の譲渡を迫られた女性の話など、様々な家族生活、相続上の不都合が出されたりした。そのことに多くの沖縄の人々が気づいているにもかかわらず、位牌祭祀のタブーに固執するのはユタの介入があるからだとして、トートーメー問題はユタ批判に移っていった。

弁護士や婦人団体の批判は、新憲法（民法）下では位牌・財産の継承は女性でも可能であり、それをタブーの侵犯とするユタは遺制的なものだ、断固旧弊をうち破らなければならないというものである。実際、これは女性の人権問題であるとして、位牌・財産の継承をめぐって訴訟が起こされ、原告の女性が勝訴したが、これが大きく新聞に報道され、女性が保守派から批判を受けた。ユタ攻撃に対して一人の精神科医による、ユタは沖縄の文化であり、沖縄の文化を根こそぎなくして、そこにどのような社会を形成しようというのか、カミダーリィとして病者を受け入れる地域性を重視し、ユタとの共存を図っていくべきではないのか、という議論も登場した。この論争は紙面では争点がぼけてしまったが、弁護士側の人権侵害の救済という限定された問題が、ユタの是非という沖縄の宗教問題にまで拡大されて議論されてしまったこと。これが収拾のつかなくなった原因である。沖縄社会学会も二年にわたり、ユタ、トートーメーの起源、現在の社会的機能についての様々な見解を出したシンポジウムを開催した。そのなかで注目されるのが玉城隆雄の議論である。

玉城は、沖縄現代家族の構造的特性として、系譜家族・男系主義家族と、無境界家族という二面性をあげている(28)。無境界家族とは、核家族のレベルを超えて、親族全体を家族と観念し、その範囲内で共同・互助、逆に干渉・介入を行うような家族である。位牌継承に関しても、当該家族において、娘に任せることに合意したとしても、それを親族が受け入れず(祟りが来るとか、ユタのハンジではとして)、介入してくることが多い。いわば親族レベルの共同体的規制が位牌継承に働くために、個人の自由な選択を許さない結果になっている。この問題は深刻であり、個々人の因習的な価値観、宗教観で片づけられない問題がある。

沖縄国際大学でシャーマニズムを研究する稲福みき子が筆者に語った。「家族の危機的状況のなかでユタは調節の役割を果たす。ユタを賢く使えば問題はない。まともに断れない、ケンカできないときに、ユタに観てもらったということで、口実ができる」。この点は琉球大学の津波高志も同じく、様々な問題を解決するために、「沖縄では最後に仕上げとしてユタを使うといえるのではないか」と研究会において筆者の質問に答えており、ユ

表4－3　ユタ禁圧の歴史

時　期	内　容
向象賢の政治改革前後17世紀	神女組織（ノロ）確立による祭政一致によるユタ排除
蔡温の政治改革前後18世紀前半	病気を生霊・死霊に関連づける非合理性によりユタを禁止
廃藩置県とユタ禁止	近代化のために，人身を惑わす風俗，無用な出費をさせるユタを禁止
大正初年のユタ征伐	新聞のキャンペーン，流言浮説・風俗攪乱のため検挙・拘留
戦時体制下のユタ狩り	特高警察により，徴兵・出征家族への動揺を避けるために，死者の口寄せをするユタを抑圧
トートーメー論争	慣習法と近代民法の対立

出所）大橋，1998の著作より筆者作成

タの問題はユタと関わる人々の問題といえなくもない。なぜ、ユタに人々は頼るのか。基本的には野里洋が筆者に語ったように、「ユタは復帰後二八年経って、減っているという話は聞かない。戦後の不安、アメリカ世の不安、ヤマト世の不安と、こうした状況が続く限り、ユタへの需要はなくならない」だろう。また、それ以上に、ユタを使って現実にどのような問題を解決しているのかということではないか。

個人の心理的な不安の解消、ストレス要因の転嫁に片づけられない家族的問題が、位牌祭祀と財産の継承をめぐる問題に垣間見える。それはあまりにも生々しい問題であり、語ることがはばかられる事柄なのかもしれない。いずれにせよ、ユタだけを批判しておしまいにすれば、おおもとの問題を隠蔽することになりかねないことも事実である。

大橋英寿はユタ禁圧の歴史を表4－3のようにまとめている。(29)

現在、トートーメー論争は立ち消え状態であるが、この問題は沖縄女性センターなどの講座でも取り組まれ、市民の真剣な受講が見られるという。位牌祭祀を旧慣通りにやれない人々が増えてきており、この問題をユタではなく、行政に相談する機運が出てきているということである。

四　巫俗とジェンダー

長寿社会沖縄と単身女性の孤独

筆者は沖縄の宗教性と長寿社会の関連をまとめるという課題に対して、ユタ、祖先崇拝の文化が女性の高齢者にどのような正負の影響を与えているのかとの視点からまとめてみた。祖先崇拝とユタコーヤーは高齢女性の生きがいになるかもしないが、ユタにより拝みの不足が常に語られ、ユタのハンジを仰ぐ、拝みをすることが強いられているともいえる。

トートーメーの問題が高齢者の日常生活にどのような影響を与えているのか。実はウガ

表4－4　高齢女性による位牌祭祀に係る愁訴

事例番号	年齢	内　容
事例1	88歳	長男ノイローゼで焼身自殺，次男病死，ウガンブスク（御願不足）を気にしている
事例2	不詳	夫と別居，夫は内縁関係を持ち，男子をもうける。自分の2人息子は死亡，娘のみ。死後，妾の長男に位牌，祀りごとがいくことに納得がいかない
事例3	87歳	体調不良をシラシとしてユタの依頼を家族に頼む。ユタより，そんな年の人に先祖が知らせをするわけはないといわれ，安心して体調も回復する
事例4	86歳	創価学会。離婚した夫に位牌が帰属。本人は納得
事例5	不詳	夫の前妻の長男に位牌が帰属
事例6	85歳	長男は分かってくれているが，長男嫁がちゃんとしてくれるかが心配
事例7	77歳	子供なし。夫の兄の次男を養子に。しかし，ブラジルにいるため連絡がうまくとれない

出所）大橋，1997の著作より筆者作成

ン療法を提唱する大橋自身も認めているように、なかなか複雑な問題に突き当たらざるをえないのだ。大橋は、特別養護老人ホーム入居女性へのインタビューから、位牌祭祀の問題を高齢者がどのように受け止めているのか事例を提供してくれる[30]。

これらの事例は高齢者が死後の祀りに関して安心できない状態として描かれている（表4－4）。遠山宣哉ほかは「老人病棟からみた沖縄の生と死」という文章のなかで、高齢者の不安を次のように分析している。「ここにみるように、死ぬことそのものに対する恐れというよりも生者と死者の両方の世界から忘れ去られてしまうことに対する恐れが中心であることがうかがわれる。特に深刻なのが、男子を生まなかった女性の場合である。グソーに行ってからの自分を大切にし追慕してくれるべき人がいないケースでは、かなり心情は不安定になるので、家政婦もその話題をタブーにしている」[31]。沖縄フリークのための沖縄本『沖縄オバァ列伝』が痛快に描くようなオバァばかりではない[32]。沖縄シャーマニズムの光と陰をあらためて両面から見直す必要があるだろうと思われる。

ユタの現代的役割

ユタは精神的疾病をカミダーリィとして、本人も周囲も納得したうえで、疾病から立ち直り、ユタとしての生き方のなかで人生を再編していく。このような人々が自分たちの宗教的営為を沖縄の民俗文化、長男子相続の家族制度と結びつけることで、社会的逸脱者（単なる神懸かり、精神障害者）として扱われることなく、むしろ、ものしりとして各種の相談に応じることで生活の糧《かて》すら得てきた。このユタの文化をどう認識するか、祖先崇拝の現代的な規制をどのように解釈するかという問題は、単に民俗学や精神医学から民間巫者としてのユタという評価を与えて済むことではなく、沖縄の現代社会を生きていく人々の実践的課題にも関わる。このような大きな議論に、本州の旅人に近い筆者が軽々に議論を弄《ろう》するのは慎むべきだろうとも思うが、いささかの卑見をつけ加えてこの章を終えたいと思う。

筆者は中高年女性の役割創出、生きがい論からユタ、祖先崇拝の文化を論じることはプラスの側面だけを見すぎているような気がしている。そもそも、ユタに行くのは家族的問題が発生したという極めてストレスの高い状況である。しかも、それは自ら気づいたというよりも周囲の指摘により気づかされたという契機すら含む。仮にハンジを得てシジ通り行うことで問題の改善や解決を見た、当面の安心を得たとしても、拝みに際限はないので家産を費消したり、財産の分配、跡継ぎの問題で相当頭を悩ましたりする家族も少なくないと聞く。ユタが介在する相続規範の強い南部は戦跡地域であり、地主不在の土地、遺族年金の受給といった問題、都市部は軍用地地主、地価高騰などの問題から、相続は当該家族だけではなく親族を巻き込んだ問題に発展するわけで、ここには民俗宗教以外のユタ需要がかなりあるといわれている。こうした点を考慮に入れると、ユタの問題とは中高年女性の心理的問題だけではなく、沖縄社会の歴史的問題に関わる。

沖縄社会の研究は、日本との歴史的・政治的な関わりを抜いて議論を進めることはできない。これは沖縄社会の現状に対して本土の人間がどのような責任を感じるか、沖縄と本土にどのような関係を構築すべきかという問題をわざわざたてるまでもない。研究をしてその知見をどのように生かすのかという実践から、派生的に出てくる問題である。長寿社会沖縄から学びえることは、長寿に寄与するとされる社会・文化的特徴も歴史・社会的構築物である、ということである。そこからエッセンスを抽出する作業では、当然そのエッセンスを維持・再生産してきた制度的問題についても考察せざるをえない。

沖縄社会の親族・地域社会の共同性、紐帯《ちゅうたい》の強さは、琉球王府への島津侵入、明治政府による琉球処分、沖縄戦、アメリカ支配、復帰後といった激烈な社会変動下で、為政者によらず、親族や地域、仲間組織で自分たちの身を守ってきた結果だろう。それは互助、ユイマール、沖縄的な優しさとして表象されようが、共同体の内部では相互干渉し、独立した行為を認めない偏狭さとして現れることにもなる。どちらも、同じ歴史的な記憶が再生されてできあがる感情の共同性である。位牌祭祀の問題に、それは典型的に現れてくる。

共同性とは抜き差しならぬしがらみの関係ともいえる。月並みな表現になるが、まずは腰を落として沖縄社会・文化を研究しなくては、何にせよここから学んで生かす実践は難しい。

洗骨と性別役割

最後に、葬送儀礼の研究について、一点だけ今後の課題を述べておきたい。洗骨の問題である。沖縄の葬法として洗骨は広く知られており、戦後、火葬が普及するまでは、まず遺体を土葬し、数年後骨化した頃に掘り起こし、頭骨を中心にきれいにしてから、門中墓や家の墓の骨甕に納めたといわれる。この洗骨の作業は未明に親族の女性たち（死者の妻、妹、伯母など）が行うとされる。白骨化していれば死者の霊が鎮まった証とし、ミイラ化したり、肉片が骨についていたりするときは死者の思いがいまだ残っていると解釈された。その場合、埋め戻したり、鎌で骨を削ったりしたという。洗骨が済んだ後、死者の葬りが完了したとして饗宴が催される(33)。

民俗学の研究書は洗骨の地域的差異、葬制の経緯に関して淡々と記述し、洗骨を行う当事者の気持ちの問題には踏み込まないものがほとんどだ。最近の沖縄女性史は洗骨文化を女性の視点から見直している(34)。沖縄で洗骨をやめたのは、沖縄戦による大量の死者が出たことも大きいが、戦後、火葬場設置運動を展開した女性教師や地域の婦人会により、徐々に火葬に変わっていったからだ。洗骨をする身となれば、昆虫がまつわりつく肉親の変わり果てた姿を見るに忍びず、また、腐敗した遺体を処理する作業は不衛生なものだった。死者への畏敬を示すこの儀礼自体の意義はともかく、なぜ、女性だけがこの作業を行わなければならないのかというのはもっともな疑問である。それは、沖縄では女性が神性（シジ）高く、男性を護るオナリ神の伝統があるからだと女性を持ち上げるようないい方もあるが、現実には裏方の仕事を一切任せていることのいいわけととられても仕方がない。

位牌祭祀・相続の問題もこれと類似しており、老いた親の面倒は具体的に嫁や娘によってなされるにもかかわらず、女性に相続の権利が認められないのは合点がいかぬということだ。こうした視点は当事者が自ら語りだし、それを鋭敏に書き留める人があって、初めて可能になった。沖縄学の膨大な蓄積も、様々な視点から読み直される可能性を秘めているし、応用研究はさらに複眼的姿勢で基礎研究の成果を活用していかなければならないだろう(35)。この章ではそのような視点を加えながら既存の研究を整理してみた。

第五章　冥婚の比較文化・社会構造

一　東アジアの冥婚

死霊の処遇

死者、あるいは死霊は、死んでからもなぜ結婚にこだわると巫者は語るのか。この問いは、遺族、生者がなぜ結婚にこだわっているのかという人生観や宗教的世界観を説明することからしか答えられない。ムカサリ絵馬、花嫁人形、グソー・ヌ・ニービチといった日本の事例から分かったことは、親の子に対する哀惜、結婚して子を残すことが人の一生という人生観、あるいは長男子相続の規範的な家族観であった。絵馬や人形の奉納、遺骨や位牌の移葬については、当該家族の意志決定に東北や沖縄のシャーマンが介在する事例が少なくなかったが、その場合はあるべき人生や家族の規範からの逸脱が故人の知らせと解釈されている。

死霊婚習俗は死者ではなく、生者が結婚へこだわりを持っていることから生まれたものというのが本書の基本的な立場であるが、この習俗を無意識的に支えている感覚は死霊への恐怖であることも押さえておく必要がある。死霊とは人間から霊魂が離脱したものと考えられた。人間の魂は生きている間は身体に拘束されているが、肉体が朽《く》ち果てれば解放されて霊界に移動するというのが原初的な宗教的世界観であろうし、霊界に神々や祖先たち、あるいは諸霊の位階的秩序を構想すれば歴史宗教となる。死んだばかりの霊、すなわちただの死霊は、この位階構造において最も下段に位置し、悔いや恨みを残しているので、呪的な儀礼で災難をもたらす霊威を弱めるか、死霊を慰撫《いぶ》する供養や祀りあげる儀式によって霊威の働きを加護に転換するか、といったことが考えられてきた。水子供養や死霊婚習俗は、その意味で霊を慰撫する儀礼だった。

迷信・俗信といえばそれまでだが、人間に魂や心の存在を認めない文化は歴史上存在しなかった。昨今の脳科学の進歩によって認識や感情の働きは脳の動きとして観察可能になり、その結果、心も脳の働きだといい切る科学者も出始めている。世のなかの諸事万端、全て脳の働きで済ますサイエンス・ライターも少なくない。それでは脳死以後、人間の魂・心は死滅するのかといったときに、宗教者はいうまでもなく、一般市民も割り切れない思いをするだろう。臓器移植とセットになった脳死判定後の献体（ギフトもしくは命のリレー）が日本社会において促進されにくいのは、脳死の時点において生者と死者の境界にある魂がどうなったのか判然としない感覚があるからではなかろうか。そのような人間的で原初的な感覚を重視すれば、献体はなかなか難しい。もちろん、脳死判定を臓器移植のために急いでほしくはないという医療への懸念もあるとは思われるが、魂の行方や処遇に関して規範的な世界観を持つ宗教文化があってこそ、安心して家族の遺体を医者に委ねることも可能なのではないか。

幸か不幸か、日本の場合は葬式仏教であれ、シャーマニズムであれ、このような感覚に基づいて儀礼を執行し、遺族は喪の期間に喪失感を徐々に解消し、地域社会はメンバーの欠落を回復してきた。死者の魂との対話は実感的なものであり、天寿をまっとうした祖父母には加護を願い、早くに世を去る家族には遺族の思い出のなかで生きることを誓い、異常死や遺恨あるものには鎮まってほしいと依頼する。

歴史上、多くの社会ではどのように生きたか、どのように亡くなったかによって、魂の行方が異なると考えられてきた。葬法や供養儀礼はこのような加護の祈願や鎮魂の技法として発展してきた。日本の死霊婚習俗の事例を考えるにあたって、韓国・中国の事例を加えた東アジアという文化圏に位置づけてみたいが、まずは中国における死霊の処遇について考えていこう。

華人の冥婚習俗

漢民族の宗教を研究してきた渡邊欣雄は、死霊の霊威を忌避したり、祖先に守護力を願ったりする素朴な祖先崇拝に道教（民俗宗教）の影響が加わった漢民族では、霊魂観が複雑になると述べる。つまり、漢族の霊魂観には魂魄（魂は精神を支える気、魄は肉体を支える気）の観念があり、魂（陽祖）魄（陰祖）が子孫に及ぼす霊威は異なるとされる。しかも、祖先は人々の崇拝がなされれば神となるし、供養が不十分であれば鬼ともなる。中国語で鬼とは魂のことであり、日本語でいう頭に角を生やし、虎のふんどしを締めて人間を怖がらせる鬼とは別物である。

漢民族の宗教的世界は三層構造になっており、地上には人間がいるが、地下には祖先と鬼魄、天上には天公、神明がいる。もう一つつけ加えれば、祖先崇拝には嫁した女性の死霊も祖霊として含まれるのに対して、父系出自集団である宗族に女性は含まれないという霊魂界と社会構造の差異がある。そのために、祖先崇拝は社会構造を正統化する宗教的文化装置と単純にいい切れない複雑な面を持つのだ(1)。

ここでは漢族の神霊界そのものを扱う必要はなく、祖先になる条件を吟味するだけでよい。渡邊の論考に基づいて条件を箇条書きに並べてみると次のようになる。

①祖先は崇拝者を子孫に持たなければならない。
②祖先界は血統に基づくので男子、なければ父系集団からの養子が入る。
③子孫を得るために男女ともに結婚しなければならない。
④博徒・乞食のような生活を送ってはならない。
⑤戦死・事故死・夭逝のような不慮の死を遂げてはならない。
⑥死後、子孫の祭祀がなければ祖先といえども鬼魄となる。

こういうわけで、未婚の死者に対して祖先となる条件を立てるべく冥婚儀礼が施される。なお、冥婚という言葉は元来中国で使用されたものである。竹田旦によれば、「中国では、冥契、冥配、幽婚、鬼婚、配骨、陰親、陰婚など、この習俗に対する呼称はきわめて多く、地方的呼称まで数え上げれば十数種、あるいはそれ以上にも達するであろう。韓国でも死後結婚、死後婚、死婚、魂魄婚姻、チュグン・ホンニン（死んだ人の婚姻）、チュグン・ホンサ（死んだ人の婚事）など、多くの呼称が分布している[2]」とされる。竹田は死霊結婚の言葉を採用し、櫻井徳太郎は冥界婚姻習俗、松崎憲三は死霊結婚（論文では冥婚）、中国・台湾の研究者は冥婚という使い方であり、学術用語として統一は難しいようだ。

筆者は中国・韓国ともに冥婚儀礼を自ら調査したことはないので、以下の議論は全て先行研究者の知見に負うものであり、論者の議論をそれぞれ手際よくまとめて、読者に冥婚習俗の論点を提示したい。

櫻井徳太郎は昭和五〇（一九七五）年に「冥界婚姻の論理――中国の冥界習俗と死霊観」の論文において、歴史書や民族誌から、冥婚の動機を、①養子を「過継子」として男系を維持する家の構造的要請、②夫婦合葬の儒家人倫思想に基づいた習俗、③怨念や遺恨を持つ死霊の霊威、特に未婚の夭逝者の祟りや障りへの畏怖、とまとめ、冥婚施行を指示・実施するシャーマンの重要性を確認している。先に述べた渡邊の、祖先となる条件を満たしていない夭逝した青年男女は、中国において数千万人の単位でいると思われるが、そのうちで冥婚をなしたものは何パーセントになろうか。しかも、夭折後直ちになされる例はほとんどなく、死後数十年経ってから行われるという。冥婚は一般的な葬送・供養儀礼ではなく、極めて特殊な供養儀礼という位置づけが適当と思われるが、そのことを櫻井徳太郎は的確に指摘している[3]。

廣田律子は、櫻井徳太郎以上に中国の冥婚習俗の資料を集め、時系列的に分析している。未婚女性の死者は、孔子の時代には実家の墓地に葬るのが礼制に適っているとされた。その後、明・清時代までに孝の道徳や家族制度の強化のなかで、祖墳に未成年者は入れない、夫婦合葬の体を整えることが広まったと見る。したがって、後継者を立てる必要条件として冥婚を見るよりも、死者への哀惜・慰撫と死霊への畏怖の念が、二千年以上続く習俗を貫徹する根本的な動機ではないかと結論づける。[4] この点は筆者も同感であり、立嗣のためというのはあとづけの理由のように思われる。

中国本土以外にも香港・シンガポールのように華人の都市国家や、あるいは台湾・東南アジア諸国にも華人は広がっている。調査記録は華人の都市や台湾にのみあるようだ。中田睦子は、実際に冥婚を参与観察したデータと民族誌に記載された数例の事例をもとに、中国の家族制度に従い、女性の位牌を男性の祖堂に移すことで、鬼と化した霊魂を祖先へ転生させる機能を冥婚の論理とした。近年、冥婚の実施は減少し、卜者による夭逝者の位牌の引き受け（祭祀料込み）が増えているといわれ、中田は女性の祖霊化が父系イデオロギー（婚家での祭祀）から徐々に解放されていく将来を予測している。[5]

同じく台湾の事例だが、植野弘子は、未婚で死亡した女性の結婚への希求を夢見や託宣で伝えられた遺族が、無縁の男性に結婚を依頼する位牌婚の類型から変化した状況を紹介する。未婚で死亡した女性の家族や姉妹の婚家の不幸を、問神により夭折者の鬼魄の働きとみなし、彼女の姉妹の夫との結婚希求があるとシャーマンが解釈する。遺族は姉妹の夫に義理の姉妹の位牌を娶る儀礼を執行してくれるよう要請する。

そして、位牌婚が実際に死者を娶る習俗に冥婚が変化してきた要因に関して、植野は次のような解釈を行う。位牌婚では、通常の結婚同様、死者の女性を娶った家族はその後も姻戚とのつき合いを継続しなくてはならないが、調査地区では経済状態の好転とともに結婚・姻戚づき合いの費用も増大し、これを負担とする娘の家が、姉妹の夫に娶せることで、娘の婚出と家計の節約を同時に果たす新しい伝統創造の挙に出たと解釈する。(6)

このような儀礼はあくまでも子孫に災いをもたらさないよう鬼魄を慰撫するためのものであって、ここにソロレート婚まで読み込む必要はないだろう。もちろん、その夫と姉妹は夫婦間のみならず姻族としての社会関係を強く持っているために儀礼に応じるので、その意味では婚姻が個人的なものと考えられていない。

現在の日本では考えられない感覚だが、太平洋戦争において家の跡取りであった息子が戦死し、妻や遺児がある場合、弟が兄嫁と結婚するレヴィレート婚が見られた。俗に「弟に直る」「嫂直し」と呼ばれ、ムカサリ絵馬を奉納した家においても例があった。弟が新たに結婚すれば兄嫁と子供の居場所はなくなる。かといって兄嫁が別の夫を迎えることは赤の他人夫婦に家財産を譲り渡すようなものであり、それも避けたい。となれば、弟と兄嫁が結婚することで丸く収まるのである。

話を華人の冥婚に戻すと、基本は死者同士の婚姻であり、死者と生者の婚姻は例外とみなされる。中生勝美《なかお》が報告しているように、一九歳で病死した娘の夢を見た父親がシャーマンの仲介によって二一歳で水死した男性と「鬼結婚」をし、骨灰を合葬した事例が典型である。(7)

韓国の冥婚

韓国には朝鮮王朝の時代以来、儒教の伝統が社会の隅々まで強く根づいているといわれる。儒学者にして社会評論も行う加地伸行によれば、儒教は東北アジア人の死生観・家族的道徳観に貫徹しているという。日本では朱子学の影響もあり、儒教を礼から倫理・道徳として受け取ってきたが、孝の宗教的側面こそ儒教の本質とされる。筆者には、この儒教理解が正当なものかどうか評価しかねるが、北海道大学の弥和順《ゆはず》教授の教示によると、加地説は山下龍二の「儒教の宗教的性格」という議論にも連なっているようで、まったく独自の見解でもないらしい。(8)いずれにせよ、祖先崇拝により先祖と子孫の歴史的一体性を感得し、戒めとなし、「別愛」の道理によって家族・親族・縁者の社会圏を構築していくのが、日本人も含めた東北アジア人ということになろう。

韓国では、祖父・父には子は孝順であり、亡くなった後は祖先（祖上）として四代までは「忌祭祀」を行い、五代目以上の祖先には「墓祀」が儒教のやり方で行われるという。祖先を崇拝する儀礼には、父系、世代、男女の別、既婚・未婚の別という現実社会の秩序が反映されているために、祖先を崇拝する義務を持つものは祭祀の実行によって一族の長であることを示し、死んだ後は祖先として崇拝される権利を得ることができたのである。崔吉城《チェキルソン》は、祖先崇拝と対照的な性格を持つのが巫俗だという。つまり、祖先崇拝は崇拝対象者を厳格に選別する。しかし、祖先として祀られる資格を持たないものであっても、肉親として哀惜の念は深いものがある。死霊一般の慰撫を目的に「賽神（クッ）」（死霊を憑依させ口寄せを行う儀礼）を含む複雑な巫俗が韓国において発達してきたのは、儒教式の祖先崇拝だけでは遺族の感情処理が不十分であるからであり、祖先崇拝と死霊祭は相補的な関係にあるとされる(9)。

祖先崇拝が父系出自集団に連なる男性の領域であれば、巫俗はシャーマンであるムーダン（巫堂）（韓国中部以北の呼称）、タンゴル（韓国南部地方の呼称）、シンバン（済州島の呼称）の領域であり、シャーマン自身、クッの施主も女性であることが多い。韓国の巫俗に関しては、朝鮮半島を植民地支配していた時代に秋葉隆が行った巫俗研究があるが(10)、近年では崔吉城が全般的なまとめを日本語の著作でなしており、済州島に関しては撫魂儀礼として玄容駿《ヒョンヨンジュン》が詳細な巫俗研究を行っている(11)。韓国や済州島から日本の徴用や出稼ぎなど様々な経緯で渡ってきた在日コリアン社会では、クッを行うためにわざわざムーダンやシンバンを出身地や親族のネットワークを介して日本に招いていることが報告されてもいる(12)。生駒山地には朝鮮寺としてコリアンのシャーマンや支援者が所持する建物が沢沿いにあり、クッが時折行われてきたという(13)。

死霊祭と冥婚

ここでは崔吉城と金明子《キムミヨンジャ》による死霊祭の調査から、クッと冥婚の関係について考えておきたい。なお韓国では、死霊祭における冥婚、霊魂結婚、死霊結婚など、論者や報道記事によりいい方を変えている。しかし、概念としては同じことである。筆者は本書において日本を含めた東アジア全体では死霊婚、中国・韓国では冥婚の呼称を使用している。この章では特定研究者の事例を引用する場合は、その人が用いた呼称を使用する。

崔はソウル地方の「チノギクッ」、全羅南道の「シッキンクッ」、慶尚道地方の「オグクッ」などの死霊祭を通して霊魂観念を考察した。死者を送り出すときに棺が置かれた場所や家を清めるのが死穢祭であり、死後数年経ってシャーマンによって司式される死霊祭とは区別される。死霊祭では祭事のなかに巫者による祭文、歌や踊り、巫祖の説話語りなどを入れながら、死霊の慰撫を行う。冥婚は死霊祭において死霊を祖先神に転換させるために、未婚の死霊や不慮の事故で死亡した死霊に対してなされる儀礼と位置づけられている。崔が採集した事例では、二六歳のときに海で遭難した青年に対して死霊祭が行われた。まず、遺族とシャーマンが海に向かい、そこで死霊を呼び戻し、位牌に魂を入れて自宅に連れ帰る。そこで、あらかじめ用意された新婦になる女性の位牌と人形を並べておき、新婦の家族が女性の人形を持ち、亡くなった息子の人形を遺族が持って、お互いに礼をして結婚式の儀礼を本格的に行ったという。場合によっては、人形同士に一泊の同衾《どうきん》をさせることもあるとされる[14]。

未婚者が不慮の事故死を遂げたような場合に、死穢の観念が強くなり、そのような死霊が遺された家族や親族に様々なマイナスの働きをなすと考えられているために、冥婚を行わざるをえないと人々は考えているようだ。冥婚をなす主たる理由は、死穢の観念と死霊祭を実施するシャーマンの働きにあることはたしかである。

金明子が調査した浦項《ポハン》市迎日《ヨンイル》郡松羅面方石里ドクソク村のオグクッでは、夫婦の世襲巫者によって次のような次第で実施された。

ドクソク村のオグクッは、19の節（それぞれにクッがある）から構成された。

1　不浄クッ。招かれた神が来る道と祭儀場所の周辺の不吉なものを払う。巫歌の口誦が終わると、巫者は一束のわらに火をつけ、祭儀場所の周辺を一周廻りながら不浄なものを燃やした後、容器に水を入れ、その周辺に撒《ま》きながら祭場（庭先）を浄める。

2　ゴルメギクッ。地域の守護神のゴルメギ神にほかの神の出入りを許してもらう。

3　門クッ。ほかの神が入れるよう、門を開けてくれるよう依頼する。

4　ホンゴンジクッ（魂拾い巫儀式）。巫者組と家族、そして村の人々が行列を作り、海辺へ行き、そこで巫者が魂を拾い、またクッ場に戻る。

5　魂を婚姻させる死婚。

6　巫者と施主夫婦がオグクッをすることになった経緯と霊魂の行方について問答する。

7　ベノリクッ（船遊びクッ）。亡者《もうじゃ》が冥土に乗っていく船を扱う。

8　招亡者クッ。未婚男性死者の口寄せを巫者が行う。

9　ノットイクッ。ノットイは、ノットンイ（真鍮で造った甕）の方言。真鍮で造った甕に刀を入れて、亡者が閻魔国へ行く道中の雑神を払う。

10　ボリデギクッ〔バリデギクッ〕。ボリデギは「捨てた子」の意。ボリデギは、巫歌のなかの主人公。死んだ父と母を生かした後、亡者の冥土への身とを導く冥府神となる。ボリデギクッをオグクッともいい、最も重要な節である。

11　神巫プリ。冥土で差使（あるいは神巫）が出てきて亡者を拾っていく過程を描く。

12　魂起こし。亡者の魂を呼んで操る。
13　セゾンクッ（世尊クッ）。赤子の出産と発育を任せられた三神の由来談を歌う。
14　念仏。亡者の冥土への道を祝う。
15　花遊びクッ。亡者を極楽の蓮花台《れんげだい》に送るため冥府の十王に花を捧げ亡者の冥土への道をお願いする。巫者が綺麗な蓮花を手に持ち、踊る。
16　船遊びクッ。亡者が冥土へ行くとき船を操る。
17　ボシンゲクッ。花蓋を持ち、亡者の冥土道を祈禱する。
18　灯遊びクッ。冥土を灯す灯を操る。
19　ドゥイッジョンプリ（打ち上げ払い）。亡霊を送り出した後、招かれた諸神と集まった雑神を戻らせる。

霊界結婚の場面は5と6であり、長大なオグクッの一部であることが分かる。ここで結ばれたのは、海上で遭難死した二七歳の男性に対して、この男性の母親の知人（当時五九歳）の幼なじみの女性である。この人は一九歳で亡くなったが、生きていれば当然六〇歳前後になっていたはずである。しかし、亡くなったものはその年齢のままと信じられているので、この組み合わせになったのだとされ、家の内庭の醮礼庁《しょうれいちょう》（旧式の結婚式場）と醮礼床（酒と餅・茶菓などが飾られる）において新郎・新婦の霊魂は親族の見守るなか、にぎにぎしく婚礼が行われた(15)。

冥婚の人形劇

オグクッにせよ、霊界結婚にせよ、身内だけで行われ、研究者の要請に応じて実施するわけでもないことから、参与観察はなかなか難しいものと思われる。しかし、巫俗の民俗文化として重視され、舞台で演じられることもあるという。忠清道の死婚祭として、二〇〇〇年に公州民俗劇博物館で実演された祭礼を分析したホ・ヨンホの論文(16)があるので、そこから儀式で用いられる人形の様子やお決まりの口上などを引用してみよう。臨場感がわくと思われる。

まず、人形の形態は次のようなものだという。実際に使われるものよりも幾分大きいと思われるが、その人形の特徴は簡素でありながら、衣服に関しては本格的で下着まで身につけているらしい。

新郎　・平面的に表現された目、鼻、口、そして額には「魂」という字が書かれている。頭には紗帽《サモ》をかぶる。

・翡翠《ひすい》色のチョゴリに紫色ズボンを中につけ、その上に黄色団領《ダルリョン》を着る。手には白い手袋をはめ、足には白い靴下を履く。
一三〇cmの大きさ。四肢を全部備えている全身の形態。手と足には指がある。

新婦

・平面的に表現された目、鼻、そして赤い唇をしている。頬と額に頬紅をつける。額には「女魂」という字が書かれ、頭にゾックドリをかぶり、かんざしをさしている。
・緑色のチョゴリに赤色チマ、そしてその上には円杉《ウォンサム》を着る。手には白い手袋をはめ、足には白い足袋を履く。
一二〇cmの大きさ。四肢を全部備えている全身の形態。手と足には指がある。

人形を使った婚礼の進行では、笏記《ホルギ》と呼ばれる責任者と彼の助手二人が新郎・新婦の人形を操る。そのときの舞台進行と舞台上で発話された内容は、以下のようなものであった。法師の読経の後、神将台を通して主務神将に神将が乗り移り、巫者の「魂呼び」を通して新郎・新婦の魂が主務神将に降りる。「魂呼び」で降りた新郎・新婦の霊魂が人形を通して語り、また行為することによって舞台が設定される。人形たちの結婚式は実際の伝統的結婚式の手順と同じように行われるが、新郎・新婦の人形は助手の助けを受けながら登

左上：霊界結婚に使用された人形（社団法人「韓国民俗文化敬神連合会」李元複氏提供）
右上：人形の初夜床入りの儀式（「大韓仏教禅宗統営徳元寺主管者」仁浩氏・慧心花氏提供）
下：人形による霊界結婚の儀礼（社団法人「韓国民俗文化敬神連合会」李元複氏提供）

場して、お互いにお辞儀、杯のやりとり、合礼を行い、両家の親に幣帛《へいはく》をさしあげてから新婚の床に就く。床入りの間、法師は新郎・新婦の極楽往生を祈る経を読み続ける。その後、再び新郎・新婦の人形が登場し、主務神将の導きによってこの世につながれていた象徴である麻布を切り、あの世へ旅立つのである。

発話内容は民俗劇なので観客を喜ばせるような内容もあるのだろうが、実際はどうだろうか。それはともかく、死霊であるはずの人形たちに結婚式のリアリティを現出させているることだけは分かるだろう。ホ・ヨンホの叙述によって臨場感が出てくるのではないか。

① 法師が魂を呼び、慰める内容の経を唱える。
② 主務神将が神将台に神将を呼びつける。
③ 神将が乗り移った主務神将が両家の親に口寄せをしながら結婚式をする次第を述べる。
④ 主務神将は「魂呼び」で新郎・新婦の魂を呼んで怨念解消をする。
⑤ 主務神将が新郎・新婦の霊魂を人形たちに神懸かりさせる。

[③から⑤のハイライト]

主務神将：あ〜ここにいらっしゃっている皆さんの各家庭にはお嫁にもなれず死んだ乙

女や、結婚できず死んだ男性も多いはずです。その通りだったらなんでも不順になる。この世で結婚できなかった人たちをあの世で結婚させたら家は順調になる。だから、今日、我々の将軍様、遊んでからは霊駕の結婚をさせてくれるよ（歌っているように）。我々の将軍様遊ばなかったら結婚はさせないよ。

（主務神将は「魂呼び」を持って新郎の両親の前に座って発話する）

主務神将：お母さん、私の怨恨について聞いてみてください。お母さんは心がとても優しい人で、お父さんも仏様のように優しい人です。全部あのお金のせいです。お金！　お金！　お金！　お金を稼いで来ないっていつもいわれて、遊んでばかりっていつもいわれて！　お金を稼ぎに、船に乗って外国に行くって嘘をついて家を出て……。

新郎の母：本当に死んだのか、死んだのか、本当に死んだの？

主務神将：お母さん、お母さん、お母さん、ぜひ……お父様、お父様。

新郎の父：あのお金のせいで。

主務神将：お金のせいで、お母さん。

新郎の母：なんで死んだの？　お金のためだよね。お金のせいだ。

主務神将：お金を稼いで来ないっていつもいわれたので、私が水に溺れて死んだのよ。
新郎の母：水に溺れて死んだの？　なんで。
主務神将：だからもう……。
新郎の母：ぜひ良いところに行ってね。
主務神将：すみません。去ってしまいました。
新郎の母：キルトン！　お母さんも一緒に行くよ。
主務神将：お母さんは心が優しいですけど、欲張りなので、ほかの人が自分よりお金を稼いだら焦ってしまいますよ。いつもお金を稼いで来なくて遊んでばかりって……もうそんなこといえないですよね。

主務神将は「魂呼び」を腰のところに挿して、輪奈《わな》で結ばれた白い布の輪奈を解く。輪奈を解いてからはその布を持ってしばらく踊って、また輪奈を結ぶ。そしてその輪奈で結ばれた布で新婦の両親の周りをぐるぐる回す。そして、新婦の両親の前で倒れて泣きながら発話をする。〔輪奈とは布面に織り出された糸の端、パイル織りの別称が輪奈織り。引用者註〕

主務神将：お母さん、お母さん、すみません。お父さんを悲しめ、お母さんを悲しめて、今日は優しい人たちのおかげさまで再び現れて話したいことを話します。この世では良い因縁に恵まれなかったけど、あの世では配偶者に出会いましたので、これからはすべてがうまくいくはずです。行きなさい、行きなさい……。

輪奈を解く。輪奈を解いてそれをお父さんの背中に合わせて、踊って、両家にお辞儀をしてから、長く輪奈を結んだ布を長く地面に広げておく。そして退場して、人形があるところに行って「魂呼び」で人形たちに神懸りをさせる。そして「魂呼び」は新郎人形の背中の後ろに挿す。

⑥「結納人」が結納を入れた櫃《ひつ》を持って登場してそれを出す。

⑦新郎・新婦が助力者たちの助けで登場する。

⑧新郎・新婦が交拝礼を行う。

⑨新郎・新婦が合巹《ごうきん》礼を行う。

⑩新郎・新婦が合礼をする。

⑪新郎・新婦が両家親に幣帛を差し上げる。

⑫新郎・新婦人形が布団を敷いたお新婚さんの部屋に行って横になる。

[⑦~⑫のハイライト]

執祭者：新郎入場。（新郎の格好をした人形を男子の助手が後ろから持って入場して、食膳の

真ん中において、東側に立つ）

執祭者：新婦入場。（新婦の格好をした人形を女子の助手二人が両側に人形を挟んで、入場して、食膳の真ん中において、西側に立つ）

執祭者：新郎は振り返る。こちらに振り返る。（新郎の格好をした人形が北側に向いて立つ。このとき、新婦の格好をした人形がお辞儀をする）

執祭者：四回させましたか？　四回！（新婦の格好をした人形がお辞儀を四回する）

執祭者：新郎、お辞儀。二回。（新郎の格好をした人形が二回お辞儀をする）

執祭者：それではお座りなさい。そして、新婦側がお酒を注いでください。（新婦人形がお酒を注ぐ）

執祭者：杯を新婦にあげて、杯を載せる受け皿を差して新婦の手にこのように……。

（新婦人形が差し出した杯を新郎に持っていく。新郎人形が杯を受ける）

また、一緒に登場する近親者役の人たちが人形に祈ったり、好きな会話を行ったりもする。

新郎の父：いい人生になるように。

（新郎人形と新婦人形がお辞儀をする）

新郎の母：いい人生を過ごしなさい。子どもも生んで素晴らしい人生になるように。

（栗とナツメを新婦人形に投げる）
新郎の母：（新郎の父と一緒に立ちながら）いい人生を過ごしなさい。かならず。
（新婦の両親が新郎人形と新婦人形の前に座り、杯を受け、お辞儀も受ける）
新婦の母：（栗とナツメを新婦人形に投げながら）いい人生になるように。
新婦の父：いい人生になるように。
執礼者：新郎、新婦は立ちなさい。そして新婦はそのように立ち、……。
参加者1：合礼、合礼、合礼だよ。（新婦人形に）このように回っていきますよ。
（新婦人形は新郎人形の傍に合礼を行いに行く）
参加者1：寝るのではなくて、合礼するのだよ。
（助手たちが合礼を行う空間に人形たちを座らせている）
参加者1：あちらに行って寝るのではないよ、合礼するのだよ。二人、寝るのではないよ。
菩薩：座らせるのだよ。
参加者1：立てる。
菩薩：立てるよ。あそこに立てる。（人形たちを屏風に寄り掛かるようにして立てておく）
（人形を操縦する助手たちが新郎人形と新婦人形を新婚さんの部屋に横たえる）

参加者1：服は脱がせて寝かすよ。
参加者2：新婦もこのように眺めるように横たえる。
（新婦人形を新郎人形側に向かせて、新婦人形が新郎人形の上に位置するようになる）
参加者1：なんで新婦が上にあがる？
参加者3：今の時代は新婦が上にいくよ、元々……。
（法師の読経が進行されるなか、助手たちが新婚さんの部屋から人形たちを連れて出る）
執礼者：新郎は前に立って、新婦・新婦を連れてこい。（新郎人形が前に立ち、新婦人形はその後をついて出る）
⑬　法師が経を読みながら新郎・新婦の極楽往生を祈る。
⑭　新郎・新婦人形がお新婚さんの部屋から出て、主務神将の導きによって麻布を切る。
⑮　助手たちが新郎・新婦人形を外に持っていって、燃やす。
［⑭～⑮のハイライト］
主務神将は新郎人形の背中の後ろに挿されている「魂呼び」を持って登場する。主務神将は「魂呼び」を振ったり、リズムが早くなったら神将台も持って踊る。続いて、新郎・新婦人形の周りを神将台と「魂呼び」で囲んで、麻布の前に立つ。その後ろには新郎・新

婦人形が立つ。法師は新郎・新婦の極楽往生を祈る経を読み続ける。主務神将が前に立ち、その後ろを新郎・新婦人形が麻布を踏みながらついていく。

主務神将：旅費がなかったら導けないよ。（人々は主務神将にお金をあげる）

（主務神将と新郎・新婦は麻布を踏みながら引き返して、再び麻布の前に立つ）

主務神将：ここは一回去ったら二度と帰らないのよ。だからここを一周回ってこい。

主務神将が前に立って、後ろに新郎人形、新婦人形、そしてパフォーマンスに参加した人たちがついていきて、パフォーマンスの行われたところを一周回る。回りながら主務神将は「チョンド経」を読む。一周回ってから麻布の前に立った主務神将、新郎人形、新婦人形は麻布を切り始める。リズムが早くなり、主務神将は素早く残った布を全部切る。新郎・新婦人形も素早くその後ろをついていく。

儀礼はかなりの程度様式化されてはいるが、古典芸能の世界というよりも、実に生々しい人々の恨みや願いが込められた民俗的世界である。忠清道死婚祭の人形劇が織りなすリアリティは、見るものと演じるものとの共同主観的な世界に、死霊婚の文化がしっかりと埋め込まれているからこそ生じるものだろう。韓国の人々にとって死霊婚ないしは霊魂結婚は、未婚の死者であれば誰に対してもなされるものではないが、現代でも身近なところで実施されてもおかしくはない伝統的習俗といえる。

霊魂結婚の現在

韓国では現在も霊魂結婚が行われており、ニュースで時折報道がなされる（表5－1）。その特徴を簡単に記せば、次のようになろう。

① 死者の亡くなり方は戦死、事故死、失踪・自殺など遺恨が想定される場合が多い。
② 霊魂結婚において財産の相続事例はあるが、遺産分割を歓迎しない事例もある。
③ 生者（女性）と死者（男性）の霊魂結婚は統一教（韓国における統一教会の呼称）の創始者文鮮明の息子と幹部の娘という特殊な事例がある。立嗣が企図されたわけでもなく、特殊な宗教事例といえよう。

死霊婚のバリエーション

前節では霊魂結婚と一般化したが、韓国の陸地部と済州島との間には死霊結婚をはじめ巫俗一般に差異が認められる。竹田旦の研究から地域的な偏差を考察していこう。竹田は、地理的に陸地部と済州島の中間にある全羅道は、両地域の「架け橋」としての役割を果たしているのではないかと考え、全羅道西南の珍島《チンド》における死霊結婚の五つの事例を考察した（表5－2）。

表5－1　韓国における近年の霊魂結婚

記事見出し	冥婚への言及・冥婚の経緯
霊魂結婚の配偶者募集『中央日報』1996/5/15	三豊百貨店崩壊事故で末息子を亡くした父が処女霊魂を探していると市役所に張り紙を貼る
涙の霊魂結婚式『スポーツ韓国』1999/11/5	○○医大附属病院の霊安室で，仁川のビアホール惨事で亡くなった高校2年の男子と1年の女子の霊魂結婚式が行われた
第3次離散家族相逢『東亜日報』2001/2/1	国軍出身で生死不明のため1962年に霊前結婚式をあげた兄が北朝鮮の名簿に存在
金剛山離散家族面会『国民日報』2002/5/2	母親が追悼式・霊魂結婚式まであげた息子に20年ぶりに再会
より良い世で百年偕老『東亜日報』2002/8/11	全州散調芸術祭は亡者婚事・クッに参加するチョニョ，チョンガの希望者を募集する
後家を立てた南の妻『文化日報』2003/7/1	母親が霊前結婚式まであげた息子と再会
婚約者のサイト開設『京郷新聞』2003/9/28	2003年台風で地下に閉じ込められた婚約者を救おうとして亡くなった2人を哀悼する
霊魂結婚式は無効『国民日報』2004/7/27	霊魂結婚した妹の夫方に財産が相続される際に，兄が婚姻無効確認訴訟を起こし認められた
死んだ彼氏と霊魂結婚『京郷新聞』2005/02/21	漢江に投身自殺した23歳女性は，1カ月前に死亡した婚約者と霊魂結婚式を願う伝言を残す
亡者の初夜が深まる『SISA SEOUL』2005/8/21	ソウルの弘恩洞白蓮寺の雪山住職に500組を結んできた経緯などをインタビューする
拉致めぐみの夫は『朝鮮日報』2006/4/12	横田めぐみさんの夫は1978年に失踪した韓国男性であり，韓国側では霊魂結婚式までさせていた
芙沙七夕祭『大田日報』2007/8/21	百済時代に戦死した若者と恋人で亡くなった娘を霊界結婚させたという村の伝承を紹介
記憶喪失男性家族と再会『釜山日報』2008/4/30	1971年に行方不明となった息子に霊魂結婚式をあげたが，事故で記憶喪失になっていた
虐殺の記憶『週刊ハンギョレ21』726，2008/9/4	1949年に128人が国軍によって共産勢力として虐殺された村では連日霊魂結婚式を行った
永遠のジゼル 文薫淑『韓国日報』2008/9/19	文薫淑は21歳で文鮮明の死亡した次男興進と結婚し，45歳になる。統一教会ユニバーサルバレエ団団長
5.18精神と慰霊訪問『京郷新聞』2008/11/19	アメリカ大使が国立5・18民主墓地を訪問し，霊魂結婚式をあげた烈士たちの合葬に関心を示す

出所）上記新聞の検索により筆者作成

表5－2　韓国（全羅道）の冥婚事例

死　者	冥婚の経緯	相　手	結婚式	養　子	シャーマン
1952年戦死した長兄（25歳）	14年後の甥の病気	1954年病死した女性（18歳）	人形，新婦の遺骨を新郎の墓に埋葬	次弟の長男が 畠700坪相続	占い師
1951年戦死した次男（19歳）	叔母が仲介，1955年実施	1951年釜山で病死（18歳）	人形のみ合葬。遺骨は２人ともなし	次弟の長男が 畠500坪を相続	タンゴル
1940年病死した末弟（18歳）	長兄が1955年実施	1950年病死（20歳）	衣装を埋め，後遺骨を合葬	なし	なし
1968年軍で事故死した末弟（25歳）	次兄が1976年実施	1973年病死（16歳）	墓前の婚礼，遺骨を合葬	長兄の次男	経読み
1964年病死（17歳）	仏僧が仲人，信徒の両家。1969年実施	1969年軍で事故死した男性（25歳）	写真・遺骨で式，新婦の遺骨を合葬	長兄の次男	仏僧

出所）竹田，1990，第６章より筆者作成

死霊結婚では、戦死や事故死という怨恨を慰撫するべく、無縁の総角鬼神・処女鬼神の結婚式を墓前で行い、合葬する。済州島ほど入養・立嗣は意識されていないが、死霊結婚した夫婦の財産を継承する養子が予定されている。また、シャーマンの関与が薄弱な点は済州《チェジュ》島に近い。この特徴を解釈するにあたって崔吉城の解釈によれば、半島部は巫俗信仰が支配的であるが、済州島では巫俗信仰があっても儒教が強調され、その結果、家族構造としては核家族が伝統的に優先しているにもかかわらず、

父系性が死後世界に浸透しているからではないかという(17)。

筆者が事例を読む限りでは、家族に問題が発生した事例は一つだけであり、ほかの事例は遺族による慰霊・解冤《かいえん》を目的に実施されたものと思われる。適当な時期に適当な相手が見つかるかどうかが冥婚実施のポイントと考えられ、仲介者が必要というのは仲人を介した見合い結婚と同様である。事実、地域の有力者を間に立てるとか、仲人役の親族のものが先方に出向いて釣書《つりがき》を含めた口上を述べることがあるという。

冥婚儀礼では人形を使うものから墓前の供養だけのものとばらつきはあるが、新婦の遺骨を新郎の脇に合葬することは全羅道における冥婚の明確な特徴と考えてよい。しかし、竹田が調べた江原道、慶尚道、忠清道において遺骨を合葬するかどうか、養子を立てるかどうか、シャーマンが介在するかどうかに関して、他の少数の事例からだけでは明確な規範があるか確定しがたい。

二　死霊婚の比較類型論

竹田旦の類型論

華人の冥婚、韓国の冥婚を概観したので、いよいよ日本の三地域の事例と併せて、死霊婚の比較を行ってみたい。もっとも、この試みはすでに竹田旦によって行われており、筆者がつけ加えるのは青森の花嫁人形奉納を加えたという点においてのみ新しいともいえるが、社会構造論的な分析もつけ加えようと思う。

まず、竹田の分類を見ておこう。

① 死霊結婚の目的・動機

韓国（江原、慶尚、忠清、全羅）では慰霊・解冤型、済州では入養・立嗣型。

日本では、沖縄・山形ともに慰霊・解冤型。

中国（華北）では祖霊昇格型、入養・立嗣型、台湾・華南では慰霊・解冤型。

② 新婚者の関係・状態

韓国では調査地全て男性と女性がともに無縁の死者。

日本では沖縄が有縁の死者、山形が無縁の死者。

中国（華北、台湾・華南）では有縁・無縁ともにあり、男性の死者に女性の生存者を合わせる以外の類型は全て事例が存在する。

③ 儀礼の内容・執行者の項目

韓国（全羅、済州）で遺骨を移葬して合葬、全地域ともシャーマンが介在。

日本では沖縄が合葬、山形とともにシャーマンの介在。

中国では華北で合葬、台湾・華南で女性の位牌を男家に迎える、シャーマンの介在があげられる(18)。

この記述だけでは分かりにくいと思われる。本来は事例を添えて説明すればよいのであるが、それをするくらいなら竹田の論文をじっくり読んでもらう方がましであり、何より竹田の論文には死霊婚の次第に関する事例の記述が詳しい。筆者は竹田の類型論はおおよそこの通りだと思うのだが、分類の軸についていくつか疑問があり、特に日本の事例については筆者の研究成果に基づいて作り直した方がよいと思われる箇所もある。そこで、竹田旦の類型論において再考すべき点をこの項で述べ、次の項で筆者自身の類型論を示したいと思う。

第一に、類型として設定した項目が相互に排他的なものかどうか。死霊結婚の目的・動機として、①慰霊・解冤型、②祖霊昇格型、③入養・立嗣型の三類型を立てており、さらに慰霊型と解冤型も分けられるのではないかと竹田はいう。実際、竹田自身もそれぞれの類型ごとに「顕著」、「事例あり」、「稀少」、「事例なし」と程度問題としているところがあり、どの地域の死霊婚儀礼にも複数の要素が含まれる可能性を残している。さらにいえば、子を残さずに亡くなった未婚の夭逝者は一般的な霊魂となるか、危険な死霊となるか。儀礼における形態は違っても祖霊への道が閉ざされたものであるからこそ、死霊婚により祖霊への道を開き、恨みを解くのではないか。そうであれば、慰霊・解冤というのは遺族の心情（死霊の語りと読み替えてもよい）から見た目的であり、祖霊昇格は冥婚を行う人々の民俗的コスモロジーから解釈された当事者および研究者が考える目的である。入養・立嗣は死霊婚という死霊の祀りの一要素であり、亡くなったものに対する慰霊・解冤の要素がまったくなく成立するものではない。したがって、この三類型は目的・動機ではなく、冥婚を考察する異なる観点とした方がよい。

第二に、事例の代表性に関していえば、事例数が少なすぎる場合、はずれ値を代表例とする危険性が残る。この竹田の論文では江原道は一例、慶尚道は二例、忠清道は一例、全羅道二例、済州島二例が示されている。もちろん、竹田は全羅道だけで五例の調査事例があることを珍島の調査（表5－2）で示しているので、研究を蓄積すれば地域ごとに特定の類型に収束する可能性はある。そうであっても、やはり全羅道のように明確なパターンを示せる事例は少ないように思われる。また、竹田は沖縄の冥婚についても、結婚を約束していたが果たせず亡くなった男女に冥婚を施した例と、離婚した妻の遺骨を元の夫の墓に合葬する習俗を二つの類型と考えているが、前者は稀で後者が主流な習俗であることは前章で指摘している通りであり、沖縄の冥婚に類型を設定することは、やはり難しいように思われる。

第三に、ここが最も根本的な問題と思われるのだが、それぞれの死霊婚習俗は地域固有のものといえるのかどうか、また、異なる時代のものを一つの死霊婚という習俗のカテゴリーで考えてよいものだろうかという疑問が残る。いうまでもなく、調査者が同時代の習俗を採集して比較するのであれば、比較民俗学という竹田をはじめとする民俗学者たちの構想は成功するはずだが、冥婚習俗を歴史的位相において見た方がよいようにも思われる。たとえば、冥婚習俗は華人たちの儀礼が圧倒的に古く、それは文献的にも裏づけられる。次いで、韓国の冥婚も近現代の習俗として採集されており、儀礼の周到さからして数十年の期間、同じ形で継続されたものと考えてよい。ところが、日本の事例は、青森の花嫁人形奉納は近年の習俗であり、山形のムカサリ絵馬や花嫁人形を奉納する習俗の伝播と考えられなくもない。そのムカサリ絵馬も明治まで遡れるが、原型は参詣額の奉納と考えられる要素がある。そうすると、東北地方の死霊婚習俗は柳田國男がいうところの常民文化に根ざしたものというよりは、歴史的に構築されてきた習俗という側面が強くなる。これは第一、二章で述べた通りだ。

習俗の歴史的構築性という特徴は沖縄のグソー・ヌ・ニービチにも強く、この習俗は沖縄本島の一部に限られ、八重山・宮古には見られない。その意味でグソー・ヌ・ニービチを琉球文化の枠で考えるには、いささか事例が少なすぎる。櫻井徳太郎が指摘したように、ユタ・シャーマニズムが近代において創出した習俗と考えられる可能性もある。そうすると、日本の死霊婚習俗を華人社会、韓国のそれとを並べて比較することがためらわれるのではないか。

もっとも、韓国の冥婚習俗もどの程度の歴史的な深さがあるのか。それは済州島の冥婚が入養・立嗣の例が顕著というところにある。竹田も述べるように、済州島が中国本土と韓国陸地部をつなぐ地点を示している可能性があるとの指摘は、ちょうど沖縄が中国と本土とを媒介した歴史的役割にも等しい。沖縄は元来の双系的親族社会に、父系出自集団のイデオロギーにより身分制社会を構築しようとした。それが、結果的にシャーマンのままでは社会的是認を受けにくいユタが、家父長制的家族規範を奉じて災因の説明や拝みを行う事態になったのではないかとの見通しを筆者は述べた。同様のことが、済州島にもあるとするならば、済州島の冥婚において立嗣が強調されることは分からなくもない。儒教の宗礼に基づいた相続規範が浸透した韓国本土では、同宗の支子（同姓・同族の子）をもって立後（後継者）とすることは決まっていたわけだから、あえて冥婚を入養・立嗣の必要条件とすることがなかったのではないかと思われる[19]。むしろ、済州島のように中央から離れた地域においてこそ、巫俗による死霊祭が相続に影響力を持ちえたのではないか。

過ぎた推測はこのくらいにして、ではどのような類型論を立てたらよいのだろう。

櫻井義秀の死霊婚類型

類型を考えるにあたって、以下の原則を立ててみたい。

①　一つの習俗に原型と派生型が明瞭に分かる場合、変異型を一つの類型とはみなさない。松崎憲三が報告したようなムカサリ絵馬奉納を新宗教教団が創始する事例、あるいは植野弘子が調査した夫が亡くなった姉妹を娶るという儀礼のエコノミー化（簡略化）がそれに該当する。

②　同時に併存する複数の側面を類型とはみなさず、死霊婚を構成する要素と考える。

③　地域の類型をできるだけシンプルに表現する。竹田の立てた江原道、慶尚道、忠清道、全羅道、済州島は韓国陸地部と済州島の二地域とする。

④　有縁・無縁という竹田が立てた区別は行わない。婚約中、結婚の約束を交わしたことをもって有縁型というのは分かるが、韓国では稀な例であり、沖縄は先にも述べたように特殊例である。中国の場合のみ、男性が亡くなっても女性はそのまま死んだ男性に嫁して貞節を守るという極めて古く稀な事例や、亡くなった女性の遺骸を男性の墓に入れることをもって結婚したとする稀な例が紹介されている。婚約中のものが双方ともに亡くなっている例とは、事故死か心中でしかないが、該当者が必ずしも冥婚

表5-3　東アジアの死霊婚比較

項目 ＼ 地域		中国 本土	中国 台湾・華人社会	韓国 陸地部	韓国 済州島	日本 沖縄	日本 山形	日本 青森
死者	▲＝●	◎	○	◎	◎	×	×	×
	▲＝○	×	×	×	×	×	×	×
	△＝●	○	○	×	×	×	×	×
契機	慰霊・解冤	○	○	○	○	△	○	○
	立嗣	◎	△	×	◎	×	×	×
儀礼	遺骨合葬	◎	△	△	○	◎	×	×
	位牌	△	◎	×	×	×	×	×
	シャーマン	△	◎	◎	○	◎	○	○
文化的社会構造		父系（血縁）出自集団（宗族・家族）				父系（血縁）出自集団（門中・家族）	父系（系譜）出自集団（同族・家族）	

△＝●　△は男性，○は女性，黒が死者，白が生者を示す
◎ 必然的事例　○ 事例が多い　△ 事例は少数（稀）　× 事例なし

を行っているわけではないことから考えて、独自の類型と立てなくてもよいのではないかと思われる。亡くなった男女のペアを構成するのか、供養のために片方だけも冥婚の儀礼を成立したものとみなすかの区別にしたい。

以上の原則と日本における調査を踏まえて、類型（表5－3）を作成してみた。この表の特徴は、地域の配列を文化的社会構造としての家父長制的秩序の原型とその派生型としてのイエ制度の順にしている。そして、それが中国・韓

国・日本と冥婚習俗の歴史的深さとも関連している。項目ごとの特徴を再度整理してみたい。

①死霊婚は男女の死者を夫婦にして葬るのが古い形と考えられ、日本のように片方だけの慰霊を目的とする冥婚は準冥婚と位置づけた方がよい。表中では、どちらも新郎・新婦とも亡くなった場合と表記しているが、片方は人形や絵馬上の架空の相手である。その点において双方とも亡くなったもの同士を娶せる中国・韓国の冥婚とは決定的な違いがある。

②死霊婚の契機は慰霊と解冤、および祖霊への道を開くことが混在しており、親族の災難やシャーマンの介在がなければ純粋に慰霊、それがある場合は解冤と一応分けることもできるが、未婚の死霊の霊威を畏怖し、慰撫したうえで祖霊の霊威へ訓化しようという死霊祭や冥婚儀礼の機能は元来が解冤の要素を含む。立嗣については、これが冥婚に元来付随していたものなのかどうかは判断しがたい。

③遺骨合葬は、父系（血縁）出自集団ならではの葬法であり、女性が個人として実家に留まることを許さない規範意識が強く反映されたものといえる。イエ制度においてもこのような意識があるが、他系から入婿を厭わない家族制度のために女性が実家に

残ることには、それほどの抵抗はないと思われる。沖縄はこの合葬だけが顕著な特異例であり、筆者としては、冥婚というよりは遺骨の処置をめぐる葬法の一種ではないかと考える。

④　位牌を死霊の依り代として冥婚の主役に置くのは台湾や香港、シンガポール等の華人社会である。韓国・日本では重視されない。

⑤　シャーマンの介在であるが、まったくないところはない。華人社会、韓国の陸地部、沖縄で顕著であり、その他の地域でも半分の事例にはシャーマンが関与している。それは、華人社会や韓国のように儀礼それ自体がシャーマンの司式、口寄せなしには執行されないところと、儀礼そのものに関与はしないが冥婚の勧めをするシャーマンがいるところがある。もちろん、シャーマンがマッチポンプ的に冥婚一式を引き受ける例も多い。

死霊婚類型の差異を生み出す社会構造と歴史

本章では東アジアの冥婚を比較してみたが、死霊婚習俗を支えるものは父系（血縁）出自集団に特有の死霊観と結婚に対する規範意識、およびシャーマニズムの問題である。順にまとめていこう。

未婚の死者に対する遺族の哀惜の念に時代や地域、民族ごとの差異はない。そうであれば、通常の葬法や追慕の儀礼以外に特殊な儀礼が発明され、習俗として発展することも十分に考えられる。山形や青森の絵馬や人形奉納は、寺社への参詣や地蔵信仰という核となる民間信仰を土台に結婚式を摸倣する儀礼が考案され、広まったものと考えられる。しかし、それでも亡くなったもの同士を実際に結婚させる、位牌の合祀・遺骨の合葬という習俗は生まれなかった。そこには父系（血縁）出自集団ごとの死霊観ならびに祖先観の相違という問題があるように思われる。

宗族のように一門が数千人の範囲に及ぶことが珍しくなく、同姓不婚（他の宗族との婚姻のみ認める）のようなインセスト観念を発達させた単系出自集団が社会生活を統制している民族では、やはり女性が一族内に残ることは忌避されたのだろう。氏としての祖先に連なることを祖先崇拝の基礎に置く社会では、死霊の世界も相当に秩序だっており、逸脱例としての夭逝者や異常死の人たちへの死穢観、畏怖の念も強いものだったのかもしれない。他方、日本の祖先観は氏に遡るのは例外的な皇族、貴族、武士階級であり、庶民は柳田國男がいう家の初代としての先祖や祖霊となって里山や霊山に帰るといった素朴な祖霊信仰の世界に生きていた。そこでは逸脱例はあっても、是が非でも祖霊化の方向づけを施してやらなければならないものという規範意識は低かったのだろうと思われる。

山形のムカサリ絵馬奉納や沖縄の夫婦同甕の葬法には、近代において家族規範の画一化・統制が図られ、そのなかで習俗として強化されていった側面が読み取れる。現実の相続の実態は姉家督や初生児相続がなされていたような東北の農村地域や、双系的な親族関係において共同の農耕や漁労（地割制度含む）をなしていた沖縄において、生業の経営を含む社会構造と文化的・規範的な家族構造には常に齟齬があったはずである。そこに災因を発見する役割は、単系出自集団の秩序をもって社会統制を図っていた政治権力ではなく、むしろ政治から抑圧され社会の周縁において人々の感情処理の問題を引き受けていたシャーマニズムだった。このことが死霊婚習俗を考えるうえで重要な論点となる。

中国において巫俗は道教的世界に食い込んでいるし、韓国においては巫俗こそ仏教、儒教、近代のキリスト教といった外来宗教と併存し、むしろ各宗教の基層部分にも入り込んでいる。これほど巫俗の勢力が大きいのは、シャーマニズムが最も原初的な宗教意識や儀礼を構成しているからかもしれないが、中国・韓国においては家父長制の裏面において大きな役割を果たしてきたからだと思われる。父系出自集団や祖先崇拝は男性の領域である。女性は居場所がない。もちろん、嫁して男子をなした女性は祖霊のうちに迎え入れられるが、未婚の女子が居られるところではない。妻として、母としての役割を十分に果たしても夫に先立たれることもあったし、夭逝する子もいただろう。おそらく、儒教式の祖先崇拝では家族の思いや恨みは晴らせない。そこで死者の口寄せや憑依したシャーマンによる歌舞、諸儀礼による慰霊・解冤が必要になる。日本に限定しても、女性が人生の苦難をかいくぐって成巫後、同じ女性の悩み・苦しみに共感・共苦しながら、社会の表に出る家族や地域社会を支えてきた歴史を考えると、東アジアのシャーマニズムは祖先崇拝と相補的な宗教的世界観・儀礼を構築し、それは現実社会をも反映していることが容易に分かるだろう。これ以上の議論は、シャーマニズム研究として行うべきだろうからここまでにする。話を死霊婚に戻そう。

死霊婚の将来

考えてみれば、死霊婚とは未婚で亡くなった男女のごくごく一部の死霊に対してのみ執行される特異な儀礼である。死霊祭や追慕の儀礼と念の入れ方には濃淡あるが、葬儀や法要一般とは区別される宗教儀礼であることを忘れてはならない。亡くなった子供への追慕の念断ちがたく、また、なんとしてでも慰霊・解冤してやりたいという親と、シャーマンの介在があってこそ、これまでの研究において採集された事例が成立したのだ。採集できる事例という点では、日本の死霊婚習俗の方が数は多いかもしれない。なぜなら、これは古俗ではなく、新しい現代的な追慕儀礼となっているからだ。結婚への現代的なこだわりである。

それにしても、東アジアにおいてこれほど人々が結婚にこだわってきた背景には、個人が家族と離れては生活できなかったという経済的・歴史的な背景がある。人は家族で育まれ、家族をなして死す。それが普通の人々の素朴な考え方だった。現代の感覚では個人として生き、個人として死ぬといった生き方は潔いとすら感じられるが、それは忌まれ、死霊としても最低にランクされた。このような社会において、結婚こそが公的に生家から自分の家に移ることができるただ一つの方法であり、結婚しないものは人生を半分失ったようなもの、むしろ家族や社会の秩序形成に参画できなかった哀れな存在となる。

中国や韓国、沖縄、あるいは東北日本の一部でなされる死霊婚習俗は、このような家族に関わる死霊観や規範意識に支えられている。だからこそ、規範意識の衰退は死霊婚習俗の衰退や簡便な変容にもつながる。一人っ子政策によって家族構成が大きく変化している現代中国では、亡くした子供への哀惜の念は往時にもまして強まっているはずである。韓国・日本も同様である。しかし、死霊婚が実施されてきた国における大きな変化がある。少子高齢化・未婚化の時代に生きる若者たちである。親世代においても結婚を子供たちに無理強いしていない。となれば、人は結婚すべきものという規範的観念や、あるいは結婚しなければ生きていけないという現実感覚は薄れる一方だろう。そうしたときに各地の死霊婚習俗は特異な供養儀礼として存続するかもしれないが、筆者や多くの先行研究者たちが調査をした時期と比べて、儀礼の契機や機能が大きく変わることになろう。

東アジアの死霊婚に関する比較検討はここまでとしたいが、他地域の冥婚と比べることで、さらに理解が深まることはいうまでもない。筆者自身は日本でしか調査をしたことがないが、冥婚や祖先崇拝の社会人類学研究において数多くの知見が出されたアフリカの事例から、冥婚というよりも、そもそも結婚とは何かという問題を考えてみようと思う。

三　結婚の一形態としての冥婚

アフリカの亡霊婚・女性婚

結婚制度を世界各地の人類学的知見に基づき考察したのが和田正平であり、北海道大学文学部を卒業した筆者の先輩にあたる人である。二回りも離れているので面識はないし、この人は民族学に進み、アフリカの諸部族を研究した。和田はアフリカで行われている「亡霊婚（ghost marriage）」と「女性婚（woman-marriage）」を民族誌に求め、これらの結婚が、生きている男女の結婚同様に行われてきた事実を明らかにしている。現代の一夫一婦制に基づく結婚は、アダムとイブの創世神話に遡るまでもなく、人類史において主流となった結婚形態であったが、これもまた歴史的には結婚の一形態にすぎないと述べる[20]。和田の著作にはアフリカ各地の亡霊婚の事例が紹介されているが、アフリカに行ったこともない筆者があれこれ論評するのもさしでがましいだろう。ここでは和田も引用しているエヴァンズ＝プリチャードのヌアー族の調査誌から[21]、亡霊結婚を含めた結婚の制度について解説しよう。

『文化人類学事典』の記載によれば、ヌアー族とはアフリカ、スーダン南部のナイル上流の流域に住む牧牛民である。人口は約二六万人。牛の飼育とモロコシ・豆類、漁撈にも従事し、雨期には村で乾期には村を離れて放牧に出かける。父系クラン（部族）社会を構成している。この部族の結婚は、通常、花婿側から花嫁側に三、四頭から一〇頭の牛が婚資（bride wealth）として贈られる[22]。

婚資について日本人がイメージするのであれば、多額の結納金と考えてもらってもよい。嫁を育ててくれた両親や親族に感謝の意を込めて、しかし、なかば義務として支払われる代償が婚資である。嫁をもらう方は、嫁の労働力と嫁が産む子供を得ることができるので、タダで結婚させてくれというわけにはいかない。正式な挨拶もなく、くださいなんて犬や猫でもあるまいし。昔はこういうふうに考えたわけだ。花嫁代償の観念は西欧人には分かりにくいものらしいが、父系で夫方居住を行う世界の諸民族の多くにこの慣行が見られるという。アフリカと東アジア社会において祖先崇拝が強いのは父系・夫方居住の家族制度と関係が深いからである。

さて、ヌアー族の若者たちは思春期になると男女の交際を踊りやブッシュのなかで始めるわけだが、年頃の少女が牛を持っていない少年に誘われるときには、少女の兄弟が出てくることがあるという。真面目につき合う気があるのかどうかを確認するのだ。仮に少女が妊娠しても、その男が少女の家族に十分な婚資を支払うことができなければ二人は結婚できない。未婚の子を産んでしまった少女は身持ちの悪い女性ということで、婚資をはずまないケチな男か裕福な男の内縁の妻になるしかない。少女の家族としてもみすみす婚資を得るチャンスを逃してしまう。兄弟がいれば、彼らのために家族や親族は婚資を用意しなければいけないので、娘を結婚させる機会を逸することは大きな損失になる。また、正式な結婚後、子供を産まずに離婚するようなことがあれば、妻側は夫側に婚資を返さなければならないとされる。したがって、妻にはなるべく離婚しないように親族たちは圧力をかけるのだ。

このようにヌアー族にとって結婚とは、夫側の親族から妻側の親族へ婚資の受け渡しによって共同関係が築かれる重要な機会である。部族社会の多くは同一系譜（lineage）内にあるもの同士の結婚はインセスト・タブーにふれる（災いが起きる）と考える。外婚規範は異なる系譜集団を結合させる重要な役割を有する。この規範があるために、前述の例示の通り、結婚は個人を超えた親族集団同士の関係構築の制度とみなすこともできる。そこから一夫一婦制に慣れた私たちには想像もつかないいくつかの結婚の形態が生まれてくる。その一つがレヴィレート婚である。

ヌアー族では夫に先立たれた女性、つまり未亡人が別の男性と正式に再婚することは考えられないという。つまり、婚資を支払った側ではその女性に対する権利を依然有しており、通例は亡くなった男性に未婚の弟がいれば、彼が嫂を引き取る。そこで生まれた子は亡き兄の子とされる。寡婦となって生活に困ることはない。これは他の諸民族でも見られる。

ところで、一度結婚して妻を残した兄弟であればこのやり方でよいのだが、結婚せずに亡くなったために自分を祖先として祭祀する子孫を残さなかった場合は今ひとつの工夫をすることになる。次弟が兄の名前で結婚する。婚資は亡霊となった兄の名前で支払われているので生まれた子供は兄の子供となる。この人物は牛に余裕があれば、自分の結婚を後から行えばいいが、兄弟が多いと婚資の捻出が難しくなって自分は結婚できないこともある。外見上は結婚生活をしているにもかかわらず、社会的には結婚をしていない状態になるのだ。結婚をしたのは亡き兄とみなされているからである。

ヌアー族の結婚は子供を産んだことで完了とみなされるために、不妊の女性は結婚しても元の親族に戻されることがある。しかし、戻された女性であっても親族と一緒に生活していれば、同じ親族や姉妹の結婚で得た婚資を手に入れることができ、これを自分の婚資として女性と結婚することができるのだという。これが女性婚である。結婚式自体はまったく同じであり、妻側の親族には婚資を払い、妻には夫としてふるまう。しかし、男でない以上、妻を妊ませることはできない。そこで、種付けとしての男を依頼し、妻に子を産ませ、その子は自分の子とする。部族のなかでは男としてふるまうことが認められる。なお、このような女性は呪術師をやったり、農場経営のやり手だったりするので、さらに牛を増やして自分の子供に婚資として与えることすらある。一族の長になれる。なお、女性婚は出戻った女性に限定されるわけではなく、男性との結婚をなんらかの理由により行わない女性が、社会的身分を獲得し、子孫を残す手段として行われているらしい。

ヌアー族の正式な結婚形態のみ説明してきたが、ほかにも内縁関係や愛人関係などもあることがエヴァンズ＝プリチャードによって説明されており、夫の家で妻と姦通した現場を押さえられた場合、牛六頭の賠償を支払わねばならないなど、興味深い記述は続く。

レヴィレート婚、亡霊婚、女性婚といった結婚が、通常の結婚のなかに混じって行われることがヌアー族の結婚の特徴である。結婚が外婚制を基礎とする系譜集団同士の婚資の交換によって成立しているために、結婚する側の権利は個人ではなく婚資を出した家族集団によって保有されているし、妻という地位も家族集団によって保全されるのである。また、亡くなったものでも弟たちによって子孫を残す権利が行使される。ただし、これは男性に限られ、女性の場合は女性婚によって妻を娶らない限りは、自分が妻にならなければならない。

結婚とは制度であって、実際にそこで生まれる子供の生物学的な父や母が誰であるのかということと、社会的に公認される父や母とは直接の関係がない。法的・規範的な実効力を行使できる法的根拠は婚資の支払いにある。日常営まれている家族生活と、死霊の世界を含めて法的家族関係は一部重なり一部ずれているのがヌアー族の結婚生活であり、親族の系図を書くのはなかなか大変だったと推測される。

アジアとアフリカの冥婚比較

和田正平によれば、「アジアではほとんど起こりえない冥婚類型がアフリカで発生する亡霊結婚のすべてであるといってよく、生前、婚約したこともない死者のところへ生身の女性が嫁入りする報告例に終始している」とされる。つまり、アフリカの亡霊結婚は、女性婚も含めて妊娠可能な若い女性に男性をあてがって子を産ませ、法的な子供を得ることが目的である。アジアの冥婚では立嗣の事例はあっても、養子の制度があるために冥婚は必要条件ではない。したがって、人形同士の結婚、遺骨の合葬でかまわないのである。系譜に連なるものであることを確認すればよいだけだ。むしろ、アフリカの方が、婚資が絡んでいるだけに婚姻の規制は厳しいといえる。[23]婚資が出自集団としての親族に支払われた女性は、夫が死亡したからといって元の親族に戻ることはできないし、夫の親族は寡婦の扶養と夫の祀り手の確保を具体的に考えなければならないのである。

和田は、アフリカの婚姻規制に関して、生殖行為と社会的秩序の結婚とが分かれていることを特徴とするとしているが、日本であっても色恋と（家督継承や政略を交えた）婚姻を明確に分けた貴族・武士・地主階層と、日常の接触が所帯を持つことに連続した庶民層の差異はあった。ヌアー族の婚姻に対する感覚は、婚資という資産をめぐる社会関係形成の戦略が関わっており、その点では家督継承の条件を婚姻と関わらせた東アジア的婚姻観と通じるところもある。婚姻が社会制度であることはどちらも同じである。

しかしながら、和田と異なり、筆者はアフリカの亡霊結婚と東アジアの冥婚をストレートに民族的事実として比較はできないと考えている。父系クランという部族社会において生業である牧牛と親族システムが連動しているヌアー族と、宗族・門中・同族という出自集団はあっても実質的な社会経済関係とは切れている東アジア社会とでは、比較の水準でずれている。むしろ、ヌアー族が都市民となり、牛に関わる生業や婚資をやめてからも亡霊婚や女性婚のような婚姻の機制を保持している場合にこそ、東アジアのそれとの対応関係が見えてくるのではないかという気がする。

このように考えてみると、東アジアの死霊婚は社会関係を創出する（子供を産む）機能をまったく有しない葬祭儀礼なのであって、亡霊結婚とは異なる位相において死霊婚が行われていることが分かるだろう。筆者の比較論的考察は極めて単純であり、両者は比較できないというものだ。この点で和田の人類学的な文化比較と、筆者の社会学的文化比較の方法は異なる。しかし、性関係を通した男女間（あるいは同性間）の関係構築の仕方、婚姻規制を通じた社会集団間の関係構築のやり方は、地域・生態的に、歴史・社会的に規定された文化であるという点では和田と筆者の考えに相違はない。この点こそ、現代の結婚を所与のものとして考えずに、相対化するために必要な視点であるし、この視点を得るための死霊婚習俗の比較考察であった。

最後に、東アジアの死霊婚を考察することから得られた知見をまとめよう。祖先崇拝研究における死霊婚研究の意義は、未婚の死者を親が供養する逆縁の関係が、かえって親と子の順縁の関係を逆照射するからだと考えている。人々の理想的な人生行路観、それを反映したあるべき死霊観のなかで、祖霊化の道からはずれた死霊の処遇が決定される。しかも、恨みを残し、祟る・障る霊が祖霊に転換される方法を見ることで、その地域・時代に生きる人々の規範的人生観・社会観のイデオロギー的拘束力を知ることができる。シャーマンの語りによって、自然の感情として死霊への畏怖の念が喚起され、日常性のなかに埋め込まれた社会のルールが再生産されているといえよう。死霊婚は、祖先崇拝研究、家族制度研究、シャーマニズム研究がユニークに交錯する興味深いフィールドとして今後も注目されるのではないか。

注

はしがき

（1）竹田旦、一九九〇、『祖霊祭祀と死霊結婚――日韓比較民俗学の試み』人文書院。
（2）松崎憲三編、一九九三、『東アジアの死霊結婚』岩田書院。
（3）和田正平、一九八八、『性と結婚の民族学』同朋舎出版。
（4）櫻井徳太郎、一九七四、一九七七、『日本のシャマニズム　上・下巻』吉川弘文館。
（5）崔吉城、一九八四、『韓国のシャーマニズム――社会人類学研究』弘文堂。

第一章

（1）日本の祖先崇拝研究における古典的な著作として次のものがある。柳田國男、一九六九、「先祖の話」『定本　柳田國男集　第一〇巻』筑摩書房。竹田聴洲、一九五七、『祖先崇拝――民俗と歴史』平楽寺書店。前田卓、一九六五、『祖先崇拝の研究』青山書院。海外のものは、祖先崇拝の国際会議記録集が当時としては最高度の研究水準を示している。Newell, William H, 1976, *Ancestors*, The Hague Mouton Publishers.
（2）日本における古典期の家族社会学研究には次のものがある（出版年はいずれも最新のものを掲載している）。喜多野清一、一九七六、『家と同族の基礎理論』未来社。鈴木栄太郎、一九六八、『鈴木栄太郎著作集　Ⅰ、Ⅱ（日本農村社会学原理）』未来社。戸田貞三、二〇〇一、

『家族構成』新泉社。有賀喜左衛門、二〇〇〇、『有賀喜左衛門著作集 Ⅰ、Ⅱ（日本家族制度と小作制度）、Ⅲ（大家族制度と名子制度）』未来社。

（3） Fortes, Meyer, 1970, "Pietas in Ancestor Worship" in Fortes, Meyer, *Time and Social Structure and Other Essays*, London: Athlone Press, p.186 f., p.193. もちろん、米村の指摘にもあるように、父子間の葛藤は、隠居慣行や末子相続のある地域では当然異なった性格のものとなろう。米村昭二、一九七五、「同族をめぐる問題（一）――家、同族と祖先崇拝との関連を主として」『社会学評論』九七号、三五頁。

（4） Smith, Robert J., 1974, *Ancestor Worship in Contemporary Japan*, Stanford, Stanford University Press, pp.220-223（ロバート・J・スミス、一九八三、前山隆訳、『現代日本の祖先崇拝――文化人類学からのアプローチ』下、御茶の水書房、三四八―三五五頁）。スミスが、祖先崇拝（ancestor worship）から供養主義（memorialism）へという仮説を提示してから、同様の定式化が孝本・森岡によってなされている。孝本貢、一九八一、「都市化・核家族化と現代宗教」『ジュリスト 総合特集 現代人と宗教』二一、有斐閣、九九―一〇一頁。森岡清美、一九八四、『家の変貌と先祖の祭』日本基督教団出版局、二一五―二三七頁。小谷みどり、二〇〇〇、『変わるお葬式、消えるお墓――最期まで自分らしく』岩波書店。孝本貢、二〇〇一、『現代日本における先祖祭祀』御茶の水書房。井上治代、二〇〇三、『墓と家族の変容』岩波書店。

（5） 最上郡教育会、一九二九、『最上郡史』四四九―四五八頁。

（6）竹内利美・谷川健一編、一九七九、『日本庶民生活史料集成　巻二一　村落共同体』三一書房、五六頁。
（7）絵馬については下記の文献を参照。岩井宏実編、一九七九、『絵馬秘史』日本放送出版協会。山形県立博物館編、一九八五、『山形県の絵馬——所在目録』。岩谷観音史跡保存会、一九八一、『岩谷十八夜観音』。
（8）渡辺信三、一九八五、『やまがたの絵馬』やまがた散歩社、二六二頁。
（9）岩井宏実編、一九七九、前掲書、一三〇頁。
（10）山形県編、一九八一、『山形県史　資料篇二〇　近現代史料』、九七八—九八六頁。
（11）岩崎敏夫編、一九七五、『東北民俗資料集(4)』萬葉堂書店、一二二頁。
（12）河北新報社編集局編、一九八四、『もう一つの世界＝庶民信仰』勁草書房、九一頁。
（13）高橋梵仙、一九七一、『日本人口史之研究　第1』日本学術振興会、二六八頁。
（14）千葉徳爾・大津忠男著、一九八三、『間引きと水子——子育てのフォークロア』農山漁村文化協会。森栗茂一、一九九五、『不思議谷の子供たち』新人物往来社。
（15）高橋三郎編著、一九九九、『水子供養——現代社会の不安と癒し』行路社。
（16）渡辺信三、一九八五、前掲書、二七二頁。
（17）松崎憲三、一九九三、「東北地方の冥婚についての一考察(1)」松崎憲三編、前掲書、七七、九〇—九五頁。
（18）Ooms, Herman, 1967, "The Religion of the Household: A Case Study of Ancestor Wor-

ship in Japan" *Contemporary Religion in Japan* 8 (3-4): pp.201-334; Ooms, Herman, 1976, "A Structual Analysis of Japanese Ancestral Rites and Beliefs" in Newell, William. H. (ed.), 1976, *op.cit.*, pp.61-90（ヘルマン・オームス、一九八七、『祖先崇拝のシンボリズム』弘文堂、九九頁）。

(19) 有賀喜左衛門、二〇〇〇、「家の系譜」『有賀喜左衛門著作集 Ⅶ』未来社、三九〇―三九一頁。

(20) 農林省農業経済局統計調査部編、一九五四、『農村の婚礼と葬儀――その費用の実態と社会経済的考察』農民教育協会。

(21) 日本の相続慣行や婚姻の形態については次の文献を参照。江守五夫、一九七六、『日本村落社会の構造』弘文堂。速水融、一九八二、「近世奥羽人口史序論」『三田学会雑誌』。竹内利美・谷川健一編、一九七九、前掲書。

(22) 速水侑、一九七〇、『観音信仰』塙書房、一六―一七頁。

(23) 櫻井徳太郎、一九七四、前掲書、五九八頁。

(24) 岩谷観音史跡保存会、一九八一、前掲書、一四四―一五五頁。

(25) 東村山郡役所、一九二三、『東村山郡史　続編巻二』、一五八頁。

(26) 山田ヨシノ氏のライフヒストリー等については次の文献を参照。櫻井徳太郎、一九七四、前掲書、五四四―五八二頁。「サンケイ新聞」一九八二年九月三〇日、一〇月六日、一三日、二〇日付「山形の女」の記事。

（27）河北新報社編集局編、一九八四、前掲書、三三四―三四五頁。
（28）民俗宗教としての仏教儀礼・習俗については、次の文献を参照。西郊民俗談話会、一九六〇、『西郊民俗　13号　無縁仏特集号』。鈴木満男ほか、一九七九、『葬送墓制研究集成　三巻』名著出版。五来重ほか編、一九八〇、『講座　日本の民俗宗教2　仏教民俗学』弘文堂。東北地方の民俗については、戸川安章、一九七三、『日本の民俗六　山形』第一法規出版。江口文四郎、一九七三、「山形県」三浦貞栄治ほか、『東北の民間信仰』明玄書房。

第二章

（1）山形県県史編纂課編、一九六四、『山形県史　資料篇七　検地帳』、六〇五―六一七頁。
（2）「寛政一一年八月　黒澤村差出明細帳」（山形県編、一九七四、『山形県史　資料篇一三　村差出明細帳』、一九一―一九七頁）。「黒澤村　宗門改帳惣寄　文化二年―天保一二年」山形大学附属博物館蔵。
（3）「明治四四年三月各町村別所有地統計表　渡辺九右衛門」山形大学附属博物館蔵。
（4）長井政太郎、一九四六、『金井村誌』国書刊行会、二八三頁。
（5）黒澤において「契約」の成立は、隣村の谷柏の「谷柏村契約定之事　宝暦一一年」（山形県編、一九八三、『山形県史　資料篇一八　近世史料三』、四七三頁）から近世中期、寄生地主制成立以前に遡れると推定される。当時、本百姓と高持子は対等の共同関係を結んでおり、それが現在まで伝承されてきたと考えられる。事実、地主型村落支配がない山形県西置賜郡の山村では、この契約組織が主要な社会関係になっている。高橋統一、一九五九、「村落構造の一考察——構造の「型」に関して」『法社会学』一〇、日本法社会学会、一三二—一五二頁。しかし、黒澤は近世後期にすでに寄生地主制の段階に入っており、土地所有関係が村落支配の構造を規定していた。したがって、村落共同体は過小農の再生産を保証しえる互助組織であれば足り、契約内での平等な権利・義務は農業経営を安定させ、むしろ寄生地主による作徳米の取得を確実にしたのである。

（6）竹内利美、一九五九、「東北村落と年序組織」『東北大学教育学部研究年報』第七集、六四—六五頁。

（7）塩田定一、一九三〇、「山形県に於ける農村の家族関係資料（一）——労働力を中心として」『法学』第四巻第一〇号、東北帝国大学会、九五—一〇六頁。

（8）川島武宜、一九五七、『イデオロギーとしての家族制度』岩波書店、四二—六六頁。

（9）有賀喜左衛門、二〇〇〇、「農業の発達と家制度」『有賀喜左衛門著作集 Ⅸ』未来社、一〇八—一二〇頁。

（10）本章は、この習俗の機能を特定化された時代・地域のコンテキストのなかで読み取ることを目的とし、習俗自体の成立・展開は問題としない。

（11）若松寺の絵馬二〇点は昭和五四年から五九年の間に納められたもので、被奉納者の属性が、年齢・続柄に関して拡大している。たとえば、傍系キョーダイ・子供に対する奉納が増えた。年代の古い絵馬では、一〇歳未満の子に結婚式の絵馬をあげてやることは考えられていなかった。

(12) Tanaka, Masako, 1986, "Maternal Authority in the Japanese Family", in Devos, George A. and Takao Sofue (eds.), *Religion and Family in East Asia*, Berkely: University. of California Press, pp.227-236.

(13) Ooms, Herman., 1967, *op.cit.*, pp.284-291.

(14) Fortes, Meyer, 1970, *op.cit.*, p.178　米村昭二、一九七五、前掲書、三五―三八頁。もっとも、祖霊の祟りだけでは、女性や子供、変死した人間の祟りは十分に説明できない。御霊信仰そのものを扱うことも必要であるが、本稿では祖霊信仰の枠内で議論したい。ただし、新宗教の双系的先祖観や特殊な因縁・霊観により、祟る霊の範囲が拡大している事実がある。Kerner, Karen, 1976, "The Malevolent Ancestor: Ancestral Influence in a Japanese Religious Sect", *Ancestors*, pp.205-217; Takie Sugiyama, Lebra, 1976, "Ancestral Influence on the Suffering of Descendents in a Japanese Cult", *Ancestors*, pp.219-230.

(15) 吉田禎吾、一九六七、「西南日本村落の秩序と変貌」『比較教育文化研究施設紀要』第一八号、八九―九二頁。

(16) 執行嵐、一九五八、「農村の婚姻」中川善之助ほか責任編集『家族問題と家族法Ⅱ　結婚』酒井書店、二六四―二九六頁。

(17) 柳田國男、一九六九、前掲書、一頁。

(18) 米村昭二、一九七五、前掲書、三一頁。

(19) Smith, Robert J., 1974, *op.cit.*, p.111; ロバート・J・スミス、一九八三、前掲書、一六八頁。

(20) 各家の現時点での所得水準が、祭儀と有意味な関連を持つか否かを調べるために、以下の要領で推定の「経済水準」という変数を作り、検討した。

経済水準＝農業所得＋農外所得〔非農家はこれのみ〕

農業所得＝（水稲栽培面積×二一七、二五八円＋畑作面積×三六六、一〇七円）×〇・四八四四

二一七、二五八円：自主流通米反当り収量〔山形〕×価格〔品目別価格〕

三六六、一〇七円：葡萄で代表：反当たり収量〔山形〕×価格〔同〕

〇・四八四四：東北第一種兼農家で代表：農業所得÷農業粗収入

農外所得＝二、九二四、九〇〇円×男子労働者数＋一、七四五、七〇〇円×女子労働者数

二、九四四、九〇〇：男子：山形県企業別平均所定内給額＋特別給与

一、七四五、七〇〇：女子：同

（資料　第六一次農林水産統計表、昭和五九年～六〇年。労働省政策調査部編賃金センサス、一九八五年）

(21) 世帯主個人の職業―農業・自営業〔職人を含む〕・雇用者〔会社・公務員〕で同じ分散分析を行ったが、有意な差はなかった。説明変数の単位はあくまで家であることが分かる。

(22) 森岡清美、一九七二、「家族パターンと伝統的宗教行動の訓練」『ICU社会科学ジャーナル』一一号、九〇―九一頁。日常的な祭祀の家族内役割分担構造、および礼拝の躾に関して

は、櫻井義秀、一九八七、「先祖祭祀の社会的考察――山形県南村山郡黒澤の事例を中心に」『北海道社会学会会報』四二号、三六頁を参照されたい。

(23) 補助変数として投入した世帯主の年齢は、ほとんど被説明変数「祭儀の実施」の分散を説明しない。

第三章

(1) 池上良正、一九九九、『民間巫者信仰の研究――宗教学の視点から』未来社、二三一―二三二頁。

(2) 高松敬吉、一九九三、「青森県の冥婚」松崎憲三編、前掲書、一一―四二頁。

(3) 高松敬吉、一九九三、『巫俗と他界観の民俗学的研究』法政大学出版局。

(4) 岡村理穂子、二〇〇〇、「死霊結婚と家族の情愛――青森県の花嫁人形奉納を中心に」櫻井義秀編『平成一〇、一一年度科学研究費補助金(萌芽研究)宗教集団調査法の研究』一二六―一五六頁。本章の記述では、基礎集計はそのまま用い、ケースには回答者の文言を事例で識別できるように番号をふり、データの加工・分析は筆者が行っている。岡村の調査ではアンケート調査の自由回答が貴重な資料となるので、重複的な事例を除いてそのまま収録する。お答えいただいた方の回答が一貫するように、本章では事例〇〇と番号をふる。すでに岡村の論文は筆者が編集した論集に掲載したが、まだ一部の研究者にしか学術的に参照されるものとなっていない。調査資料としても極めて貴重なものであり、なるべく早く多くの方が利用可能な形で公刊すべきものであるし、調査対象者の方に対する御礼の気持ちを込めて、花嫁人形奉納の習俗を考える手がかりとして提供させてもらいたいと思う。岡村は現在、東奥日報記者として活躍中である。

（5）各寺院への人形奉納数の実数は次の通り（出所は岡村理穂子、二〇〇〇、前掲論文、一三〇頁および筆者の調査）。

奉納年度	弘法寺	川倉地蔵尊	優婆寺
昭和40	1	0	0
44	2	0	0
45	1	0	0
46	6	0	0
47	16	0	0
48	16	0	0
49	14	0	0
50	17	0	0
51	26	0	0
52	38	0	0
53	34	0	0

								平成										
9	8	7	6	5	4	3	2	1	63	62	61	60	59	58	57	56	55	54
11	21	29	31	22	36	49	26	34	37	48	42	38	51	59	68	49	47	47
58	31	44	27	70	60	64	27	21	18	15	14	9	0	0	0	0	0	0
8	4	1	6	16	1	0	2	1	2	3	1	0	1	1	0	0	0	0

10	8	40	3
11	17	30	6
12	3	91	
13	10	40	
14	6	56	
15	5	31	
16	8	50	
17	1	28	
18	3	30	
19	6	24	
20	3	40	

（6）質問文の内容は次の通り。

①　あなたは現在どこにお住まいですか。

②　①で青森県外と回答した人にお聞きします。あなたと青森県との関係を教えてください。

③　「西の高野山　弘法寺」で行われている人形供養をどのようにしてお知りになりましたか。

④ 人形を奉納したのはいつ頃ですか。
⑤ 亡くなられた方についてお聞きします。いつ頃亡くなられましたか。
⑥ さしつかえなければ亡くなった理由を教えてください。
⑦ 亡くなられた方は、奉納者と、どのような関係にありましたか。
⑧ 人形供養を思いたった人は、亡くなられた方と、どのような関係にありましたか。
⑨ あなたの家は、本家ですか、分家ですか。
⑩ あなたは何代目にあたりますか。
⑪ 人形供養をしようと思ったきっかけは何ですか。
⑫ 花嫁（花婿）人形に命名した名前は架空の名前ですか、それとも実在する人からつけましたか。実在する人から→亡くなられた方との関係を教えてください。
⑬ 人形供養をしたことで、どのような気持ちの変化がおこりましたか。
⑭ あなたは「人として生まれた以上、結婚をして、子供を産み育てて、子孫を残すべきだ」と思いますか。
⑮ あなたは長男が、または長女が婿をとって、家をついでゆくことを重要だと思いますか。
⑯ もし他に人形供養について聞かせて頂けることがありましたら御自由にお書きください。

（7） 佐々木宏幹、一九七三、「シャーマニズム」小口偉一・堀一郎監修『宗教学辞典』東京大学出版会。シャーマニズムの比較文化論的考察は、下記の文献を参照。佐々木宏幹、一九八〇、『シャーマニズム――エクスタシーと憑霊の文化』中公新書。佐々木宏幹、一九九二、『シャーマニズムの世界』講談社学術文庫。

（8）池上良正、一九九九、前掲書、第三章。

（9）中山太郎、一九六九、『増補復刊　日本巫女史』八木書店。

（10）堀一郎、一九八二、『堀一郎著作集　第八巻　シャマニズムその他』未来社。

（11）楠正弘、一九八四、『庶民信仰の世界――恐山信仰とオシラサン信仰』未来社（楠正弘、一九六八、『下北の宗教』未来社を改題）。

（12）川村邦光、一九九一、『巫女の民俗学――〈女の力〉の近代』青弓社。川村邦光、一九九七、『憑依の視座――巫女の民俗学Ⅱ』青弓社。

（13）櫻井徳太郎、一九七四、一九七七、前掲書。

（14）永井敬子、二〇〇七、「民間巫者信仰の継承――岩木山赤倉のカミサマを中心として」北海道大学大学院文学研究科修士課程論文。

（15）池上良正、一九九九、前掲書、三三四頁。

第四章

（1）比嘉政夫、一九八七、『女性優位と男系原理――沖縄の民俗社会構造』凱風社。

（2）櫻井義秀、二〇〇五、『東北タイの開発と文化再編』北海道大学図書刊行会。

（3）川橋範子・田中雅一編、二〇〇七、『ジェンダーで学ぶ宗教学』世界思想社。
（4）ユタについては、一九七七、『青い海』六七、青い海社、と一九八三、『新沖縄文学』五七、沖縄タイムズ社において文学的特集を組んでおり、ユタと人々との関わりが伝わってくる。
（5）大泉啓一郎、二〇〇七、『老いてゆくアジア――繁栄の構図が変わるとき』中央公論新社。
（6）平良一彦、一九九七、「長寿村の秘訣――大宜味村の素顔」『琉球新報』（一九九七・九・二と一六に掲載）。
（7）鈴木信、一九九四、「沖縄の高齢者」、沖縄心理学会編、『沖縄の人と心』九州大学出版会、三―一三頁。
（8）崎原盛造、一九八六、『新沖縄文学』七〇、沖縄タイムズ社、六〇―六七頁。
（9）島尻澤一、一九八六、『新沖縄文学』七〇、沖縄タイムズ社、三九―四五頁。
（10）神里博武、一九八六、『新沖縄文学』七〇、沖縄タイムズ社、五三―五九頁。
（11）大橋英寿・保良昌徳、一九九七、「高齢者の信仰と死生観」大橋英寿編、科学研究費報告書『長寿社会の死生観――沖縄におけるその構造と機能』六―一七頁。
（12）大橋英寿、一九九七、「ウチナー・オバァの威厳と長寿」大橋英寿編、前掲書、五三―六〇頁。
（13）櫻井徳太郎、一九八七、『櫻井徳太郎著作集　七巻』吉川弘文館。
（14）新垣智子、一九九三、「沖縄における冥婚――〈グソー・ヌ・ニービチ〉の構造的原理」松崎憲三編、前掲書。

(15) 沖縄の宗教文化を概括的に捉えるために下記の文献を参照した。W・P・リーブラ、一九七四、崎原貢・崎原正子訳、『沖縄の宗教と社会構造』弘文堂。伊藤幹治、一九八〇、『沖縄の宗教人類学』弘文堂。酒井卯作、一九八七、『琉球列島における死霊祭祀の構造』第一書房。知名定寛、一九九四、『沖縄宗教史の研究』榕樹社。平敷令治、一九九五、『沖縄の祖先祭祀』第一書房。池上良正、一九九九、『民間巫者信仰の研究』未来社。

(16) 藤井正雄、一九七八、「先祖供養」窪徳忠編『沖縄の外来宗教――その受容と変容』弘文堂、一四五―一四六頁。

(17) 沖縄県総務部文書学事課、一九七八年一二月。

(18) 稲福みき子、一九九七、「沖縄の仏教受容とシャーマン的職能者――「首里十二カ所巡り」の習俗をめぐって」『宗教研究』三一二、日本宗教学会、一五五―一八二頁。下記も参照。稲福みき子、一九九七、「沖縄の信仰と祈り」沖縄国際大学公開講座委員会編『環境問題と地域社会――沖縄学探訪』、ボーダーインク、一五五―一八一頁。

(19) 洗建、一九七八、「新宗教の受容」窪徳忠編、前掲書、三一六―三一八頁。

(20) 池上良正、一九九七、「沖縄におけるキリスト教聖霊運動の展開」『宗教研究』三一二、日本宗教学会、二〇七―二三一頁。

(21) 友寄隆静、一九八一、『なぜユタを信じるか――その実証的研究』月刊沖縄社、九一―一二二頁。

(22) 現代のペンテコスタリズムが研究のトピックであるのは、若手・中堅の手堅い調査研究が続々出ていることからも了解される。山田政信、二〇〇四、「ブラジルにおけるネオペンテコスタリズムの進展」『宗教研究』七八、七一―九二頁。白波瀬達也、二〇〇七、「釜ヶ崎におけるホームレス伝道の社会学的考察――もうひとつの野宿者支援」『宗教と社会』一三、二五―四九頁。石森大知、二〇〇八、「ソロモン諸島の「聖霊の教会」と憑依現象――クリスチャン・フェローシップ教会における過去と現在」『宗教と社会』一四、三―二二頁。藤原潤子、二〇〇八、「現代ロシアにおける宗教的求道と「歴史」の選択――カタコンベ正教会のネオ旧教徒たち」『宗教と社会』一四、四五―六八頁。

(23) 佐々木宏幹、一九七八、「カミダーリィの諸相――ユタ的職能者のイニシエーションについて」窪徳忠編、前掲書、四〇九―四二二頁。

(24) 新垣都代子・玉城隆雄・大城宜武、一九九三、『長寿県沖縄の挑戦』ひるぎ社、一三八―一四一、二八四頁。

(25) 酒井卯作、一九八七、前掲書、五〇三―五三九頁。

(26) 安達義弘、二〇〇一、『沖縄の祖先崇拝と自己アイデンティティ』九州大学出版会。

(27) 安達義弘、一九九七、「沖縄社会における祖先崇拝と自己アイデンティティの構築」『宗教研究』七一、七九―一〇三頁。

(28) 玉城隆雄、一九八六、「「ユタ」と家族関係」『沖縄社会研究』創刊号、沖縄社会学会、六四―七〇頁。その他参考になる論考としては下記を参照。野里洋、一九八六、「トートーメー問題と「ユタ」」『沖縄社会研究』創刊号、沖縄社会学会、四二―五三頁。なお、トートートーメー問題については、宮里悦、一九八一、『トートーメーは女でも継げる』国際婦人年行動計画を実践する沖縄県婦人団体連絡協議会、一―一六三頁。福里盛雄、一九八一、「沖縄におけるトートーメー（位牌）継承をめぐる問題点」『沖縄法学』九、沖縄国際大学、七五―九二頁。

(29) 大橋英寿、一九九八、『沖縄シャーマニズムの社会心理学的研究』弘文堂、一―三六頁。

(30) 大橋英寿、一九九七、前掲論文、八―一九頁。

(31) 遠山宣哉・菊池恵・田名場美雪・大橋英寿、一九九七、「老人病棟からみた沖縄の生と死」大橋英寿編、前掲書、三五―四二頁。

(32) 沖縄オバァ研究会編、二〇〇〇、『沖縄オバァ烈伝』双葉社。

(33) 酒井卯作、一九八七、前掲書、四九―一〇〇頁。

(34) 堀場清子、一九九〇、『イナグヤナナバチ――沖縄女性史を探る』ドメス出版。

(35) 沖縄の女性史については下記を参照。宮城栄昌、一九七三、『沖縄女性史』沖縄タイムス社。那覇市総務部女性室那覇女性史編集委員会編、一九九八、『那覇女性史（近代編）なは・女のあしあと』ドメス出版。また、女性問題や意識では行政調査を参照。糸満市企画部女性・平和推進課、一九九八、『糸満市女性に関する市民の意識と実態調査報告書』。沖縄市、一九九九、『女性問題に関する市民の意識と実態調査』。社会史的研究としては、安藤由美、一九八八、『激動の沖縄を生きた人々――ライフコースのコーホート分析』、早稲田大学人間総合研究センター、一―一三三頁。鈴木規之、一九九七、「沖縄女性の政治意識――ジェンダー・センシティブな視線から」『現代沖縄の政治と社会　文部省特定研究費成果報告書』、七三—八六頁。

第五章

（1）渡邊欣雄、一九九一、『漢民族の宗教——社会人類学的研究』第一書房、第二章「祖先再考」および第三章「鬼魂再考」を参照。

（2）竹田旦、一九九〇、前掲書、二一一頁。竹田旦、一九九三、「東アジアにおける死霊結婚——韓国の習俗を中心に」松崎憲三編、前掲書。

（3）櫻井徳太郎、一九八七、前掲書。（再録は、松崎憲三編、一九九三、前掲書、四一一頁）。

（4）廣田律子、一九九二、「文献に見出せる冥婚習俗とその意味」松崎憲三編、一九九三、前掲書、四一七—四六七頁。

（5）中田睦子、一九七九、「冥婚から陰陽合婚へ——台湾における冥婚類型の変化とその意味」松崎憲三編、前掲書、三一九—三四八頁。

（6）植野弘子、一九八七、「台湾漢人社会の位牌婚とその変化——父系イデオロギーと婚姻関係のジレンマ」松崎憲三編、一九九三、前掲書、三四九—三八一頁。

（7）中生勝美、一九九二、「香港の冥婚と世界観」松崎憲三編、前掲書、三八三—三九一頁。

（8）加地伸行には多数の著作があるが次の著作を参照。一九九〇、『儒教とは何か』中央公論社。一九九四、『沈黙の宗教——儒教』筑摩書房。一九九八、『家族の思想——儒教的死生観の果実』PHP研究所。儒教の本質を祖先祭祀に求める考え方に関しては、山下龍二、一九九二、『朱子学と反朱子学——日本における朱子学批判』研文社、を参照。

(9) 崔吉城、一九八四、前掲書、三二五—三四一頁。

(10) 秋葉隆、一九三三、「朝鮮巫祖伝説」、一九三五「朝鮮巫俗文化圏」(赤松智城・秋葉隆著、一九九七、『朝鮮巫俗の研究　上・下』大空社)。

(11) 玄容駿、一九八五、『済州島巫俗の研究』第一書房、三八五—四三九頁。

(12) 金良淑、二〇〇五、「済州島出身在日一世女性による巫俗信仰の実践」『韓国・朝鮮の文化社会』風響社、一四—五四頁。宮下良子、二〇〇五、「越境するシャーマニズム」『韓国・朝鮮の文化社会』風響社、五五—八五頁。

(13) 飯田剛史、二〇〇二、『在日コリアンの宗教と祭り——民族と宗教の社会学』世界思想社。第二、三、四、六章の朝鮮寺に関わる章を参照。

(14) 崔吉城、一九八四、前掲書、三五一—三五九頁。崔吉城、一九九二、『韓国の祖先崇拜』御茶の水書房も参照。

(15) 金明子、二〇〇〇、「ドクソク村で見たオグクッ(オグ巫儀式)と死婚」、『韓国巫俗学』第二集(四七—六四頁)。(韓国語)

(16) ホ・ヨンホ、二〇〇二、「忠清道死婚祭におけるパフォーマンス人形に関する研究」、『韓国巫俗学』第四集、一六九—二〇七頁。(韓国語)

(17) 竹田旦、一九九〇、前掲書。(再録は、松崎憲三編、一九九三、前掲書、二六一—二九一

頁)。竹田の著作は、下記のものも参照したが、冥婚習俗の民俗学的な意味については、この章で踏み込むことはなかった。詳細は竹田の研究を参照いただきたいが、冥婚習俗は祖先崇拝や葬墓制の大きな枠組みのなかで考察しなければならないことがよく分かる。竹田旦、一九九五、『祖先崇拝の比較民俗学——日韓両国における祖先祭祀と社会』吉川弘文館。竹田旦、二〇〇〇、『日韓祖先祭祀の比較研究』第一書房。

(18) 竹田旦、一九九〇、前掲書、第五章。

(19) 金斗憲、二〇〇八、李英美・金香男・金貞任訳、『韓国家族制度の研究』法政大学出版局、二〇三—二五五頁。(原著は、一九六九年、ソウル大学出版局から同じ書名で刊行)

(20) 和田正平、一九八八、前掲書。

(21) エヴァンズ゠プリチャード、一九八五、長島信弘・向井元子訳、『ヌアー族の親族と結婚』岩波書店、一六五—一七九頁。(Evans-Pritchard, E. E, 1951, *Kinship and Marriage Among the Nuer*, Clarendon Press.)

(22) 石川栄吉(ほか)編、一九八七『文化人類学事典』、弘文堂。

(23) 和田正平、一九八八、前掲書、二〇三頁。

初出一覧

第一章　未婚の死者に捧げる絵馬
櫻井義秀、一九八七、修士論文、「家と祖先崇拝」の一部に加筆修正

第二章　祖先崇拝と社会構造
櫻井義秀、一九八八、「家と祖先崇拝――山形県黒澤の事例を中心に」『社会学評論』一五四号、一一九―一三六頁、に加筆修正

第三章　花嫁人形と死者への思い
書き下ろし

第四章　沖縄の冥婚習俗と祖先崇拝
櫻井義秀、二〇〇〇、「長寿社会沖縄の文化・社会的特徴に関する一考察」金子勇編『都市における高齢者福祉文化の比較研究報告書』一〇三―一二五頁、に加筆修正。

第五章　冥婚の比較文化・社会構造
櫻井義秀、一九九六、書評「松崎憲三編『東アジアの死霊結婚』岩田書院、一九九三年」『宗教研究』三〇九号、一五五―一六一頁。
櫻井義秀、二〇〇二、「現代日本の冥婚習俗と家族観のゆくえ」韓・日人文学連合国際学術大会分科別研究発表（帝塚山大学）一〇月一九日
櫻井義秀、二〇〇九、「東アジアにおける冥婚文化の比較研究――日本からの視点」『東

ＡＳＩＡの宗教文化研究』創刊号、二三一―二四七頁

以上の書評、口頭発表原稿、論文をまとめ直した。

あとがき

筆者にとって本書は一二冊目の著書（編著を含む）になる。本書第二章のもとになった「家と祖先崇拝」は最初に活字化された論文でもあり、格別の思いがある。この論文が『社会学評論』に掲載されたのが二七歳のときだから、それから二〇年以上が経過している。

本書の学問的な位置や出版の意義といったことは、はしがきや各章の冒頭で記してきたので、ここでは本書の各章をなす調査や論考が人との出会いにより自然に蓄積されてきたという筆者の偽らざる実感と、そうした経緯をまとめておきたいと思う。

正直なところ、学生や院生、国内外の研究者との出会いがなければ、筆者の冥婚習俗の研究は修士論文「家と祖先崇拝」以上に広がることはなかった。そのムカサリ絵馬の調査研究も筆者だけの創意工夫でできたわけではない。様々な偶然と人の縁によるところが大きい。

東北の田舎町で生まれ、共同体的世界から脱出するべく北の都は札幌で学生生活を送った筆者は、文学部哲学科宗教学専攻であったものの、市民社会論や政治哲学に凝っていた。卒業論文も市民宗教論で書いた。そこで取りあげた論者の一人であるロバート・ベラーがイタリアの市民宗教としてカソリシズムやリベラリズム、行動主義を文化的に規定する宗教的基底音（religious ground bass）の概念を提示していた。宗教的基底音とは、制度宗教や社会行動を方向づける文化的基底といった意味である。筆者も日本における宗教文化の底流にあるものを探そうと、家制度や祖先崇拝、シャーマニズムの調査研究を志した。そこで、喜多野清一門下にして家・同族研究で著名な米村昭二先生が北海道大学文学部の社会学研究室におられることを知り、大学院での指導をお願いした。

修士課程では二年間で調査を行い、修士論文を執筆しなければならなかったが、社会学の素養はもとより社会調査の経験がない筆者は学部授業の履修も命じられるありさまで、一年次の終わり頃になってようやく調査地を選定することができた。最初は山形県東村山郡中山町の岩谷集落という挙家離村を行った山村と村の移動者を調査対象に予定していた。岩谷十八夜観音などの村落祭祀とオナカマ（シャーマン）の役割について農村社会学・宗教民俗学的な調査ができるのではないかと期待した。しかし、地元の郷土史家と良好な関係ができず、調査を途中で断念した。その後、高校時代の恩師に相談して宗教文化や地域史に詳しい方の紹介を受けた。ちょうど高等学校校長を退職されたばかりの渡辺信三先生がその方だった。渡辺先生は叔母が住む黒澤に住み、筆者の母親の実家も知っていることもあって非常によくしてもらった。共同体を嫌ったものが共同体に助けてもらっての調査だった。

黒澤は宗門改帳などの史料も多く、檀那寺のムカサリ絵馬がなんといっても新鮮だった。筆者は幼い頃に親戚の法事でこの寺を訪れており、薄暗い位牌堂に飾られたムカサリ絵馬の奉納額は風景として記憶に留めていた。もちろん、当時そうしたものに関心を示すわけもなく、気味の悪い絵だくらいのことしか覚えていない。しかし、渡辺信三先生の歴史的な説明や先生が知っている黒澤の方の奉納の経緯などの話は実に興味深いものだった。結果的に、子供の頃何度となく叔母の家に行き、またそこから母の実家へ通った黒澤集落を調査することになったのである。

こうして本書に収められた修士論文を執筆することができたが、米村昭二先生には農村社会学というよりも社会人類学の理論を感化され、渡辺信三先生に地域史や宗教民俗学の捉え方を教わった。お二人の導きがなければ、調査研究の基礎を身につけることができなかったはずであり、学恩に感謝し尽くせない。

「ムカサリ絵馬」の調査は筆者が最初に行った調査であり、学会発表や論文の形で報告したので、筆者の名前を東北の絵馬やシャーマニズムの研究で記憶された方もいたかもしれない。農村社会学、宗教民俗学を自分の研究領域にすえて本腰を入れておれば、おそらくこれほど遅れずに初期の調査研究をまとめることができただろう。実際、日本から韓国・中国に祖先崇拝のフィールドを拡大する予定だった。ところが、大幅に予定が狂うことになる。昭和六二（一九八七）年末に四〇日間ほどネパール、インド、タイに初めての海外単身バックパック旅行をした後、タイに通い続けることになった。

これにはわけがある。筆者はネパールでトレッキングをしてからインドのニューデリー国際空港に降り立ったが、荷物を奪い取らんばかりのタクシー運転手の勧誘に遭い、そこで運悪く白タクに乗ってしまった。予約していたホテルとは異なる安宿の前で停められ、これがおまえのホテルだといわれる。これは私の予約したニュー・オベロイホテルではないから自分でホテルを探すといってタクシーを降りると、数人の屈強な男たちに囲まれた。笑みを浮かべる彼らに抵抗したら殺されると思ったので、そのままハンズ・アップの状態で部屋に連れ込まれ、財布にある一〇〇ドル余りを強奪されるままにしておいた。パスポートと荷物には手をつけられなかったので助かった。まんじりともせずに夜を明かし、翌朝三倍の宿賃を請求されて外へ放り出された。皆ぐるなのだ。気づけば、同じ手口で身ぐるみ剝がされたドイツ人二人がしゃがみ込んでいた。とりあえず命拾いしたことで慰め合い、町の中心部までトボトボと歩いた。隠し持っていたトラベラーズチェックをなんとか両替して、傷心のままインド大陸を横断し、旅の最後にトランジットで立ち寄ったのがバンコクだった。タイの人々の微笑みに癒されないはずがないではないか。

南アジアは最初の体験が強烈すぎて以後一度も行っていないし、サバイバルを強いられる地域で調査などまったく考えられなかったが、そろそろ再訪してもよいかと思う。インドの強烈な個性と、東アジアの家族・宗族の強すぎる絆とそれにまつわる深い情念の世界からすると、東南アジアのあっさりした人間関係や、楽天的で前向きの人生観は魅力だった。

そういうわけで東アジア社会を調査するつもりがタイにのめり込むことになり、タイ地域研究を現在の専門と称するようになった。こうして祖先崇拝研究は中断され、シャーマニズムに関しても、カミやホトケの口開き、霊能による邪霊祓除には関心を持ち続けたが、社会学の教師という職業柄、社会病理研究会に参加するなどしているうちに霊感商法やカルト問題の調査研究が要請され、この方面でも仕事をするようになった。こうしてますます祖先崇拝や死者供養の研究から遠ざかっていったのだが、「ムカサリ絵馬」や冥婚習俗は常に気になっていた。

折しも、青森県出身の学生と弘前大学出身の大学院生を続けて指導することになり、彼女たちも青森県の宗教文化に関心を示してくれたので、一緒に勉強する機会を得た。岡村理穂子さんが秀逸な卒業論文の調査をしてくれ、その後筆者も二度ほど補足調査に出かけることができた。また、永井敬子さんは津軽のカミサマのことをよく調べてくれた。二人の調査データも本書では使用している。

沖縄については学会が沖縄開催であったり、タイ研究者の鈴木規之琉球大学教授と研究交流したりするうちに五、六度行く機会があり、その後金子勇北海道大学教授のプロジェクトでも調査してきた。タイ同様に、筆者は沖縄の風土や文化に魅せられることになる。東北日本や東アジアの家族、社会関係の桎梏やどろどろした情念の世界に馴染んでいる筆者にとって、どうも南方の明るさ・軽さにふれることで解放される気持ちになる。

こうして自然に日本の冥婚習俗が残る地域の宗教文化を調査する機会に恵まれたが、それを東アジアの宗教文化という大きな枠で考える機会も与えられることになる。平成一四（二〇〇二）年の二月に香港の中文大学において、日本語学科の先生方に「日本の家族変動と宗教観の変容」という講演をする機会があり、同年の韓・日人文学連合国際学術大会において、「現代日本の冥婚習俗と家族観のゆくえ」を話し、そのときに松崎憲三氏ほかの比較民俗学の人たちとの出会いもあった。

そして、平成二〇（二〇〇八）年末に北海道大学文学研究科において研究成果公開の新しい事業を推進することになり、専門研究の知見を踏まえた一般書の刊行（出版助成付）が企画された。本書が収録される文学研究科ライブラリ・シリーズがそれである。執筆期間は数カ月だったが、この機会にこれまでの断続的に実施された調査研究をまとめ、李賢京さんはじめ文学研究科の韓国人留学生にも資料の増補を助けてもらい、本書をようやく完成することができた。

本書の原稿を事前に読んでくれた北海道大学の猪瀬優理助教、原稿の外部審査を担当された先生方、および研究推進委員会の諸先生方にも感謝申し上げたい。北海道大学出版会ではいつものように編集者の今中智佳子氏、前田次郎氏をはじめ企画委員の先生方、スタッフの皆さんのお世話になった。本の内容に関わる文責は一切著者にあるが、本作りは多くの方々に支えてもらわなければできない。感謝の意を表して、あとがきにさせていただく。

平成二二（二〇一〇）年

著者　識す

補論　人口減少社会の希望としての結婚

一　長寿社会

めでたさも中くらいなり長寿社会

日本は世界に冠たる長寿国である。日本人男性の平均寿命は二〇二二年で八一・〇五歳、女性は八七・〇九歳となり、男性は世界第二位、女性は世界第一位である。長寿であるためには、医療制度が整っていることはもちろん、栄養や衛生に問題なく、何より戦争や自然災害により命を落とす確率が極めて低い平和な国でなければならない。

日本人はとかく他国との比較において見劣りする点を問題にしがちだが、長寿という人間の総合力においてこれだけの豊かさを示せていることを誇って良いと思う。もちろん、私も六三歳の時点において平均余命が二〇年と少しあることを喜びたい。八〇歳の男性はあと八年、女性は一二年、一〇〇歳の男性はあと一年半、女性はあと二年半生きられる。ちなみに一〇〇歳以上の高齢者は全国に約八万人。そのうち九割が女性である。

平均寿命とは年齢〇歳の人口集団の平均余命をいうので、どの年齢でも平均寿命まで生き延びておれば、若死にした人の分を余計に生きられるわけだ。ところが、長生きの喜びは、社会的に低減傾向にあるようだ。

長生きが嬉しいことか、そうでもないのかは、その時点の健康状態や暮らしぶりに左右される。

日本人の健康寿命（健康上の問題で日常生活が制限されることなく生活できる期間）は、男性で約七三歳、女性で約七五歳と平均寿命より十年近く短い。その意味は、健康寿命後は、病院などへ通院・入院する可能性がぐんと上がり、最晩年は施設入居や自宅での介護を必要とするかもしれないということである。政府は、六五歳以上の介護保険の利用者負担も原則一割から二割へ上げること（朝日新聞、二〇二三年一一月六日）や、七五歳以上の後期高齢者の医療費の窓口負担を原則一割から二割への引き上げを検討していると伝えられた（日本経済新聞、二〇二三年一二月二日）。長生きにはお金がかかる。

勤め人をモデルにライフコースを考えると、二五歳頃までに就職し六五歳で退職するまで四〇年働いて、その後二〇年間を年金生活で大丈夫かということになる。最初に月給二〇万円で働き始め、辞める前には六〇万円の月給だったとしよう。国税庁によれば、二〇二二年における労働者の平均給与は年収で四六一万円なので、平均月収は約三八万円である。簡便のために平均標準報酬額を四〇万円とすると、厚生年金給付額は年間約一二〇万円、老齢基礎年金給付額は年間約八〇万円なので計二〇〇万円。第三号被保険者で専業主婦の妻がいれば、さらに八〇万円で二八〇万円となり、月額二三万円で老夫婦暮らせないこともない。

ところが、総務省統計局の家計調査によれば、二〇二二年の二人以上の世帯（平均世帯人員二・九一人、世帯主の平均年齢六〇・一歳）の消費支出は、一世帯当たり月約二九万円である。年金との差額六万円分を六〇歳時の平均余命まで積算すると男性で八三歳までで一六五六万円。女性は八九歳なのでその後六年間夫の遺族基礎年金と遺族厚生年金を受け取るとしても総受給額が減るので、二千万円くらいは不足するというのが、いわゆる年金不足分二千万円説の大雑把な計算になる。そのくらいの貯金があるとおおよそ帳尻が合う。

総務省の家計調査によると、二〇二二年で世帯主が六五歳以上の世帯における貯蓄額の中央値は一六七七万円である。平均値は二四一四万円となるが、高額貯金者によって平均が引き上げられている。多くの世帯において六五歳以降に年金と貯蓄だけで暮らせないことがわかる。

二〇二二年の高齢者白書によれば、二〇二一年の労働力人口比率は、六五～六九歳で約五二パーセント、七〇～七四歳で三三パーセント、七五歳以上は約一〇パーセントと、働く高齢者は年々増加している。農林水産省の調べでは、二〇二〇年の基幹的農業従事者の平均年齢は約六八歳であり、職人や介護職など手に職のある方や、小規模事業者であれば身体の動くうちは働いている。

大雑把に言って、日本人に老後の悠々自適な年金暮らしはない。著者が定年間近の高齢者であるために、その立場から老後の算段をしてみた次第である。これからの日本人は何歳であろうと身体が弱るまで働く必要が出てきたのは、長寿化のおかげだけではない。円の価値が下がり、実質購買力が長期低落傾向にあるからである。外国人にとっては安い日本になり、海外からの旅行客は激増するが、日本からの海外旅行はまさに贅沢になり、エネルギー資源や食糧などを輸入品に頼るために諸物価が高騰し、年金も貯蓄も目減りしているから、高齢者も可能な限り働かざるを得ないのである。

さらに、日本経済にとって長期的に最も影響を与えるのが人口減少である。

人口減少社会の近未来

「人口は幾何級数的に増加するのに対し食糧は算術級数的に増加するにすぎない」と著

書『人口論』でマルサスが述べたように、食糧生産に見合った形で人口を抑制したのが近代以前の社会だった。日本で具体的に言えば、間引きの産児調節を行うか、結婚を禁じる階層（下人の身分、次男以下の部屋住み）を設けるしかなかった。近世以前の日本では人口増加の速度はゆったりしており、封建社会に至ってようやく戦乱の休止と新田開発が相まってわずか百年で人口を倍加できたのである。しかしながら、土地の生産性向上が限界に達し、天候不順による飢饉が発生することで江戸時代の後期一五〇年ほどは日本の人口に変化がなかった。これが劇的に変わるのが近代である。

明治から第二次世界大戦の前までに日本の人口は再び倍加した。医療の発達によって幼児死亡率が下がり、数名の兄弟姉妹が生き残るようになった。そのため、食えない若者たちを内植民地としての北海道、海外の台湾・朝鮮半島の植民地へ送り出し、さらに、ハワイや南米にも移民を送り出した。この世代の出生率が非常に高かったために、二〇世紀の後半に出生率が急激に低下してもなお日本の人口は増加し続けた。高度経済成長の恩恵を受けて、日本は食糧を海外から安く買える国家になり、飽食の時代に入った。

二〇〇五年に至ってようやく人口増加が減少に転じ始めた。出生率の減少により自然増が減る一方（少子化）で、高齢者も多数亡くなっていく（多死化）ために人口が減少するのである。二〇世紀で四倍化した人口は二一世紀で約半分から三分の一になることが国立社会保障・人口問題研究所によって推計されている。人口変動の推計は、世界大戦でもない限り、気候変動の予測よりはるかに確かである。

ただし、人口減少は日本全体として生じるとしても、地方から都市への人口流出、特に東京への一極集中が進むために首都圏では人口が維持される。そして、地方の中山間地域ではすでに三〇年以上前から過疎化、地方県では人口減少が進行している。

日本の経済にとって深刻なのは、人口減少と人口構造の変化が同時に進行していくことである。生産人口が減れば、消費人口も減る。どのくらいモノが売れなくなるかは、地方商店街のシャッター通りから予想できる。高齢人口が五〇パーセント以上になって自治機能が限界に達する村落や自治体が地方に続出する。日本全体で見れば、老年世代を若い世代が支える賦課方式の年金制度は積み立て分を取り崩し、公的医療保険や介護保険は自己負担割合が高まる。

ところで、札幌市の人口は一九〇万人である。私の自宅は札幌駅から一〇キロ圏内にあり、都市開発から約五〇年を経た街の中にある。しかし、二〇二三年の四月から最寄りのバス停を通るバス路線が廃止され、別の路線のバス停は数百メートル離れ、一時間に一本しか走らない。理由は、周辺人口の高齢化に伴う学生や勤め人の減少とバス運転手の確保困難である。その結果、朝晩の通勤では、最寄りの地下鉄駅まで片道約二キロを歩かざる

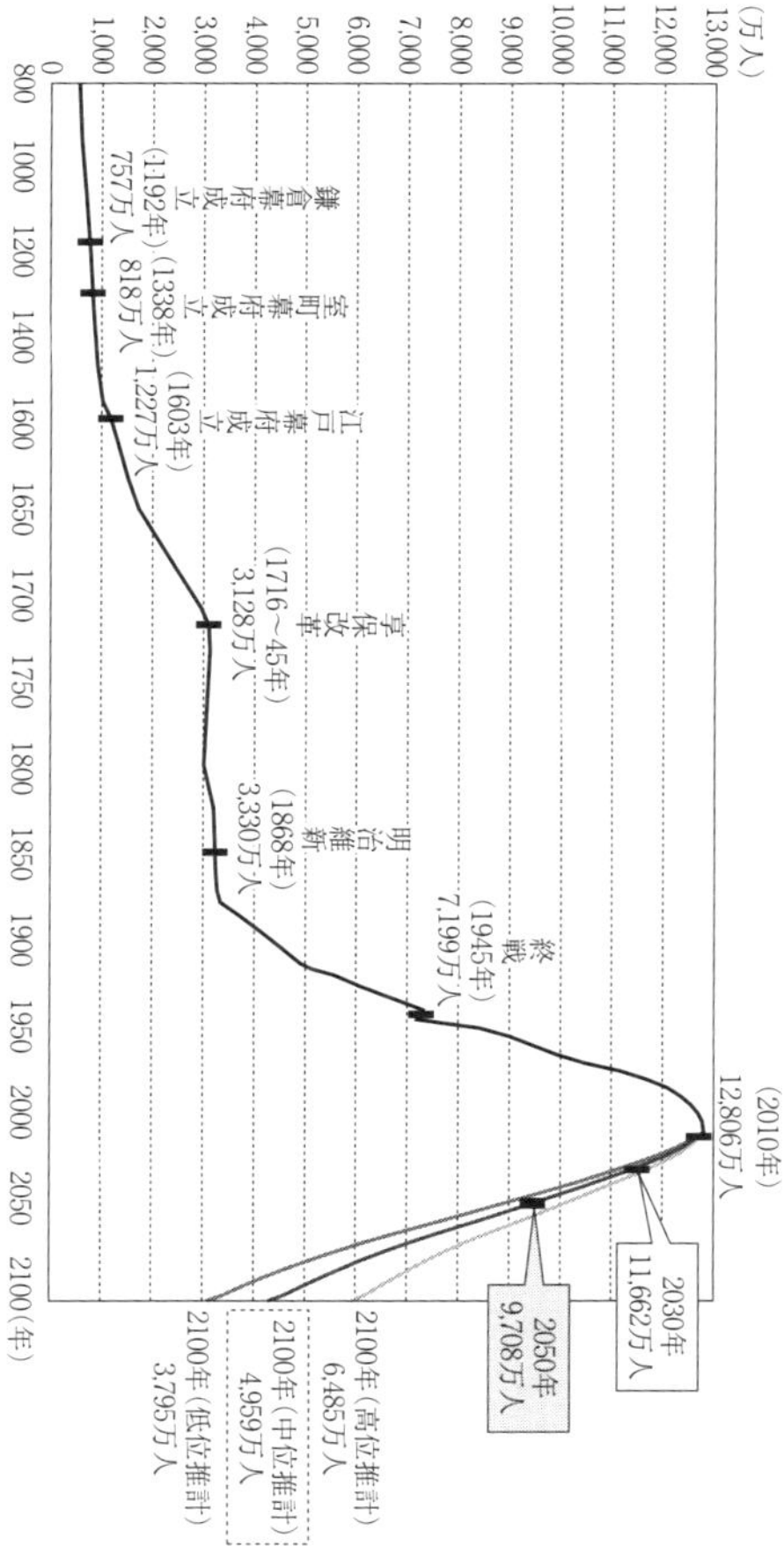

図　日本の人口変動　1300年の変化

を得なくなった。

ウォーキングが健康に良いのは無雪期の話であり、冬は思いやられる。札幌市は世界に冠たる豪雪都市であり、累積の積雪深は五メートルに達する。猛吹雪でホワイトアウトになった時は街中で遭難する。一晩で数十センチ積もった朝などは、小一時間の除雪後、覚悟を決めて冬靴の裏に簡易アイゼンをつけて地下鉄駅まで歩くしかないのだろう。

札幌市の除雪体制として幹線道路とバス路線、児童の通学路しかカバーされず、そこを外れた市道はいかに住宅街であろうと市民の自助努力で除雪・排雪を行うしかない。例年、大雪の朝は三〇分から四〇分かけて玄関と車庫周りを除雪するのだが、これをやったうえに駅まで歩くのは、高年齢者の私にとってはなかなかの仕事になるだろう。

人口減少社会に先んずるエッセンシャルワーカー減少時代の実態がここにある。バスやタクシー、宅配便のドライバーのみならず、介護職も不足している。厚生労働省の遠大な目標である「地域包括ケア（施設医療・介護ではなく、在宅医療・介護で最期まで自立した生活を送れるように生活支援を行う仕組み）」は、それ以外の道がないとしても、けして高齢者にとって理想的な未来とは言えないだろう。実際、訪問介護職従事者の平均年齢は五四歳で、六〇歳以上が四割、有効求人倍率は一五倍となっており、団塊の世代が要支援・要介護の段階に入る一〇年後に介護人材不足の程度は甚だしいものとなろう（介護ニュース、二〇二三年七月二四日）。個人的な愚痴はこの程度にして、日本全体の少子化問題に筆を進めなければいけない。

少子化と晩婚化・未婚化

少子化は合計特殊出生率の低下によってもたらされる。それには有配偶女子の出生率の低下と、未婚女性の増加という二つの側面がある。

女性の平均初婚年齢は、一九〇〇年の二三・一歳から、一九五五年の二四・三歳、一九八〇年の二五・九歳、一九九〇年の二六・九歳、二〇〇〇年の二八・二歳、二〇二〇年の二九・四歳と上昇している。いわゆる統計上の晩婚化である。二〇歳前後で結婚する人は少なくないが、それ以上に三〇代、四〇代の初婚の人が増えてきた。生物学的な受胎能力という点では二〇代の方がそれ以上の世代に勝るが、親の成熟度や財力という点では三〇代、四〇代が有利かもしれない。しかし、晩婚であれば、子育てに適した体力・経済力がある期間は限られている。出産される子供の減少はここに由来する。

年齢階級別未婚率の推移を見ると、日本では結婚を三〇代後半から四〇代に先延ばしにする世代が増えてきていることがわかる。現在、女性は三〇代前半において三人に一人、後半でも五人に一人が未婚である。男性は三〇代前半で二人に一人、後半でも三人に一人

表　年齢階級別未婚率の推移

男性　（%）

	1980年	1985年	1990年	1995年	2000年	2005年	2010年	2015年	2020年
20-24歳	91.8	92.5	93.6	93.3	92.9	93.5	94.0	95.0	98.7
25-29歳	55.2	60.6	65.1	67.4	69.4	71.4	71.8	72.7	85.2
30-34歳	21.5	28.2	32.8	37.5	42.9	47.1	47.3	47.1	55.2
35-39歳	8.5	14.2	19.1	22.7	26.2	31.2	35.6	35.0	38.4
40-44歳	4.7	7.4	11.8	16.5	18.7	22.7	28.6	30.0	30.5
45-49歳	3.1	4.7	6.8	11.3	14.8	17.6	22.5	25.9	27.8
50-54歳	2.1	3.1	4.4	6.7	10.3	14.4	17.8	20.9	25.9

女性　（%）

	1980年	1985年	1990年	1995年	2000年	2005年	2010年	2015年	2020年
20-24歳	77.8	81.6	86.0	86.8	88.0	88.7	89.6	91.4	97.8
25-29歳	24.0	30.6	40.4	48.2	54.0	59.1	60.3	61.3	77.5
30-34歳	9.1	10.4	13.9	19.7	26.6	32.0	34.5	34.6	42.8
35-39歳	5.5	6.6	7.5	10.1	13.9	18.7	23.1	23.9	26.8
40-44歳	4.4	4.9	5.8	6.8	8.6	12.2	17.4	19.3	20.4
45-49歳	4.5	4.3	4.6	5.6	6.3	8.3	12.6	16.1	18.2
50-54歳	4.4	4.4	4.1	4.6	5.3	6.2	8.7	12.0	16.4

出所）総務省統計局「国勢調査」

しか結婚していない。夫婚率は男女ともにどの世代においても一貫して増加傾向にあり、未婚者がどんどん上の世代にあがってきている。早晩、中年世代において既婚者と独身の人たちが拮抗する可能性は否定できない。

もちろん、長寿化に伴い青年期も長期化しているので、四〇代の人を中年扱いしたら失礼にあたるかもしれない。かくいう筆者も六三歳ながらまだまだオジサンの気分であり、学生くらいの若者からオジイチャン呼ばわりされたときなど憤然としたものである。

ところで、日本では未婚化が少子化に直結する。ヨーロッパでは同棲して子供を産み、結婚するものが相当数いる。日本と韓国は婚外子の出産割合が極めて低く、韓国の合計特殊出生率は〇・七と深刻である。北欧、中欧諸国では、子育て支援を正式な結婚をしているかどうかにかかわらず、子ども単位で行っているために婚外子の出産割合が低い国でも婚外子が増えてきている。母親の出産意欲を促すのかもしれない。恋愛、出産・子育て、その後結婚という流れは、現代の家族形成のパターンとして定着しつつある。

しかし、日本では婚外子は二パーセントである。仮に出産可能な女性に出産意欲があったとしても結婚というイベントを経由しなければ出産はなされない。恋愛だけでは不十分で、結婚のハードルを越えて初めて安心して出産できると多くの人が考えているためだ。もっとも、近年、ダブルハッピーといって妊娠・出産と結婚を同時期に行うカップルが芸能人をはじめ増えているらしく、出生率をあげるという意味ではまことに結構な傾向である。

日本において本格的な少子化対策をなすとすれば、既に出産したカップルに対して支援するだけではなく、結婚をためらっているカップルや結婚相手を探そうとする青年男女を鼓舞する方が効果は高い。その方が出生率の上昇に効果的だが、仲人をする世話好きのオジサン・オバサンは減り、学生結婚や職場結婚も振るわない時代である。公設見合機関などを設けるのはそもそも若者が稀少な地方自治体に限定され、大量の若者が居住する都市部では、四〇代までシングルライフを送るライフスタイルがマイナーではなくなっている。

未婚化・晩婚化の他の理由

日本で議論されている様々な未婚化の要因を整理したのが次の図である。ここでは社会制度や婚姻制度の変化が個人の結婚行動に与えた影響を考察しておきたい。

① 社会制度の変化。現代社会においては家族の扶養機能が福祉国家に部分的に代替されてきた。社会保障制度が充実することで、従来は家族・親族の相互扶助機能であった子供の養育や親の介護が行政サービスに外部化可能になった。家族の規模が縮小しただけでなく、家族に依らなければ生きていけない環境が大きく変化した。従来、女性は結婚して子をなすことで社会に居場所を確保してきたのだが、女性の高学歴化・就業がごく当たり前になると男性同様に学生・職業人として青年期を過ごし、結婚への社会経済的圧力が相当に減った。いい人がいれば結婚すればよいし、いなければシングルの社会人として生活すればよいと青年たちも考え、親も理解を示している。焦っているのは跡継ぎがほしい名家だけだ。

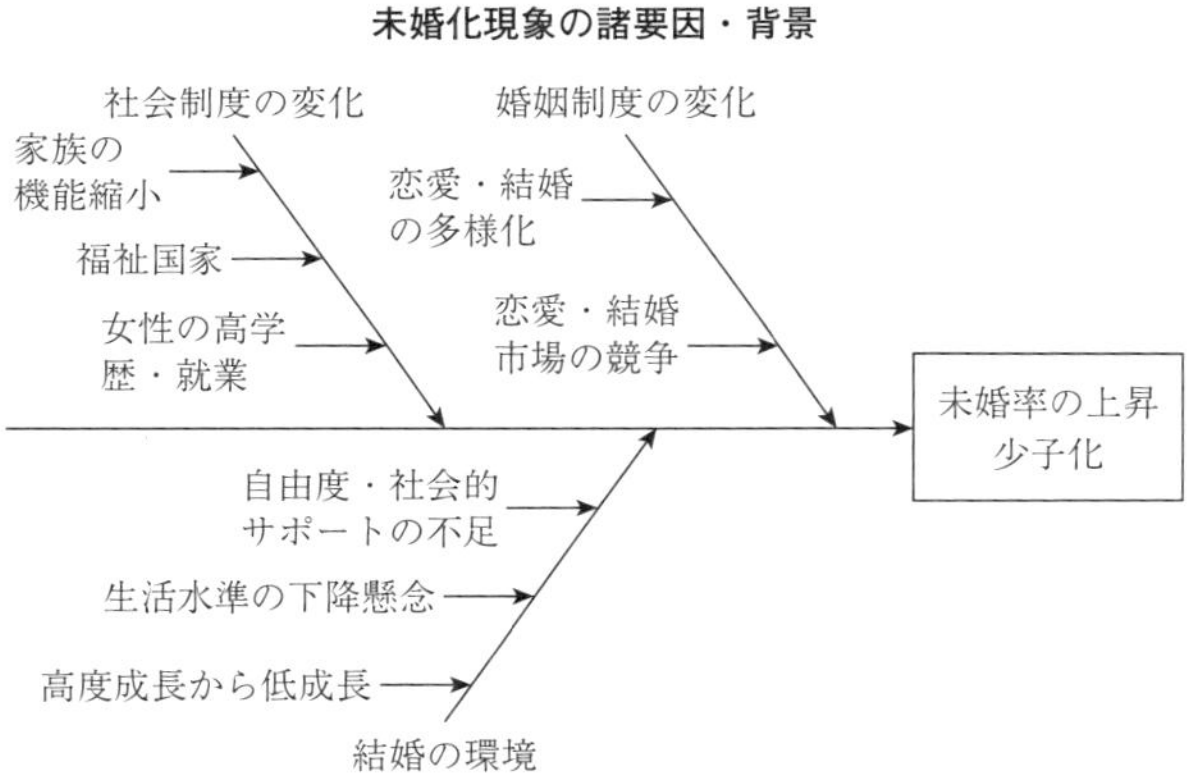

図　未婚化を促進した社会的要因

②婚姻慣行の変化。日本では見合い婚から恋愛婚へ大きくシフトし、二〇一四年の出生動向調査では見合い婚はわずか五・五パーセントに減少した。一九六〇年代後半が見合い婚と恋愛婚の比率が逆転した時代であり、高度経済成長期において男女ともに高校、大学への進学率が伸び、女性が働ける職場も徐々に増えてきた。結婚前の男女交際も認められる時代に入った。青年男女は自然に恋愛し、結婚していくと考えられたが、必ずしもそうならなかった。

　見合い婚が主流の時代、大人が様々な形で配偶者を斡旋してくれたので子供は従順であれば、しかるべき年齢に結婚できた。社会が人は結婚すべきという規範を保持している限り、婚姻率はそう下がらない。ところが、恋愛婚への転換は、社会主義の計画経済が資本主義の自由市場経済に突然切り替わったようなものである。いわゆる恋愛市場においては、相手を自分で探し、自分で交渉しなければならない。交渉に長《た》けた人と苦手な人がいる。男性が女性に対して気だてや容姿を期待し、女性が男性に経済力を期待して交渉相手の幅を絞り込むとなると、恋愛市場にはモテル人、モテナイ人に分かれてくる。世の中に男女は無数にいるといっても、そう遠くまで交渉に出かけられないし、手持ちの札にも限りがある。

恋愛から結婚にこぎつけるのは、見合い婚と比べて本人の才覚・努力がかなり必要とされ、社会的配偶者割り当ての仕組みがほとんどなくなった以上、未婚化するのは当然なのだ。見合い婚が元々存在しなかった欧米やアジアの他の国々と少子化対策を比較する際に、婚姻制度の変化という特殊日本的な要因を考えないわけにはいかない。

③　結婚の社会経済的環境。これは悪化している。加藤彰彦が行った日本家族調査データの分析によれば、晩婚化が進みはじめたのは一九五一～五五年の間に生まれた男女であり、一九七〇年代から八〇年代にかけて彼らは青年期を迎えた。高度経済成長が一段落を迎えた時期である。経済成長率は男性では三〇代前半、女性では二〇代後半に最も結婚確率を高めるような効果があり、男性の職種では経済成長率が九パーセン

ト程度あると大企業の被雇用者と中小の被雇用者・自営および臨時職といった職種・収入の結婚確率の格差をかなり低減する効果があったとされる。要するに、高度経済成長期が終わって年率三～四パーセント程度の安定成長期に入り、バブル経済、バブル崩壊と失われた一〇年、その後の格差社会といった時代の流れにおいて結婚環境は変わってきた。

俗に「いい男がいない。だから結婚しない、できない」と若い女性はいうのだが、よい仕事とよい収入を持つ男はいつの時代も得難いものだ。将来展望を持ち自信に満ちあふれた男は、一九六〇、七〇年代には多かったかもしれない。今後は、男女ともに将来へのリスクを分かち合うべく、それぞれに働き、少ない収入をかき集めてつましく暮らす家族の姿が議論されてよい。一人一人別々に暮らすよりは二人で暮らせば一・五人分の生活費で足りる。手鍋下げても一緒になると昔は言ったものだが、何はなくても新しく始めようという気持ちさえあれば、結婚を躊躇することはない。しかし、将来に賭けるといった決断を女性に促せるほどの男は、いつの時代も一握りしかいないこともまた事実である。

生きづらさを強いられる若者たち

プレカリアートとは、不安定を意味するプレカリテとプロレタリアートを組み合わせた造語であり、派遣労働や日雇い等の非正規労働者、失業者など社会的不安定な位置に置かれた人たちの総称として日本でも使用されつつある。労働組合運動が正規労働者の既得権益確保以外に明確な政治的スローガンを持たないなか、非正規労働者数は正規労働者数の半数に達し、二〇二二年の労働組合加入率は一七パーセントに落ち込んでいる（厚生労働省「労働組合基礎調査」）。

いわゆる団塊の世代ジュニア（一九七〇年から一九八〇年代の間に出生）は、学業を終えた就職時期にバブル崩壊後の就職氷河期を経験し、前後の世代と比べて非正規労働者の数が多い。ロス・ジェネ（ロスト・ジェネレーション）という割を食った世代は、両親の世代がコツコツと真面目に働けば家も建ち、家庭も持てたのに、なぜ自分たちはこんな見通しのない時代を生きなければならないのかと、社会への怒りを露わにすることがある。

このような生きづらさを抱えた世代が結婚、出産、子育てのライフコースを歩み始めるためには多くの障害がある。未婚化対策は最終的には若者世代の雇用の改善を柱に据えなければ実効性がない。もちろん、政府は若者向けのジョブ・カフェや就業訓練などを行っているが、効果は限定的だ。二〇〇九年の景気悪化を受けて多くの企業は非正規雇用切りや学生への内定取消など行うところがあったが、雇用流動化を自ら進めてきただけに産業界への働きかけが弱い。

若者たちは結婚を先延ばしにせざるをえない。とりわけ、高卒者、非正規雇用しか経験していないものたちが結婚のタイミングを計ることは難しい。未婚化による出生率の低下はさらに深刻化するものと思われるが、もはやこの二〇、三〇年間の間に日本社会が結婚について考えてきた様々な事柄を根本的に考え直していかないと事態は打開しないのではないかと考えられる。筆者が考える事態の打開とは、出生率の回復でも人口減少社会の回避でもなく、あくまでもそうした社会状況でも生きていけるような環境作りを施策とするソフトランディングである。

二　少子化対策をめぐる論議

政府の少子化対策

政府は一九九四年に「今後の子育て支援のための施策の基本的方向について」（エンゼルプラン）と緊急保育対策等五カ年事業を実施し、一九九九年に新エンゼルプランに事業を継続させ、主として保育サービスの充実や小児医療・子育て相談、家庭教育等の事業を展開した。二〇〇三年に少子化社会対策基本法（平成一五年法律第一三三号）が策定され、翌年少子化社会対策大綱を定め、少子化の流れを止めるべく対策の柱を次のようにすえた。

① 若者の自立化を促し、職業や結婚、出産、子育てなどの自己実現を支援する。
② 結婚や出産をためらわせる障壁を取り除き、子育ての不安や負担を軽減するべく、保育や労働環境を整備する。
③ 次世代育成を支援するために地域社会の支え合いの力を活性化させる施策を行う。

少子化対策の諸施策は多々あるが、二〇〇八年度は総額一兆五七一五億円（前年度比三・六パーセント増）の予算が組まれ、子育て支援の範囲を乳幼児の医療から高等教育段階の奨学金まで広げ、非正規雇用者のチャレンジ支援等にも三三三億円の予算を組んでいる。

これほどの予算を計上するのは、少子化対策によって結婚および出産を促進し、出生率を増加させることが可能と考えられているからだ。なにしろ、二〇〇六年の出生動向基本調査によれば、いずれ結婚するつもりという独身者は男性八七・〇パーセント、女性九〇・〇パーセントに達し、九割方の若者が結婚を先延ばしにしているだけでいずれ結婚す

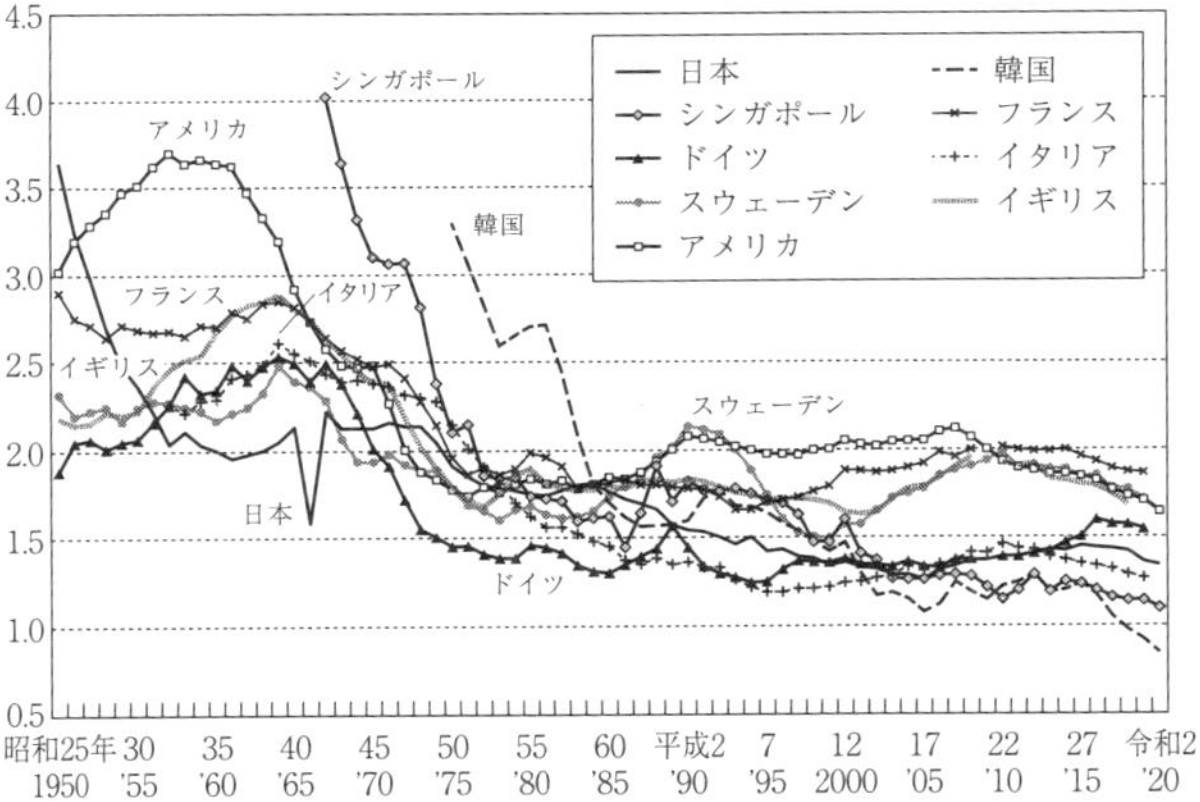

図　合計特殊出生率の国際比較　昭和25～令和２年

注：１）日本の2020年は概数、韓国、アメリカの2020年およびフランスの2019年は暫定値である。
　　２）1990年以前のドイツは、旧西ドイツの数値である。
　　３）1981年以前のイギリスは、イングランド・ウェールズの数値である。

資料：当該国からの資料による。
U. N. Demographic Yearbook, 2019, Eurostat Statistics Database による。

るつもりがあると答えている。しかも、結婚していないにもかかわらず、彼らは男性で二・〇七人、女性で二・一〇人の子供がほしいと回答する。既に結婚している夫婦に理想の子供数を尋ねると、男性で二・四人、女性で二・一人と答えていた。

政府はこのような結婚意欲、出生意欲調査に基づいて、将来の人口を楽観的に予測した。出生率が一・七五に回復するというのは、一九八〇年の水準に戻るということだ。もちろん、すぐに三〇年逆戻りできるというような予測ではなく、徐々に二〇四〇年まで三〇年をかけて戻すという息の長い努力が必要だが、それは可能であるという根拠に、ヨーロッパにおいて出生率を回復した先進事例が紹介された。

アメリカにおける出生率の回復は中米からの移民たちの高い出生率に支えられており、フランス、スウェーデンは少子化対策が功を奏しているものと思われる。しかしながら、どちらの国の対策もこの一〇年やそこらで始まったものではなく、数十年の長きにわたって子供の養育や女性の就業継続への様々な手当がなされ、制度化されている。それに加えて、同棲や事実婚への社会的寛容度が高く、子供の権利は嫡子・庶子の区別がなされないという点も出生率回復の重要な要素として挙げられる。庶子の割合が低いイタリアの出生率は低下の一途をたどっている。日本では少子化対策を実施しても、同棲や事実婚の拡大、庶子の増加を予測することは難しいと思われる。

出生率を回復した国とは対照的に低下の一途をたどる国家群が東アジア、東南アジアの経済発展を遂げた国である。華人が住む台湾、香港、シンガポールは中国本土のように一人っ子政策を国が採用したわけではない。韓国、日本を含めてこれらの国々は、少子高齢化が進行している。その理由にはかなり共通性があるように思われる。ヨーロッパの出生率を回復した国とまったく異なるのは、同棲や事実婚への社会的寛容度が驚くほど低く、父系出自集団が強い。家族や一門の誉れ、繁栄を大事にする民族が少子化に陥っているという現象をどのように考えたらよいのだろうか。

次に、出生率の低下を地域や文化という特殊要因からではなく、一般的な要因によって説明する議論を見ていこう。

少子化対策をめぐる論議

少子化の要因は社会経済的な状況、世代の記憶、結婚制度の変化、あるいは男女の不均衡なジェンダー関係など様々な要因が複雑に関連している。どれか一つだけの要因を改善したとしても少子化の傾向は簡単には改善されないだろう。

金子勇は社会学における少子化論のパイオニアである。彼は、賦課方式の年金制度においても世代間の利害対立が表面化しているが、社会保障制度の根幹を担う次世代の子供た

金子勇による子育て基金の提言

①30〜64歳までの国民6000万人余りが年収平均１％分（約５万円）を負担し、３兆円を出す。
②65歳以上国民が受領する年金総額46兆円の１割である4.6兆円を基金に入れる。
③消費税を２％上げて4.6兆円を確保し、①②③を総計して12.２兆円を子育て資金とする。
④０〜18歳までの約2300万人の子供全員に年間48万円、総額11兆円を毎年支給する。

出所）金子勇，2007，p.187。

ちの養育においても世代間と個人・家族間の平等を確保すべきだという。つまり、現在の子育て支援は「待機児童ゼロ作戦」など保育施設の拡充など働く親を中心に考えているが、日本において就学前児童の保育所等利用率は全年齢平均で五二・四パーセントであり、残りの専業主婦による自助努力の子育てを行政があてにして支援を行わないのはいかがなものかという。あるいは、子供を持たなかったシングルの人たちやカップルが真面目に子育てした夫婦の子供たちにただ乗りするのもいかがなものかという。結論として、次世代育成のコストを社会全体で共有すべきではないかと。これは高齢者の介護を介護保険によって社会で分担するのと同じだという立論である。

そこで金子は子供と青年を除いて、老年世代、稼働世代を含めた国民全員が子育て基金を負担することを提言する。文字通りの男女老若男女共生社会と金子はいう。

岸田政権のこども・子育て政策

子育ての経済的支援	児童手当の拡充	所得制限の撤廃、高校まで
	出産との経済的負担の軽減	42万円から50万円に
	高等教育費の負担軽減	理系拡充、多子世帯、授業料後払い
	年収の壁の対応	被用者保険の適用拡大
	住宅支援の強化	フラット35の金利優遇
全ての子育て世帯	伴走型相談支援	産前・産後のケア事業
	幼児教育保育の質の向上	職員配置基準見直し、処遇改善
	誰でも保育	時間単位で柔軟に利用
	障害児就学・療養支援	「こども大綱」の策定
	子育てに優しい社会	こどもまんなか応援サポーター
共働き・共育ての推進	男性育休取得率を85％に	業務を代替する社員への手当支給
	育休手当の給付率10割に	2025年度からの実施
	働き方の選択の拡充	短時間勤務・テレワーク・休暇
	時短勤務者への給付	「育児時短就業給付（仮称）」を創設
安定財源確保と予算倍増	こども子育て予算の財源確保	歳出改革、企業の支援金制度とこども特例公債
	予算の倍増	2030年代初頭までにこども家庭庁予算の倍増　６兆円をめざす

出所）「岸田内閣の主要政策」，首相官邸。

金子の試算では年間四八万円を一八年間支給して総額八六四万円が全ての子供の養育・教育資金とされる。受給する親が適切に使用するかどうかの問題は残るが、公平な負担、公平な配分を考えれば画期的な発想といえる。

もちろん、子供を持とうとしても持てない夫婦や、未婚化の時代にあって最終的にシングルを通す人たち、あるいは性的マイノリティの人たちには不公平感が残るかもしれない。また、子育ては負担であると同時に親に喜びを返してくれもする。中には公的社会保障に加えて親の面倒を見てくれる孝行息子・娘もいよう。子供を持たない人たちはこれらの便益を受けられない。このような細部の問題があるので年間四八万円は妥当な給付金の額かもしれない。

金子による子育て基金の提言は、二〇二三年四月一日に創設されたこども家庭庁の施策として展開されることになるが、ギアをあげたのが岸田政権の「こども・子育て」政策である。

個々の政策については、従来からなされてきた、①子育て世帯の育児・教育費などの支援、②保育所の環境整備や職員の処遇改善、③育児休暇取得や手当の拡充が中心であり、特段新奇な施策はない。そのために、二〇二五年度から多子世帯（子供三人以上）向けに所得制限なしで高等教育進学者の学費を無償化するという政策が追加で実施されることになる（日本経済新聞、二〇二三年一二月八日）。

日本では、二〇二二年において子供人数が最も多いのは一人で四九・三パーセント、二人は三八パーセント、三人以上は一二・七パーセントである（厚生労働省「国民生活基礎調査」）。二〇二二年度の大学進学率は五六・六パーセントであり、短期大学・高等専門学校を加えると約六〇パーセントである（文部科学省「学校基本調査」）。ここからわかることは、現時点で考えて約一三パーセントの世帯において子供を大学に進学させる約六割の家庭約

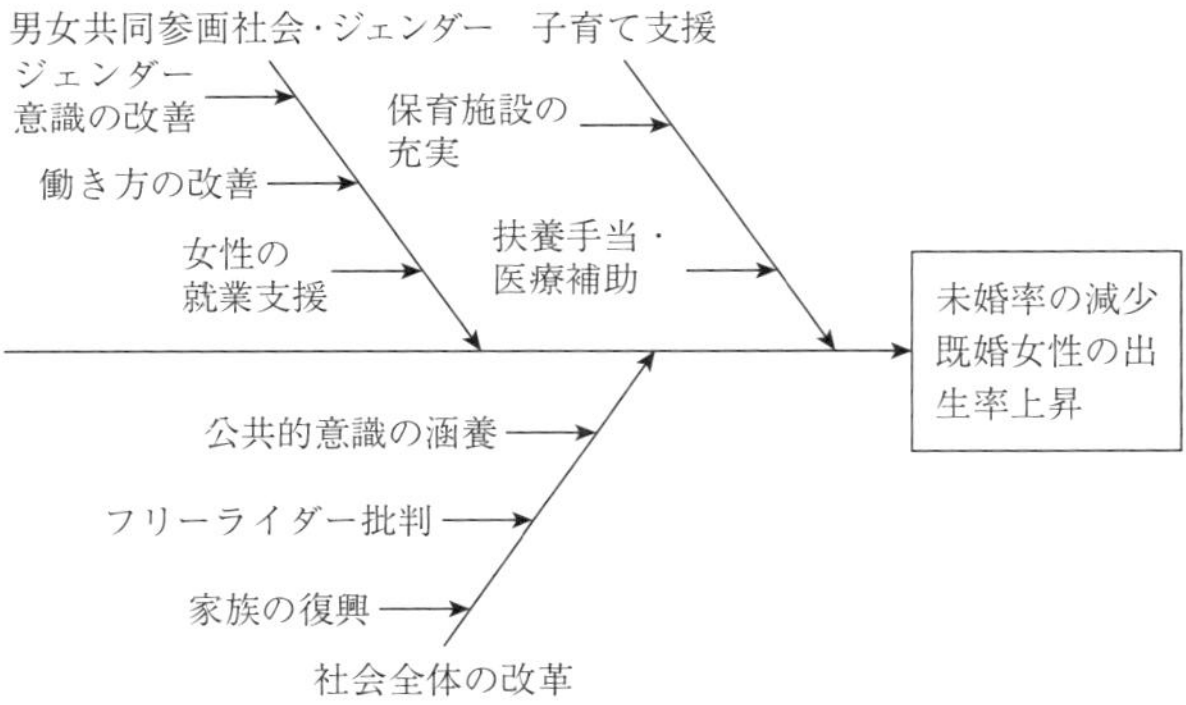

図　少子化対策の構図

八パーセントが、この制度の恩恵を受けることになる。既に、住民税の非課税世帯（半数が高齢者世帯）の子供は大学授業料無償となっているが、無償と有償の差は大きい。三人目と二人目の差も大きいだろう。不公正という批判が続出したのもうなずける。国民民主党の前原誠司氏らが「教育無償化実現する会」といったワンイシュー政党の立党も流れを読んでいるわけである（朝日新聞、二〇二三年一一月三〇日）。

それにしても、問題は財源の確保である。金子は子育て基金の財源を税で国民等しく支えることを考えた。老若男女、子供のあるなしにかかわらず、未来社会を担う子供に対して子育て経費を負担するわけである。ところが、岸田政権では「こども・子育て拠出金」を厚生年金保険料とともに徴収することを計画している。保険料というのは、基本的にはかけた本人が受益者となる個人完結の仕組みであり、かけてない人に益が及ぶことはない。もちろん、かけた人同士でも医療・介護などで多額の保険を使う人と少額の保険しか使わない人もいるが、かけた人同士の互助である。ところが、所得税や地方税を納めた人も納めなかった人も同じく行政的サービスを受けることができるのは、国家の共同性に基づく。おそらく、世代間の支え合いも社会全体の共同性に基づくものであるから、保険料ではなく税負担が本来の姿である。

いずれにせよ、安定的な財源を確保せずに、また、社会保障経費の増大に対応するべく増税による負担を国民に説得することなく、口当たりの良い給付・支援の拡充のみを政策として推し進めれば、よくて税源不足による頓挫、継続すればするほど財政赤字が拡大して社会保障の制度自体を揺るがすことになるだろう。

少子化をめぐる議論において重要な論点は、世代間の公平な負担である。日本はわずか六〇年弱の間に、戦後復興期、高度経済成長、バブル経済、失われた一〇年・ロスジェネ、格差社会といった異なる社会経済的状況に青年期、壮年期、老年期を迎える世代を抱えてきた。まさに、出生コーホートごとに価値観やライフスタイルが異なる世代が社会を構成している複合社会なのだ。前半に生まれたものほど子供時代・青年時代に貧しく、老年は年金等において報いられるが、後半に生まれたものは子供時代・青年時代は比較的豊かに暮らせたものの、老年期の生活保障に対して不安を消せない状況にある。

月並みないい方になるが、政府の役割は各世代の不安や不満を解消し、現在の福祉社会を維持するために必要な財政的負担を分かち合い、特定の世代に対する支援を理解してもらうための政策を打ち出すことだろう。

三　結婚について考えるために

家族社会学の研究動向

一九七〇年代から八〇年代前半にかけて家族社会学で押さえておくべき議論とされたのは、まずは家族の構造と機能、家族周期論、家族ライフコース論だった。筆者は大学院時代に農村家族と祖先崇拝の研究を行っていたので、家・同族という歴史的な家父長制家族か、地方農村の旧家を研究していたが、もうこの時代でもイエ意識はかなり衰退していた。

地方から進学・就職で都会に出て行くのがあたりまえになり、盆正月の民族大移動が風物詩となった。都市で新たに核家族を形成する世帯については、結婚、育児・教育期、子の独立、老年期と死亡により家族の周期が完了するという平均的な家族モデルが多くの家族に該当した。その後、大恐慌時代、戦争前後の世代といった特定の時代状況で子供時代を過ごした家族特有のパターンを家族ライフコースとして把握する歴史的研究も紹介されてきたが、筆者が大学で習った家族社会学の大きな流れは大要こんなところだった。

五年前に家族社会学の内容で社会構造論という科目を教えようと家族社会学のテキストを探してみたところ、家族ライフスタイル論というものに出会った。家族というものはもはや家という枠や夫・妻の固定的な関係で構造化されているものではなく、夫婦・親子の関係、親族との交際、あるいは離婚・再婚による家族の再編、転勤による別居など様々な要素やイベントによって作り上げられる関係の束が家族と認識されているにすぎない。どのような家族を作り上げるかはライフスタイル同様に選択されるものとなっている。

共働き別居夫婦の通い婚・週末結婚・長距離結婚、パートナーはいるが結婚はしないニュー・シングルなる形もあるし、さらに同性同士のカップルも付け加えられるべきだろう。多様化する家族、多様化する家族社会学。これは筆者の印象論ではないことが、日本家族社会学会の研究動向からもうかがえる。この点を結婚に絞って見ていこう。

結婚をどのように論じるか

結婚を正面から見すえて議論するのは難しい時代になったようだ。その理由は、現実の家族・結婚について平均的・多数派のモデルを論じることが難しくなったことに加えて、少数派の主張、フェミニズムによる伝統的な家族像・結婚観への挑戦もあって、家族のあり方、結婚の仕方に関して社会から規範的観念が失われてきたことがあろう。若い世代は結婚を先延ばしにするか、しないかもしれないという状況にある一方、現実の家族は様々な形態に再編されている。研究者も性や家族規範に関して自らの立ち位置を問われやすいこともあって、非常に精緻な家族に関わるデータの分析を工学的にやるか、前衛的な家族論・結婚論を認識論や実践論を駆使して行うかといった状況にあるのではないか。

こうした専門家が意見を差し挟みにくい状況の中で、結婚を一つの高級な消費財としていかに獲得するのかをハウツー式に講釈したり、家族を構築しにくい状況をポップに解説したりする本が新書で出回っている。現代の家族や結婚については家族社会学者よりもライターや評論家の方が新規なアイディアや事例を提供できることも確かだ。就活になぞられた婚括も実践的には必要なことだろうし、結婚相手に適さない男性や女性を素早く見抜く方法も大事だろう。しかし、結婚を先延ばしにする青年たちや子供たちに結婚を望む親世代がこの種の分かりやすい本だけ読んで、結婚について旧態依然としたパターン認識に陥ってよいのだろうか。

筆者はポストモダン的な家族・結婚論をやるつもりはないし、現代社会の再生には家族・結婚の意義を再確認すべきという規範的な議論を展開するつもりもない。人口減少社会における新しい社会のあり方を考えるためには少子化対策が必要であり、そこで決定的な役割を果たすのが青年世代の結婚であると認識している。個人としての人生の選択、男女の関係のあり方が、数十年後の社会全体の問題と直結するのは確かだが、社会や公共的意識によって結婚し、子供を産み育てる感覚は現代人にはないだろう。また、人権の問題として結婚、子育ては社会人としての義務ということもできまい。

むしろ、現代人はあまりにも結婚に関する既成観念やメディア情報に取り憑かれているために、人間としての素直な感情の発露としての恋愛や結婚という社会関係がつくりにくい状況に置かれていると思っている。むしろ、結婚を紋切り型で考えず、結婚についての突拍子もない事例をみることによって、平均的でありきたりの結婚という社会的仕組みもまんざら捨てたものではないと思えるようになるのではないかと思われる。

これまでの章で論じた結婚の形態は、家族社会学者はおろか、一般の読者にはなおのこと世の中にこんなことがあるのかという事例を出している。結婚するのは何も生きている青年だけではない。死んだ人間であっても結婚させてもらえる。結婚は愛情の最終的な確認という観念は、人類史においては真に狭く、新奇なものであって、結婚の主たる目的も機能も生まれた子の養育責任や子に対する権利を社会的に規定することにあった。そうすると、結婚に関して生きている男女の情愛を超えた様々な感情や規範意識が生まれ、現代日本人の常識では考えられない結婚にまつわる習俗・慣行が生じてくる。このような人間の文化的営みをみてくると、結婚というのは人間が社会生活を行う上で作り上げる一つの社会的構築物であって、元々の形とか本来の意義といったものも歴史的・地域的仮構物であることも了解されるだろう。

研究者の役割とは、家族や結婚に関してこうあるべきだとか直接的な事柄を言挙《ことあ》げすることではなく、こんな事もあるのか、こんな事も考えられるのかといった驚きを提供して読者自らが考えるための素材の提供に留まる。筆者もその役回りに徹してみたい。

参考文献

赤川学、二〇〇四、『子どもが減って何が悪いか！』筑摩書房。

金子勇、二〇〇〇、『社会学的創造力』ミネルヴァ書房。

金子勇、二〇〇三、『都市の少子社会――世代共生をめざして』東京大学出版会。

金子勇、二〇〇七、『格差不安時代のコミュニティ社会学――ソーシャル・キャピタルからの処方箋』ミネルヴァ書房。

河野稠果、二〇〇七、『人口学への招待――少子・高齢化はどこまで解明されたか』中央公論新社。

盛山和夫、二〇〇七、『年金問題の正しい考え方――福祉国家は持続可能か』中央公論新社。

筒井淳也・小島美里・葛西リサ・小林江里香、二〇二三年、「特集　限界を生きる――超高齢化社会の老後とは」『世界』二〇二三年一二月号、岩波書店。

野々山久也・清水浩昭編、二〇〇一、『家族社会学の分析視角——社会学的アプローチの応用と課題』ミネルヴァ書房。

渡辺秀樹・稲葉昭英・嶋﨑尚子編、二〇〇四、『現代家族の構造と変容——全国家族調査［NFRJ98］による計量分析』東京大学出版会。

な　行

は　行

ま　行

や　行

ら　行

わ　行

さ　行

た　行

事項・人名索引

あ 行

か 行

櫻井義秀（さくらい　よしひで）

1961年，山形県出身。北海道大学大学院文学研究科博士課程中退。博士（文学）。現在，北海道大学大学院文学研究科教授。専門は宗教社会学，タイ地域研究，東アジア宗教文化論。著書に『霊と金――スピリチュアル・ビジネスの構造』（新潮社，2009年），『統一教会――日本宣教の戦略と韓日祝福』（共著，北海道大学出版会，2010年，2022年増補第四版），『カルトからの回復――心のレジリアンス』（編著，北海道大学出版会，2015年），『人口減少社会と寺院――ソーシャル・キャピタルの視座から』（共編，法藏館，2016年），『しあわせの宗教学――ウェルビーイング研究の視座から』（編著，法藏館，2018年），『東アジア宗教のかたち――比較宗教社会学への招待』（法藏館，2022年），『統一教会――性・カネ・恨から実像に迫る』（中公新書，2023年），『創価学会――政治宗教の成功と隘路』（共編，法藏館，2023年），『信仰か、マインド・コントロールか――カルト論の構図』（法藏館文庫，2023年）などがある。

死《し》者《しゃ》の結婚《けっこん》
慰《い》霊《れい》のフォークロア

二〇二四年九月一五日　初版第一刷発行

著　者　櫻井義秀
発行者　西村明高
発行所　株式会社法藏館
京都市下京区正面通烏丸東入
郵便番号　六〇〇-八一五三
電話　〇七五-三四三-〇〇三〇（編集）
〇七五-三四三-五六五六（営業）

装幀者　熊谷博人
印刷・製本　中村印刷株式会社

ISBN 978-4-8318-2675-6　C1114

法蔵館文庫既刊より

や-3-1
藤原道長　山中裕著
道長の生涯を史料から叙述すると共に、人間関係を詳しく説き起こして人物像を浮かびあがらせる。既存の図式的な権力者のイメージをしりぞけ史実の姿に迫る。解説＝大津透
1200円

た-5-1
安倍晴明の一千年　田中貴子著
「晴明現象」を読む
スーパー陰陽師・安倍晴明はいかにして誕生したのか。平安時代に生きた晴明が、時代と世相にあわせて変貌し続ける「晴明現象」を追い、晴明に託された人々の思いを探る好著。
1200円

ふ-1-1
江戸時代の官僚制　藤井譲治著
一次史料にもとづく堅実な分析と考察から、幕藩官僚＝「職」の創出過程とその実態・特質を解明。幕藩官僚制の内実を、明瞭かつコンパクトに論じた日本近世史の快著。
1100円

た-6-1
宗教民俗学　高取正男著
民俗学の見地から日本宗教史へとアプローチし、日本的信仰の淵源をたずねる。高取正男の真骨頂ともいうべき民間信仰史に関する論考12篇を精選。解説＝柴田實／村上紀夫
1400円

み-2-1
天狗と修験者　宮本袈裟雄著
山岳信仰とその周辺
修験道の通史にはじまり、天狗や怪異伝承、修験者の特性と実態、恐山信仰などを考察。入手困難な記録や多様な事例から修験者の固有信仰を幅広く論じる。解説＝鈴木正崇
1200円

価格税別

た-7-1

法然とその時代

田村圓澄著

法然はいかにして専修念仏へ帰入するに至ったのか。否定を媒介とする法然の廻心を基軸に、歴史研究の成果を「人間」理解一般にまで昇華させた意欲的労作。解説＝坪井剛

1200円

み-3-1

風水講義

三浦國雄著

龍穴を探し当て、その上に墓、家、村、都市を営むと都市や村落は繁栄し、墓主の子孫、家の住人に幸運が訪れる――。原典を通して「風水」の思想と原理を解明する案内書。

1200円

さ-6-1

祭儀と注釈

中世における古代神話

桜井好朗著

神話はいかに変容したのか。注釈が中世神話を創出し、王権－国家の起源を新たに形成。中世芸能世界の成立をも読解した、記念碑的一冊。解説＝星優也

1400円

た-6-2

民俗の日本史

高取正男著

文明化による恩恵とともに、それによって生じた土着側の危機をも捉えることで、文化史学の抜本的な見直しを志した野心的論考12本を収録。解説＝谷川健一・林淳

1400円

ま-1-1

中世の都市と非人

武家の都鎌倉・寺社の都奈良

松尾剛次著

非人はなぜ都市に集まったのか。独自の論理で彼らを救済した仏教教団とは。中世都市の代表・鎌倉と奈良、中世都市民の代表・非人を素材に、都市に見る中世を読み解く。

1200円

た-8-1

維新期天皇祭祀の研究

武田秀章著

幕末維新期における天皇親祭祭祀の展開過程を文久山陵修補事業に端を発する山陵・皇霊祭祀の形成と展開に着目しつつ検討、天皇を基軸とした近代日本国家形成の特質をも探る。

1600円

あ-2-1
方丈記を読む
孤の宇宙へ
荒木浩著

無常を語り、災害文学の嚆矢として著名な『方丈記』。第一人者による校訂本文、大意、原文、解説を含んだエッセイで構成。不安な時代にこそ読みたい、日本古典屈指の名随筆。

1200円

う-2-1
〈小さき社〉の列島史
牛山佳幸著

「村の鎮守」はいかに成立し、変遷を辿ったのか。各地の同名神社群「印鑰社」「ソウドウ社」「女体社」「ウナネ社」に着目し、現地調査・文献を鍵に考察を試みる意欲作。

1300円

わ-1-1
増補 天空の玉座
中国古代帝国の朝政と儀礼
渡辺信一郎著

国家の最高意志決定はどのような手続きをへてなされたのか。朝政と会議の分析を通じて権力中枢の構造的特質を明らかにし、中国古代における皇帝専制と帝国支配の実態に迫る。

1200円

い-3-1
日本の神社と「神道」
井上寛司著

日本固有の宗教および宗教施設とされる神社と、神社祭祀・神祇信仰の問題を「神道」との関わりに視点を据えて、古代から現代までをトータルなかたちで再検討する画期的論考。

1500円

お-2-1
来迎芸術
大串純夫著

阿弥陀来迎図や六道図等の美と信仰のあり方を、浄土教美術に影響を与えた『往生要集』の思想や迎講・仏名会等の宗教行事から考証。解説＝須藤弘敏

1200円

に-1-1
仏教文化の原郷
インドからガンダーラまで
西川幸治著

伽藍、仏塔、仏像、都市、東西文化交流……近代以降、埋もれた聖跡を求めて数多行われた学術探検隊による調査の歴史をたどりつつ、仏教聖地の往事の繁栄の姿をたずねる。

1400円

と-1-2

馮道
乱世の宰相

礪波護著

五代十国時代において、五王朝、十一人の皇帝に仕え、二十年余りも宰相をつとめた希代の政治家・馮道。乱世においてベストを尽くしたその生の軌跡を鮮やかに描きあげる。

1200円

お-3-1

忘れられた仏教天文学
一九世紀の日本における仏教世界像

岡田正彦著

江戸後期から明治初、仏教僧普門円通によって体系化された仏教天文学「梵暦」。西洋天文学の手法を用い、須弥界という円盤状の世界像の実在を実証しようとした思想活動に迫る。

1300円

お-4-1

増補 ゆるやかなカースト社会・中世日本

大山喬平著

第一部では日本中世の農村が位置した歴史的位相を国内外の事例から解明。第二部では日本中世史研究の泰斗・戸田芳實、黒田俊雄、三浦圭一らの業績を論じた研究者必読の書。

1700円

い-4-1

仏教者の戦争責任

市川白弦著

仏教者の戦争責任を粘り強く追及し続けた禅研究者・市川白弦の抵抗と挫折、煩悶と憤怒の記録。今なお多くの刺激と示唆に満ちた現代の仏法と王法考察の名著。解説＝石井公成

1300円

ほ-2-1

中世寺院の風景
中世民衆の生活と心性

細川涼一著

中世寺院を舞台に、人々は何を願いどのように生きたのか。小野小町伝説の寺、建礼門院の尼寺、法隆寺の裁判権、橋勧進等の史料に色濃く残る人々の生活・心情を解き明かす。

1300円

さ-3-2

縁起の思想

三枝充悳著

縁起とは何か、縁起の思想はいかに生まれたのか。そして誰が説いたのか。仏教史を貫く根本思想の起源と展開を探究し、その本来の姿を浮き彫りにする。解説＝一色大悟

1400円

さ-5-2

死者の結婚

慰霊のフォークロア

櫻井義秀著

人間社会は結婚をどのようなものとして考え、儀礼化してきたのか。東アジアの死者に対する結婚儀礼の種々の類型を事例に、その社会構造や文化動態の観点から考察する。

1300円

ほ-3-1

ラクダの文化誌

アラブ家畜文化考

堀内勝著

アラブ遊牧民はラクダをどう扱い、共に生きてきたのか。砂漠の民が使うラクダに関する様々な言葉、伝説や文献等の資料、現地調査から、ラクダとアラブ文化の実態を描き出す。

1850円

か-7-1

中世文芸の地方史

川添昭二著

中世九州を素材に地方文芸の展開を中央との政治関係に即して解読。中世文芸を史学の俎上に載せ、政治・宗教・文芸が一体をなす中世社会の様相を明らかにする。解説=佐伯弘次

1700円